Die WBG,
ein Unikat in der Verlagslandschaft

Die WBG (Wissenschaftliche Buchgesellschaft) wurde 1949 als ›Wissenschaftliche Buchgesellschaft e.V.‹ gegründet, mit dem Ziel, verloren gegangene oder zerstörte Literatur einem breiten Leserkreis wieder zugänglich zu machen. Was zunächst als ›Hilfe-zur-Selbsthilfe‹-Projekt begann, wurde schnell zu einer weltoffenen Gesellschaft zur Förderung von Wissenschaft, Bildung und Kultur.
Heute vertreibt die WBG als Verlag ihr Buchprogramm sowohl im Buchhandel als auch an ihre ca. 140.000 Mitglieder.

Entdecken Sie die Vielfalt des WBG-Programms:

Das umfangreiche Buchprogramm umfasst **rund 3.500 lieferbare Titel** mit Schwerpunkt in den Geistes- wissenschaften. Mit **rund 300 Neuerscheinungen** halten wir für unsere Leser stets Beiträge zu aktuellen Fragestellungen, neueste wissenschaftliche Erkenntnisse und herausragende literarische Werke bereit. Das breite Spektrum reicht von **Forschungs- und Studienliteratur** bis zu Klassiker-Editionen, von **Textausgaben** über **Nachschlagewerke** bis zu **Bildbänden** und exklusiven Sonderausgaben. Die WBG entwickelt zu den relevanten Themen speziell für ihren Leserkreis aktuelle und qualitativ hochwertige Publikationen aus diesen Fachgebieten:

- *Altertumswissenschaften*
- *Archäologie*
- *Erziehungswissenschaft*
- *Geowissenschaften*
- *Geschichte*
- *Klassiker der Weltliteratur*
- *Musikwissenschaft*
- *Naturwissenschaften*
- *Neuere Philologien*
- *Orientalistik*
- *Philosophie*
- *Politik und Gesellschaft*
- *Psychologie und Medizin*
- *Rechts- und Wirtschaftswissenschaften*
- *Theologie, Religionswissenschaft und Religionsgeschichte*

www.wbg-wissenverbindet.de

Jetzt auch WBG-Hörbücher!

Seit 2009 wird das Programm durch die Sachhörbücher des Hörbuchverlags der WBG – auditorium maximum – ergänzt: spannende Biographien, erzählte Geschichte, Kinderhörbücher und Sachhörbücher aus den Bereichen Wissen und Gesellschaft – auf interessante und zugängliche Weise präsentiert!

www.auditorium-maximum.de

auditorium **maximum**

Die WBG engagiert sich!

Als wirtschaftlicher Verein reinvestiert die WBG ihre Gewinne und setzt sie zur Förderung von Wissenschaft, Bildung und Kultur ein. Durch dieses Engagement konnten bereits zahlreiche Projekte realisiert und Nachwuchswissenschaftler unterstützt werden. Hier nur einige Beispiele:

- *Spendenaktion ›WBG für Anna Amalia!‹ – die WBG überreichte einen Scheck in Höhe von über 80.000 € an die durch ein Feuer stark beschädigte Anna-Amalia-Bibliothek in Weimar*

- *WBG-Doktorandenstipendium – bereits seit 1989 wird ein zweijähriges Stipendium an einen Nachwuchswissenschaftler vergeben und die Dissertation im WBG-Programm veröffentlicht*

- *Förderprojekte des Wilhelm-Weischedel-Fonds: Übersetzungen fremdsprachiger Forschungsliteratur, Realisierung von Buchprojekten und aufwändigen Editionsvorhaben, die auf anderem Wege nicht erscheinen könnten*

- *Weitere Aktionen, wie Leseförderungsaktion in Zusammenarbeit mit der Stiftung Lesen, Bibliotheksaktion ›Ein Buch für meine Bibliothek‹ ...*

»Dank und Anerkennung auch Ihnen für Ihren Einsatz, Ihre Mühen und Ihr herausragendes Sortiment!« BERND HOPPE, WBG-MITGLIED SEIT MEHR ALS 40 JAHREN

»Viele Bücher aus Ihrem Angebot stehen in unserem Regal und ich denke, dass es in den kommenden Jahren noch mehr werden.« DR. GERHARD FRIEDL, WBG-MITGLIED SEIT MEHR ALS 30 JAHREN

WISSENSCHAFTLICHE
BUCHGESELLSCHAFT

WBG

WISSEN VERBINDET

www.wbg-wissenverbindet.de

Stephan Selzer

Die mittelalterliche Hanse

Geschichte kompakt

Herausgegeben von
Kai Brodersen, Martin Kintzinger, Uwe Puschner,
Volker Reinhardt

Herausgeber für den Bereich *Mittelalter*:
Martin Kintzinger

Berater für den Bereich *Mittelalter*:
Heribert Müller, Bernd Schneidmüller, Stefan Weinfurter

Den Zuhörern der Hansevorlesungen
Halle, Sommersemester 2008
Hamburg, Wintertrimester 2009

Die Deutsche Nationalbibliothek verzeichnet diese Publikation
in der Deutschen Nationalbibliografie;
detaillierte bibliografische Daten sind im Internet über
http://dnb.d-nb.de abrufbar.

© 2010 by WBG (Wissenschaftliche Buchgesellschaft), Darmstadt
Die Herausgabe des Werkes wurde durch
die Vereinsmitglieder der WBG ermöglicht.
Redaktion: Kristine Althöhn, Mainz
Einbandgestaltung: schreiberVIS, Seeheim
Satz: Lichtsatz Michael Glaese GmbH, Hemsbach
Gedruckt auf säurefreiem und alterungsbeständigem Papier
Printed in Germany

Besuchen Sie uns im Internet: www.wbg-wissenverbindet.de

Geschenkbuch der WBG für die Teilnehmer des Historikertages Berlin 2010.
(ISBN der Originalausgabe: 978-3-534-20377-2)

Inhaltsverzeichnis

Geschichte kompakt

In der Geschichte, wie auch sonst,
dürfen Ursachen nicht postuliert werden,
man muss sie suchen. (Marc Bloch)

Das Interesse an Geschichte wächst in der Gesellschaft unserer Zeit. Historische Themen in Literatur, Ausstellungen und Filmen finden breiten Zuspruch. Immer mehr junge Menschen entschließen sich zu einem Studium der Geschichte, und auch für Erfahrene bietet die Begegnung mit der Geschichte stets vielfältige, neue Anreize. Die Fülle dessen, was wir über die Vergangenheit wissen, wächst allerdings ebenfalls: Neue Entdeckungen kommen hinzu, veränderte Fragestellungen führen zu neuen Interpretationen bereits bekannter Sachverhalte. Geschichte wird heute nicht mehr nur als Ereignisfolge verstanden, Herrschaft und Politik stehen nicht mehr allein im Mittelpunkt, und die Konzentration auf eine Nationalgeschichte ist zugunsten offenerer, vergleichender Perspektiven überwunden.

Interessierte, Lehrende und Lernende fragen deshalb nach verlässlicher Information, die komplexe und komplizierte Inhalte konzentriert, übersichtlich konzipiert und gut lesbar darstellt. Die Bände der Reihe „Geschichte kompakt" bieten solche Information. Sie stellen Ereignisse und Zusammenhänge der historischen Epochen der Antike, des Mittelalters, der Neuzeit und der Globalgeschichte verständlich und auf dem Kenntnisstand der heutigen Forschung vor. Hauptthemen des universitären Studiums wie der schulischen Oberstufen und zentrale Themenfelder der Wissenschaft zur deutschen und europäischen Geschichte werden in Einzelbänden erschlossen. Beigefügte Erläuterungen, Register sowie Literatur- und Quellenangaben zum Weiterlesen ergänzen den Text. Die Lektüre eines Bandes erlaubt, sich mit dem behandelten Gegenstand umfassend vertraut zu machen. „Geschichte kompakt" ist daher ebenso für eine erste Begegnung mit dem Thema wie für eine Prüfungsvorbereitung geeignet, als Arbeitsgrundlage für Lehrende und Studierende ebenso wie als anregende Lektüre für historisch Interessierte.

Die Autorinnen und Autoren sind in Forschung und Lehre erfahrene Wissenschaftlerinnen und Wissenschaftler. Jeder Band ist, trotz der allen gemeinsamen Absicht, ein abgeschlossenes, eigenständiges Werk. Die Reihe „Geschichte kompakt" soll durch ihre Einzelbände insgesamt den heutigen Wissensstand zur deutschen und europäischen Geschichte repräsentieren. Sie ist in der thematischen Akzentuierung wie in der Anzahl der Bände nicht festgelegt und wird künftig um weitere Themen der aktuellen historischen Arbeit erweitert werden.

Kai Brodersen
Martin Kintzinger
Uwe Puschner
Volker Reinhardt

I. Selbstbild – Fremdbild – Forschungsbild

1802–1808	Georg Friedrich Sartorius: „Geschichte des hanseatischen Bundes"
1830	Johann Martin Lappenberg: „Urkundliche Geschichte des Ursprungs der deutschen Hanse"
1859	Antrag Lappenbergs auf Publikation hansischer Quellen bei der Historischen Kommission der Königlich Bayerischen Akademie der Wissenschaften: seit 1870 bis 1970 26 Bände Hanserezesse in vier Abteilungen.
Mai 1870	Gründung des Hansischen Geschichtsvereins in Stralsund aus Anlass der Feier des 500. Jahrestages des Stralsunder Friedens
Mai 1871	Konstituierende Sitzung des Vereins in Lübeck
seit 1872	Herausgabe der Hansischen Geschichtsblätter [127. Jahrgang 2009]
seit 1876	Herausgabe des Hansischen Urkundenbuchs (976–1500), 10 Bände bis 1916
1888/89	Historikerstreit zwischen Dietrich Schäfer und Eberhard Gothein: Abwendung von Hansegeschichte als Wirtschaftsgeschichte
seit den 1920er-Jahren	Wirtschaftsgeschichtlicher Neuansatz unter Fritz Rörig
1970–1990	Spaltung des Vereins in West und Ost (Hansische Arbeitsgemeinschaft in der DDR seit 1955)

Menschen nutzen griffige geschichtliche Deutungsmuster, um sich in ihrer Lebenswelt zurechtzufinden. Wollte man Vorstellungen aufzählen, die gegenwärtig aus dem populäreren Mittelalterbild der Deutschen abrufbar sind und rasche Orientierung verschaffen, so sollte die Hanse zweifellos dazugehören. Im öffentlichen Bewusstsein begegnet man der Hanse, den Hansestädten und den Hanseaten in vielerlei Zusammenhängen. Auf sie wird an zahlreichen norddeutschen Orten verwiesen. Zieht man beispielsweise das Telefonverzeichnis einer beliebigen norddeutschen Küstenstadt zurate, so finden sich Dutzende von Firmeneinträgen, die ihre Namen mit hansischen Attributen schmücken. Eine Auswahl beispielsweise aus den Lübecker Einträgen lautet: Hanse-Bau, Hansetreu GmbH, Hanseklinik, Hanse Netz, Hanse Beteiligungsgesellschaft, Hanse Beratungs-Gesellschaft, Hanse Immobilien, Hanse Logistik, Hanse Menü-Dienst, Hanse Versicherungsmakler, Hansejob 24, Hanseatische Schädlingsbekämpfung.

Ebenso suchen überregional tätige Unternehmen den Nachklang der mittelalterlichen Hanse zu nutzen: Hansaplast hilft bei Verletzungen. Der Verein Hansa Rostock spielt Profifußball, und seit 1926 trägt die Lufthansa den latinisierten Namen der Hanse auf die Flughäfen der Welt. Auch Städte bemühen sich um den Hansetitel. Neben Bremen, Hamburg und Lübeck errangen nach 1990 auch Greifswald, Rostock, Stralsund und Wismar ein eh-

Populäre
Hansebilder

1

rendes „H" für Hansestadt für die Kennzeichen der in diesen Städten zugelassenen Kraftfahrzeuge. Wer in der Nachwendezeit hinsichtlich der Automobile leer ausging, sucht nachträglich den offiziellen Titel „Hansestadt" für Ortsschilder, Briefpapier, aber vor allem für das touristische Stadtmarketing zu gewinnen. Im Jahre 2008 errang diese Bezeichnung die Stadt Salzwedel in der Altmark, die zuvor eine rechtsförmige Erklärung über ihr Beitrittsdatum zum hansischen Städtebund abgeben musste, was den beauftragten Stadtangestellten nach der Lektüre dieses Buches schwerer gefallen wäre.

Experten des Stadtmarketings müssen keine guten Historiker sein, aber sie könnten nicht erfolgreich arbeiten, wenn sie nicht Kenner des Massengeschmacks wären. Sprechen mithin Werbefachleute von der „Hanse", dann zielen sie nicht auf unsere gelehrten Köpfe, sondern auf unser Bauchgefühl, und suchen Assoziationen wie Verlässlichkeit, Solidität, Ehrlichkeit, Tatkraft oder Weltoffenheit zu wecken. Manch einer mag an den Roman „Buddenbrooks" und die in ihm dargestellten Personen denken, die vom weltweit wohl berühmtesten Hanseaten, Thomas Mann, mit Eigenschaften wie kühl, sachlich, weltoffen, zurückhaltend, zuverlässig, gelassen, kunstfeindlich und geschäftstüchtig versehen worden sind.

Das Erstaunlichste daran ist, dass es neben der Hanse nicht viele mittelalterliche Phänomene gibt, deren öffentliche Einschätzung schon seit mindestens fünf Generationen auf einem ähnlich positiven Vorverständnis beruht, teils sogar auf einer emphatischen Verherrlichung gründet. Vielmehr gewinnen die meisten öffentlich abrufbaren Aspekte der mittelalterlichen Epoche ihren Reiz gerade daraus, dass sie ambivalente Gefühle wecken, also sowohl sehnsuchtsvolle Verklärung als auch heftige Abwehr hervorrufen. So pflegt sich etwa beim Blick auf mittelalterliche Burgen, auf denen der Minnesang genauso wie die Folterkammer beheimatet zu sein scheint, gleichermaßen romantische Sehnsucht wie aufgeklärte Ablehnung „mittelalterlicher Verhältnisse" einzustellen.

Freilich handelt es sich bei der positiven Hansebewertung um eine vor allem deutsche Deutung, die gerade nicht in ganz Europa geteilt wird. Nicht nur in diesem Fall werden Politiker, die sich zukünftig an eine gesamteuropäische Öffentlichkeit wenden wollen, zu spüren bekommen, dass es ein gesamteuropäisches Geschichtsverständnis bisher nicht gibt. Vielmehr nehmen sich die Einschätzungen identischer historischer Phänomene zwischen Deutschen und Polen, Italienern und Slowenen, Flamen und Wallonen oftmals recht gegensätzlich aus. Im Falle der Hanse hat dies in den 1990er-Jahren die schleswig-holsteinische Landesregierung erfahren, als sie versuchte, die Zusammenarbeit der Ostseeanrainerstaaten unter dem Dach einer „Neuen Hanse" zu organisieren. Der deutsche Versuch, dieses ehrenwerte Anliegen mit der mittelalterlichen Hanse zu verbinden, rief damals bei dänischen und norwegischen Gesprächspartnern nicht eine positive Vorstellung von wirtschaftlicher und kultureller Zusammenarbeit hervor, sondern erinnerte an deutsche Dominanz und Bevormundung.

Ist die besondere deutsche Wertschätzung der Hanse ein Rest der grenzenlosen Hochachtung dieser Vereinigung im Mittelalter? Diese Frage muss man entschieden verneinen. Manch einer wird sich verwundert die Augen reiben, doch verhält es sich tatsächlich so, dass selbst mittelalterliche Zeit-

Hansische
Selbstbilder

genossen, die der Hanse angehörten, ein ausgeprägtes Bewusstsein, es bei der Hanse mit einem glänzenden, sympathischen und wertvollen Gegenstand zu tun zu haben, nicht erkennen lassen. Dafür besonders lehrreich sind die Aussagen hansestädtischer Chronisten: Zwar gibt es Ausnahmen, wie den Braunschweiger Hermen Bote (ca. 1450 – ca. 1520), aber in aller Regel und in der Masse der Texte, selbst in solchen aus Lübeck, Hamburg, Köln oder Danzig, wird die Hanse gar nicht erwähnt oder bleibt in ihrer Bedeutung völlig blass.

Zieht man diese Zeugnisse in Betracht, die ja aus der schreibkundigen Führungsschicht der Städte stammen, wird man der jüngst getroffenen Feststellung, dass die breite Bevölkerung der mittelalterlichen Hanse völlig indifferent gegenüberstand, nur zustimmen können. Für die Mehrheit der mittelalterlichen Stadtbewohner weckte die Hanse weder positive noch negative Gefühle, sondern zog überhaupt keine Emotionen auf sich. Noch verwunderlicher mag es sein, dass sogar die Fernhändler, die wir als Hansekaufleute zu bezeichnen gewohnt sind, ihre Identität kaum einmal hansisch verankert sahen. Einer der bekanntesten dieser Händler dürfte Hildebrand Veckinchusen sein; zumindest ist er derjenige, über den wir mit Abstand am besten informiert sind, weil ein Überlieferungszufall uns Teile seiner Briefe und Geschäftsbücher aus den Jahrzehnten nach 1400 zugespielt hat. In den von ihm verfassten Texten wird die Hanse überhaupt nicht genannt. Selbst als er in Brügge in arge geschäftliche Schwierigkeiten geriet und nach jeder helfenden Hand zu greifen suchte, fällt der Hansebegriff in seiner Korrespondenz nicht. Worauf er hoffte, worauf er sich rechtlich in dieser Notsituation bezog, war nicht sein Status als Hansekaufmann. Vielmehr sprach er von sich als einem „coopman van Lubeke", berief sich damit also auf die Stadt, in der er das Bürgerrecht besaß.

Wie aber agierten die politischen Vertreter der hansischen Gemeinschaft? Bei ihnen endlich wird man fündig. Die Gesandten der hansischen Gemeinschaft waren es, die im diplomatischen Verkehr und in offiziellen Schriftstücken stets den Begriff Hanse verwendeten und auf ihn größten Wert legten. Jedoch fehlte dieser Hanse der Politiker und Diplomaten das, was für mittelalterliche Gemeinschaften ansonsten von erheblicher Bedeutung war, nämlich die Außendarstellung der Gemeinschaft durch Symbole, Zeichen und Rituale. Weder besaß die Hanse einen Siegelstempel, mit dem sie Verträge beglaubigen konnte, noch fuhren ihre Schiffe unter einer gemeinsamen Flagge. Weder existierte ein gemeinsamer Heiliger als Schutzpatron, noch sorgte man für ein gesamthansisches Totengedenken für die in den Kriegen der Hanse verstorbenen Menschen.

Wie aber beschrieben hansische Politiker in ihren Selbstaussagen die Hanse? Was berichten sie darüber, was die Hanse eigentlich darstellte, wann sie entstanden war und was der Name bedeutete? Auch ihr Wissen blieb erstaunlich unpräzise. Ein Beispiel aus dem Jahre 1418 verdeutlicht diese Unsicherheit recht gut: Damals wurden die Kölner von der Stadt Bremen gebeten, nach Schriften „van der fundacien der Duytzschen hensze", also von der Gründung der deutschen Hanse, zu fahnden. Die Kölner begannen tatsächlich zu suchen, wurden jedoch nicht fündig. Sie versicherten aber den Bremern, dass sie die Nachforschungen nicht aufgeben würden. Doch gefunden haben sie nichts. Ist diese Episode also ein Zeugnis für unordentliche Kölner

Archivführung? Mitnichten verhält es sich so, denn die Hanseforschung vermag den Kölnern entlastend beizuspringen: Weder hat es jemals eine Gründungsurkunde der Hanse gegeben, noch ist eine vollständige Mitgliederliste irgendwann aufgesetzt worden. Solche Materialien blieben für die Kölner und sind bis heute unauffindbar, weil sie niemals existiert haben.

Ohne mit einschlägigen Dokumenten ausgestattet zu sein, musste im Jahre 1469 auch der Lübecker Dompropst Dr. Johannes Osthusen ein Gutachten darüber erstellen, was die Hanse eigentlich sei. Der verzwickte Auftrag war ihm erteilt worden, weil ein Jahr zuvor ein Rechtsstreit eskaliert war, nachdem die Waren von hansischen Kaufleuten in England beschlagnahmt worden waren. Das Vorgehen der englischen Seite war dabei als Gegenmaßnahme und Repressalie gedacht, um gegen die Schädigung eines englischen Schiffes im dänischen Sund vorzugehen, an der man hansische Kaufleute beteiligt glaubte. Ob dieser Verdacht zutreffend war, wissen wir zwar nicht. Doch braucht hier auch nur zu interessieren, was für die juristische Betrachtung des Streits entscheidend war. Als Angelpunkt erschien, ob die Hanse eine Rechtsform besaß, nach der die Gemeinschaft und jedes einzelne Mitglied für die Taten eines anderen Mitglieds haftbar gemacht werden durften. Die Engländer waren sich in dieser Hinsicht recht sicher, vermuteten in der Hanse eine Gesellschaft (*societas*), eine Genossenschaft (*collegium*) oder eine Körperschaft (*universitas, corpus*).

Die Vorstellung der englischen Seite ist uns eingängig, denn sie ist leicht mit populären Vorstellungen parallelisierbar, nach denen in der Hanse ein wohl organisiertes Städtebündnis zu erkennen sei. Gegen diese Herleitung allerdings argumentierte der Lübecker Vertreter energisch an. Es fehle der Hanse an allen Kennzeichen einer festen Gemeinschaft, meinte er. So führe man keine gemeinsame Kasse, ein Siegel sei nicht vorhanden, eine Zwangsgewalt gegen unbotmäßige Mitglieder bestehe nicht, eine Regierung, ein Archiv und weiteres mehr seien überdies nicht vorhanden. Nichts anderes sei die Hanse daher als eine lose Verbindung, die in Namen und Funktion dem Henkel eines Gefäßes gleiche. Denn so wie jeder Henkel einen Becher oder eine Kanne vor dem Herunterfallen und Zerbrechen bewahre, schütze die Verbindung der Hanse den Handelsverkehr vor schweren Schäden.

Neuere Forschungsbilder Ob die Juristen der englischen Seite über die Argumentation Osthusens erstaunt waren, darüber kann man nur mutmaßen. Die Engländer hätten es aber sein müssen, denn das mittelniederdeutsche Wort „Hanse" leitet sich natürlich nicht, wie Osthusen vorbrachte, vom lateinischen *ansa* (= Henkel) her, sondern lässt sich wortgeschichtlich auf einen germanischen Begriff für „Personenschar" zurückführen. In seiner Bibelübersetzung hat etwa der Gote Wulfila (311–383) das Wort Hanse so benutzt. Diese Wortbedeutung, die zunächst sehr allgemein eine Personengruppe meinte, konkretisierte sich, seitdem das Wort in hochmittelalterlichen Zusammenhängen wieder auftaucht. Gemeint war mit „Hanse" nunmehr immer häufiger und schließlich zumeist eine reisende Händlergruppe, die genossenschaftlich organisiert war und die man auch Gilde nannte. Im 11./12. Jahrhundert finden sich in Nordwesteuropa gehäuft solche als „Hansen" benannte Kaufmannsgilden. Von der Bezeichnung der kaufmännischen Gemeinschaft sprang der Begriff schließlich über auf konkrete Erscheinungsformen der gemeinschaftlichen Aktivitäten der Fernhändler, etwa auf die zum Einstand in die Gilde zu zahlende Abgabe oder auf die aus der Teilhabe an der Gilde erwachsenden Rechte und Pflichten.

Zahlreiche „Hansen" gab es bereits bevor die hier behandelte Hanse sich formierte, und keineswegs war ihr der Name in der Zeit ihres Bestehens exklusiv vorbehalten. Umso mehr spricht es für die historische Wirkung eben dieser Hanse, dass ihr heute im populären Bewusstsein das alleinige Namensrecht zugewachsen ist.

Bereits diese Überlagerung der vielen „Hansen" durch die eine Hanse musste bei der Erforschung hansischer Geschichte für Irritationen sorgen. Weitere Schwierigkeiten kamen hinzu: Besonders missverständlich war, dass neben einer Gründungsurkunde und einer präzisen Mitgliederliste, von deren Fehlen wir schon hörten, ebenso weder Statuten noch eine Geschäftsordnung der Hanse überliefert sind. So ist die Hanseforschung bis heute gezwungen, auf das innere Gefüge ihres Gegenstandes zurückzuschließen. Dabei hat sie die längste Zeit einen Städtebund als Gerüst der Hanse angenommen. Doch sind in den letzten Jahrzehnten gegen diese Vorstellung erhebliche und wohlbegründete Zweifel erhoben worden. Denn erst nach 1400 und damit für die kürzere Zeit ihrer mittelalterlichen Existenz finden sich Ansätze für eine städtische Komponente in der Struktur der Hanse.

Wer in einem städtebündischen Charakter kein zutreffendes Deutungsmodell der mittelalterlichen Hanse zu erkennen vermag, steht in einem eminenten Gegensatz zu den skizzierten landläufigen Meinungen. Für seine Deutung spricht hingegen die zeitgenössische Praxis selbst, nach der die Hanse noch am Ende des 14. Jahrhunderts nicht Städte, sondern Personen für ihre Mitglieder zu halten geneigt war, obwohl sie zuweilen selbst von diesem Grundsatz abwich. „Hansekaufmann ist nicht, wer Bürger einer Hansestadt ist, sondern Hansestadt ist, wessen Bürger am Auslandshandel beteiligt sind und unwidersprochen an den Privilegien teilhaben", brachte Ahasver von Brandt (1909–1977) diese hansische Praxis auf den Punkt. Demnach waren es also die Personen, die dadurch, dass sie hansische Privilegien genossen, ihre Heimatstädte zu Hansestädten machten. Damit hat die Hanseforschung mit dem Bild von der Hanse als „Staat der Städte" gebrochen. Doch möchte man in einem Lehrbuch wie diesem natürlich nicht erfahren, was die Hanse nicht war, sondern was man sich trefflicherweise unter ihr vorzustellen hat. Eine maßgebliche Antwort hat Rolf Hammel-Kiesow in seiner wegweisenden Gesamtgeschichte der Hanse von 2000 gegeben. Sein Definitionsvorschlag lautet für die Zeit um 1400: „Die Hanse war eine Organisation von niederdeutschen Fernkaufleuten einerseits und von rund 70 großen und 100 bis 130 kleinen Städten andererseits, in denen diese Kaufleute das Bürgerrecht besaßen." Dies ist ein guter Ausgangspunkt, weil mit ihm die Fernhändlergemeinschaft als Träger der Hanse und die Heimatstädte auseinandergezogen werden. Man kann wohl noch schärfer formulieren: Die mittelalterliche Hanse war eine Organisation von niederdeutschen Fernkaufleuten. Durch die Identität der führenden Personen in kaufmännischer Interessengemeinschaft und städtischer Politik wurde die Hanse im 15. Jahrhundert auch als Städtegemeinschaft empfunden, ohne rechtlich jemals ein Städtebund zu sein.

Die kommenden Seiten gehen nicht länger vom Verständnis der Hanse als Städtebund und Staatsersatz aus und beschreiben somit nicht vornehmlich eine militärisch-politische Geschichte. In unserer Deutung ist die Hanse eine wirtschaftliche Zweckgemeinschaft niederdeutscher Fernhändler zum Erwerb und Erhalt von Handelsprivilegien an auswärtigen Handelsplätzen gewesen. Dieser Personenverband schuf dabei hansische Institutionen nicht als Selbstzweck, sondern um konkrete Ziele zu erreichen. Dabei veränderten sich die Personenzusammensetzung, ihre Interessen, die daraus abgeleiteten Strukturen und damit die Hanse im Laufe der Geschichte ganz erheblich.

Forschungs-geschichte   Natürlich wird sich jeder Leser fragen, wie es überhaupt dazu kommen konnte, dass sich die Konturen von dem, was die Forschung für das Gefüge der Hanse hält, so grundlegend und fast bis zur Unkenntlichkeit gewandelt haben. Man könnte diesen Wandel für die Folge spektakulärer Quellenneufunde oder eines mengenmäßigen Zuwachses an Informationen halten. Doch hat es derartige Entdeckungen gerade nicht gegeben. Im Gegenteil liegt die Masse der politisch-diplomatischen Aktenstücke zur Geschichte der mittelalterlichen Hanse seit rund 80 Jahren gedruckt vor. Die Herausgabe von zehn Bänden des Hansischen Urkundenbuchs und der Hanserezesse der Zeit von 1256 bis 1530 in 24 Bänden war eine Glanztat der Hanseforschung der Epoche von 1870 bis 1918. So muss man folgern, dass sich nicht das, was wir über die Hanse an Quellenmaterial besitzen, sondern das, was wir daraus an Hypothesen über die hansische Vergangenheit ableiten, fundamental verändert hat. So verhält es sich tatsächlich, und dass dem so ist, liegt zum größeren Teil daran, dass auch ein Wissenschafter seine Geschichtssicht als ein Mensch in seiner Gegenwart entwirft, der von den Wünschen und Hoffnungen seiner Umwelt nicht frei sein kann. Populäre Bilder und wissenschaftliche Hypothesen sind also wechselseitig aufeinander bezogen, sodass die verschiedenen Forschungsepochen stets ihr eigenes Bild von der Hanse entworfen haben und es weiterhin tun werden. Jenseits von Politikermythen und Festrednerträumen wird man also für die Reden und Texte der Geschichtswissenschaft ebenfalls sagen können, dass in ihren Deutungen der mittelalterlichen Hanse stets auch die jeweilige Gegenwart und ihre Probleme eingeflossen sind und zukünftig einfließen werden. Die Geschichte der Hanseforschung zu überschauen, lehrt einerseits die Zeitgebundenheit von wissenschaftlichen Ansichten besser zu erkennen und macht andererseits bescheidener.

Höchst spürbar ist die Bindung an die politische Gegenwart bereits in demjenigen Werk, das für gewöhnlich und durchaus zutreffend als der Beginn der hansischen Wissenschaftsliteratur gilt. Es handelt sich um die Studie „Über die Geschichte des Hanseatischen Bundes" von Georg Sartorius (1765–1828). Sie erschien von 1802 bis 1808. Sartorius begann sie, als das Heilige Römische Reich noch bestand; er schloss sie in einer gewandelten Welt ab. Der Vergleich mit einem Volkswirt, der über die Wirtschaft der DDR forschte und dem sein aktuelles Thema fast über Nacht verloren gegangen ist, weil es innerhalb nicht einmal eines Jahres nur noch wirtschaftsgeschichtlichen Wert besaß, ist so unzutreffend nicht. Wie für den Ökonom die friedliche Revolution von 1989 wandelte für Sartorius der Untergang des Alten Reiches im Jahre 1806 den Charakter seines Gegenstandes grundlegend. Die Hanse war seit ihrer Aufnahme in den Osnabrücker Friedensvertrag von 1648 auf die Verfassung des Alten Reiches bezogen gewesen.

Wer danach über die Hanse schrieb, verfasste also aktuelle Staatsrechtslite-ratur. Erst die verfassungsrechtlichen Umwälzungen im Zuge der Napoleo-nischen Kriege zogen die Hanse hinaus aus aktuellen juristischen und poli-tischen Überlegungen. Durch den Zusammenbruch des Alten Reiches wurde die Hanse zu einem historischen Thema. Hellsichtig sah dies bereits Sartorius selbst: Ihr Heraustreten aus dem Streit der Tagespolitik und ihr Übergang in den Bestand gewesener Geschichte habe die Hanse zu einem beschaulichen Gegenstand antiquarischen Interesses gemacht. Überra-schenderweise gewann er diesem Wandel etwas Positives ab, denn für ihn habe die Beschäftigung mit der Thematik dazu beigetragen, so Sartorius weiter, „die Greuel der Gegenwart wenigstens augenblicklich zu verges-sen", denn „ein harmloserer … Gegenstand" als die Hansegeschichte sei nicht zu finden gewesen.

Derart unbedeutend hätte schon die nachfolgende Generation der Hanse-forscher des 19. Jahrhunderts die Bedeutung ihres Themas nicht mehr ein-schätzen mögen. Vielmehr wollten viele ihrer Angehörigen mit einer libe-ral-romantischen Rückbesinnung auf die Stadt des Mittelalters der bürgerli-chen Identitätssuche in einer monarchischen Welt dienen. Dabei schienen hansische Kaufleute, die gleichzeitig Ratsherren waren, geeignete Leitbilder zu liefern, die attraktiver anmuteten als die Berufung auf das goldene Hand-werk eines protektionistischen mittelalterlichen Zunftbürgertums. So sah es etwa der Hamburger Ratsarchivar Johann Martin Lappenberg (1794–1865), der am Beginn der bereits erwähnten Tradition hansischer Quelleneditionen steht. Man kann im Vergleich zu Sartorius von einer Repolitisierung der Hanse sprechen. Und diese erfolgte, je länger das 19. Jahrhundert andau-erte, auf einem immer mächtigeren nationalen Fundament.

Nichts ist dafür sprechender als die Gründung des Hansischen Ge-schichtsvereins im Jahre 1870. In der Anlage des Vereins als Honoratioren-vereinigung und in den Ansichten seiner Gründungsväter weist die Grün-dung zurück auf die liberal-patriotische Gesinnung eines Johann Martin Lappenberg. Doch in der bewusst gesuchten Verbindung der Vereinsgrün-dung mit dem 500. Jahrestag des Stralsunder Friedens, an dem im Jahre 1870 der Sieg der Hanse über einen dänischen König begangen wurde, ist die Verwobenheit mit zeitgenössischen Ereignissen offenkundig. War doch die „schleswig-holsteinische Frage", die seit 1848 das deutsche Bürgertum emotionalisiert hatte, erst wenige Jahre zuvor im Jahre 1864 in einem blu-tigen Krieg zwischen dem Deutschen Bund und Dänemark entschieden worden. Die im Kaiserreich von 1871 im Gefühl vieler Bürger so glänzend realisierte nationale Einheit und Größe wurde hineingelesen in die mittel-alterliche Welt der Hanse, die als mächtiger Bund von Städten erschien, der mit Flottenmacht die Interessen des Reiches im Norden vertreten habe. Dass Deutschlands Schicksal zur See liege, war schon zuvor politisches Schlagwort gewesen, wurde aber auch aus der Geschichte der Hanse abge-leitet. Weil es um Seegeltung in der Vergangenheit als Unterpfand für Flot-tenherrlichkeit in der Zukunft ging, drängte das Forschungsinteresse hin zu den hansischen Seestädten und übersah oftmals die binnenhansische Welt.

Für ein solches Verständnis der Hanse wirkte vor allem der streitbare Diet-rich Schäfer (1845–1929). Freilich wäre seine Rolle unangemessen beurteilt, wenn man aus seiner nationalistisch-monarchischen Gesinnung auf eine wissenschaftliche Rückständigkeit schließen wollte. Seine wissenschaftliche Haltung wäre ebenfalls missverstanden, wenn man sie als Ergebnis von borrnierter Engstirnigkeit eines bürgerlichen Schreibstubengelehrten präsentierte. Denn Schäfer kannte die Welt des Handels und des Hafens aus eigener Lebenserfahrung sehr genau. Als Sohn eines Bremer Hafenarbeiters hatte er zwischen den Warensendungen aus aller Welt gespielt und war in einer Kellerkneipe am Hafen aufgewachsen. Eine solche Sozialisation findet man unter Mittelalterforschern derselben Generation ansonsten nicht. Auch unter Hanseforschern sind solche persönlichen Prägungen höchst selten auszumachen. Am ehesten ist Schäfers Lebensweg noch mit der Vita von Karl Koppmann (1839–1905) zu parallelisieren, dem als Sohn eines Hamburger Fleischermeisters der Sprung auf eine Professur lebenslang versagt blieb. Jedenfalls war es nicht Unwissen oder seiner Ignoranz gegenüber der Prägekraft wirtschaftlicher Verhältnisse geschuldet, wenn Schäfer der Hanseforschung einen anderen Weg wies. Rückblickend hat Schäfer in seinen Lebenserinnerungen seine Grundhaltung beschrieben. Fast schon in einem bedauernden Ton stellte er fest: „Beschäftigung mit der Geschichte der Hanse hatte mich zuerst zum wissenschaftlich ausgereiften Arbeiten geführt. Sie hat sich ihrer Art nach besonders viel mit wirtschaftlichen Dingen zu beschäftigen; es handelt sich um Betätigung von Bürgern." Doch sollte diese wirtschaftliche Dimension für ihn nicht das Zentrum historischer Bemühungen sein: „Auch die Geschichte der Hanse lehrt wie die aller anderen merkantilen Staatenbildungen, dass wirtschaftliche Größe, nur zu erringen und zu behaupten ist durch politische Macht." Für Schäfer war wirtschaftlicher Erfolg mithin eine bloße Ableitung von staatlicher Macht. Die wirtschaftlichen Erfolge der Hanse im Nord- und Ostseeraum galten ihm nicht als das Ergebnis besserer wirtschaftlicher Strategien, effizienterer Handelstechniken oder billigerer Transportmöglichkeiten, sondern als Folge staatlicher Machtentfaltung. Durfte aber das Forschungsfeld erweitert werden, wenn das für die innere und äußere Politik der Hanse ergiebige Quellenmaterial ediert und ausgewertet war? Auch diese Überlegung verneinte Schäfer entschieden. Nicht die Einbeziehung weiterer gleichzeitiger Facetten hansischer Geschichte, sondern die nachmittelalterliche Ausweitung einer politischen Geschichte der deutschen See- und Flottengeschichte bis in die Gegenwart empfahl er 1908 in Lübeck den versammelten Hansehistorikern.

Seitdem war für die Hanseforschung nicht nur der Kontakt zur Kulturgeschichte, sondern gerade auch zur wirtschaftswissenschaftlichen Forschung blockiert. Wie fruchtbar eine solche Kooperation auf dem Feld mittelalterlicher Wirtschaftsgeschichte mit der Jüngeren Historischen Schule der Nationalökonomie hätte sein können, zeigt sich exemplarisch am Erforscher der Familie Veckinchusen, Wilhelm Stieda (1852–1933), der von Hause aus Nationalökonom war. Noch ein anderer Mediävist mit nationalökonomischen Kenntnissen wirkte höchst belebend für die Hanseforschung: Heinrich Sproemberg (1889–1966). Obwohl bei Dietrich Schäfer in Berlin promoviert, galt sein Interesse zunächst nicht hansischen Fragen, sondern der Geschichte Westeuropas, woraus ein enger Kontakt zum belgischen Historiker Henri Pirenne erwuchs. Über die deutsche Kriegspolitik in Belgien kam es 1917 zum Bruch mit Dietrich Schäfer, der Sproemberg offen versicherte, dass er es zu verhindern wissen werde, dass er „je ein deutsches Katheder besteigen würde". Aus dieser erzwungenen Außenseiterrolle innerhalb der mediävistischen Zunft motivierte sich ironischerweise Sproembergs Eintritt in den Hansischen Geschichtsverein im Jahre 1921, zu dem ihm Schäfers Meisterschüler Walter Vogel (1880–1938) geraten hatte. Sproembergs eigentliche Wirksamkeit für eine hansische Wirtschaftsgeschichte setzte ab 1946 ein, als er eine Professur in Rostock erhielt. Zahlreich sind die in den nachfolgenden Jahren in Rostock, Leipzig und Berlin von ihm angeregten Arbeiten zu sozial- und wirtschaftsgeschichtlichen Themen. Im Jahre 1950 wechselte Sproemberg an die Leipziger Universität. Von dort aus übernahm er auch die Leitung der Arbeitsgemeinschaft des Hansischen Geschichtsvereins in der DDR. Dem Verein musste er indes zunächst wieder beitreten, nachdem man ihn 1938 als politisch untragbar hinausgedrängt hatte.

Es ist symptomatisch, dass Sproemberg in dem von Dietrich Schäfer geprägten Milieu nicht zu reüssieren vermochte. Fast halsbrecherisch mutet vor diesem Hintergrund die entschiedene Hinwendung zur Wirtschaftsgeschichte der Hanse an, die in den 1920er-Jahren einsetzte. Dieser Neuansatz ist aufs engste mit dem Namen von Fritz Rörig (1882–1952) verbunden. Rörig selbst hat über seinen Ansatz und dessen Wegmarken und Ziele selbst mehrfach reflektierend geschrieben. Sein Konzept der Hansegeschichte entwickelte er in einer doppelten Frontstellung. Die politische Geschichte der Hanse als Vertretung Deutschlands zu See schien ihm unangemessen und nach 1918 wohl auch unzeitgemäß zu sein. Genauso wenig stimmte er mit den wirtschaftsgeschichtlichen Ansätzen der Nationalökonomen Karl Bücher und Werner Sombart überein, in deren Modellen der Fernhandel des Mittelalters unbedeutend und die Welt des Kaufmanns eng erschien. Die Widerlegung dieser Ansätze gelang Rörig aus dem Lübecker Archiv heraus. Mit den hier geborgenen Bausteinen entwarf er eine Geschichte der Hanse auf wirtschaftlichem Fundament. Dabei blickte er weniger auf Umsätze und Waren, sondern ihm waren „die Wirtschaft treibenden Menschen, ihre Zusammenhänge und Organisationsformen, ungleich wichtiger … als die von ihnen umgesetzten Güter". Gleichsam die Summe dieser Forschungen der Rörigschen Zeit zog sein Schüler Ahasver von Brandt im Jahre 1963 in seinem Aufsatz „Die Hanse als mittelalterliche Wirtschaftsorganisation". In Umkehr der Schäferschen Prämissen hielt er fest: „Die politische, auch machtpolitische Betätigung der Gemeinschaft ist nicht Selbstzweck …, sondern Mittel zur Sicherung jener wirtschaftlicher Belange."

Als Brandt eine positive Bilanz des Rörigschen Paradigmenwechsels zog, unterließ er es leider, daran zu erinnern, dass in der Zeit des „Dritten Reiches" die Taten einiger Hanseforscher erschreckende Beispiele dafür lieferten, wie Historiker die Indienstnahme von Geschichte für infame politische Ziele befördern können. Durchaus renommierte Hanseforscher wirkten an den Publikationen von Heinrich Hunke (1902–2000), dem Leiter der Auslandsabteilung im Propagandaministerium, mit, deren Titel „Hanse, Downing Street und Deutschlands Lebensraum" (1940) und „Hanse, Rhein und Reich" (1942) die Zielsetzung bereits erkennen lassen. Beide Propagandaschriften suchten die Ausdehnung des hansischen Wirtschaftsraums im Mittelalter mit den nationalsozialistischen Plänen für eine europäische Nachkriegsordnung zu überblenden. In beiden Bänden wird das Reich als europäische Ordnungsmacht geschildert und ungeniert behauptet, die neue

Ordnung, die das nationalsozialistische Deutschland zu etablieren suche, sei eine Wiederbelebung der Hanse. Solche Ansichten von einer Ordnungsbedürftigkeit des Kontinents durch deutsche Vormacht paarten sich zuweilen zudem mit rassistischen Überlegenheitsvorstellungen und ließen einige Historiker nicht davor zurückschrecken, an verbrecherischen Plänen für die Umsiedlung von Menschen und zur Neuaufteilung der militärisch eroberten Gebiete in Osteuropa mitzuwirken. Die Beteiligung der Hanseforschung und der Hanseforscher an diesen Verbrechen wird erst seit Kurzem eingehender thematisiert. Der Anstoß dazu kam nicht aus der Hanseforschung selbst, sodass eine detaillierte Bewertung der Rolle von Hansehistorikern in der Zeit des Nationalsozialismus dringend geboten erscheint. Offenkundig scheint schon jetzt zu sein, dass der Neuansatz nach 1918, der Politik und Diplomatie beiseite schob, gerade deshalb zu den verbrecherischen politischen Zielen kompatibel wurde, weil in ihm anders als in Frankreich nicht Gesellschaft, sondern Gemeinschaft, und nicht Mentalität, sondern Solidarität durch Sprache und Blut, als zentrale Bindekräfte galten. Dass man mit der Hanse eine Wirtschaftsgemeinschaft vor sich habe, „die zurückgeht auf das gemeinsame Band des Blutes, mehr noch, die selbst erst durch das Planen und Ausführen blutsverwandter Menschen entstanden ist", scheute sich selbst Fritz Rörig nicht im Jahre 1928 der internationalen Historikerschaft auf ihrem Kongress in Oslo vorzutragen. Die Hanseforschung hat sich nach 1945 mit diesen Verfehlungen zunächst gar nicht auseinandergesetzt. Es kann kein Trost sein, dass sie sich damit nicht anders verhielt als die gesamte deutsche Geschichtswissenschaft.

Das Ausblenden der fachlichen Zeitgeschichte zugunsten der Anforderungen des Tages betraf im Falle der Hanseforschung den Westen wie den Osten Deutschlands gleichermaßen. Denn auch in der DDR besaß die Hanseforschung stets einen hohen Stellenwert. Man könnte überrascht darüber sein, dass bürgerliche Fernhändler und oligarchische Führungsschichten nicht dem Verdikt erlagen, Klassenfeinde gewesen zu sein. Die Argumentation in der DDR lautete aber, dass dem Städtewesen und den Städtebünden eine fortschrittliche Rolle bei der Überwindung des vollentfalteten Feudalismus zugekommen sei. Doch auf diese dialektische Betrachtungsweise kommt es hier weniger an, als auf das bewusste Anknüpfen an die Traditionen der Hanseforschung. So firmierte Fritz Rörig († 1952) in einem 1989 publizierten Sammelband gar als ein „Wegbereiter" der DDR-Geschichtswissenschaft. Neue Ansätze finden sich in der Hanseforschung der DDR, die später insbesondere in Greifswald betrieben wurde, vor allem dort, wo auf die Sozial- und Wirtschaftsgeschichte der Hansestädte geblickt wurde. Hingegen hielt man bei der Beschreibung des inneren Gefüges der Hanse recht apodiktisch am Bild vom Städtebund fest und akzentuierte den Gegenstand in recht nationaler Sicht. Man findet diese unterschiedlichen Tendenzen etwa in der nützlichen Gesamtdarstellung aus der Feder von Konrad Fritze, Johannes Schildhauer und Walter Stark von 1974 gespiegelt. Es gehört zu den Besonderheiten deutsch-deutscher Wissenschaftsgeschichte, dass der Hansische Geschichtsverein immerhin bis 1970 als gesamtdeutsche Vereinigung weiterbestehen konnte.

In der Bundesrepublik berief sich die Hanseforschung ebenfalls auf Fritz Rörig, dessen Neuansätze für die breitere mediävistische Fachöffentlichkeit allerdings nicht recht sichtbar wurden. Das war dem Umstand geschuldet, dass es an einer Gesamtdarstellung hansischer Geschichte aus seiner Feder mangelt. Das im Jahre 1942 und seitdem mehrfach nachgedruckte Werk von Karl Pagel ist von den Rörigschen Forschungen noch weitgehend unbeeinflusst und mithin eher die Summe des Schäferschen Hansebildes. Eine Änderung trat erst ein, als das Werk „La Hanse" von Philippe Dollinger, das 1964 in Paris erschien, seit 1966 auch in deutscher Übersetzung vorlag und alsbald zur Standardlektüre wurde. Die Hanseforschung fand so den Weg zurück in europäische Diskussionszusammenhänge, worin überhaupt ein besonderer Reiz der Hanseforschung liegen dürfte. Dollingers Buch konnte indes die erhebliche Erweiterung der Themenfindung innerhalb der hansischen Forschung noch nicht einfangen, die nach 1945 einsetzte und sich seit den 1960er-Jahren beschleunigte. Man kann diese Weitung als überfällige Horizonterweiterung hochschätzen oder als Zersplitterung des Forschungsgegenstandes herabsetzen. Für letztere Ansicht könnte sprechen, dass die Hanseforschung immer mehr zu einer mittelalterlichen Stadtgeschichte Niederdeutschlands geworden ist, wobei es häufig schwerfällt, wertvolle Arbeiten zu stadtgeschichtlichen Phänomenen als hansische Veröffentlichungen aufzufassen. Die Breite von dem, was mittlerweile als hansische Forschung gilt, kann man recht gut an den Unterschieden dreier neuerer Gesamtdarstellungen zur Geschichte der Hanse ablesen, die von Klaus Friedland (1991), Heinz Stoob (1995) und Rolf Hammel-Kiesow (2000) verfasst worden sind.

Seit 1989 hat sich die Hanseforschung erneut gewandelt. Die politischen Umwälzungen, die zur Wiedervereinigung Deutschlands und des europäischen Kontinents geführt haben, erhöhten die Popularität der Hanse ganz erheblich, schien es manchem doch so, als habe die Hanse die aktuelle Integration Europas vorweggenommen. Beim Blick auf eine Karte der Hansestädte mag dies einem unbekümmerten Betrachter tatsächlich evident erscheinen. So liegen ehemalige Hansestädte in acht europäischen Staaten (Deutschland, Niederlande, Belgien, Polen, Russland, Lettland, Estland, Schweden). Wer noch Kontore und Handelsverbindungen hinzuzählt, vermag zu errechnen, dass 25 der heute 46 europäischen Nationen von der Hanse erfasst worden seien. Allerdings liegt eine Schwäche dieser Rechnung schon darin, dass die Hanseforschung so erneut zur Hilfswissenschaft für politisch Wünschenswertes werden könnte, dessen Zeitbedingtheit zukünftige Generationen ebenso erkennen werden, wie wir den nationalen Überschwang der hansischen Geschichtsarbeiten des 19. Jahrhunderts kritisieren. Inhaltlich muss man bei aller Sympathie für die neuerliche Entdeckung der Hanse in den osteuropäischen Städten zudem festhalten, dass die mittelalterliche Hanse stets eine Angelegenheit niederdeutscher Fernhändler geblieben ist, also eine Vereinigung war, die zwar nicht von einem modernen Nationalgefühl getragen wurde, aber mittels Sprache, Sitte und Recht deutscher Kaufleute integrierend wirkte.

Von Helden zu europäischen Netzwerkern, von überlegenen Militärs zu Unternehmern, so könnte man den Wandel der Hanseforschung zwischen 1878 und 2009 schlagwortartig umreißen. Damit freilich sind bereits die Schwierigkeiten angedeutet, die sich dem Versuch entgegenstellen, eine kompakte Wissensübersicht zur Geschichte der mittelalterlichen Hanse vorzulegen. Womöglich war niemals zuvor eine Generation von Wissenschaftlern so uneinig darüber, was die Hanse eigentlich war und was somit in einer Gesamtgeschichte vorgestellt werden müsste. Weil diese knappe Darstellung der Hanse jedoch nicht nur Spezialisten erreichen soll, ist sie nicht denkbar ohne eine klare Vorstellung von ihrem Gegenstand. Schon gesagt wurde, dass in dieser Arbeit die Hanse nicht als Städtebund und damit gleichsam territorial, sondern mit Blick auf die Personen und ihre wirtschaftlichen Interessen beschrieben werden soll. Sachlich handelt das Buch von einem wichtigen Stück nicht deutscher Politik-, sondern europäischer Wirtschaftsgeschichte. Nicht militärische Erfolge und Vertragsschlüsse, sondern wirtschaftliche Umschwünge sollen vorzugsweise Entstehung, Vormacht und Niedergang der Hanse erklären. Zeitlich handelt dieses Buch von der Hanse im Mittelalter. Obwohl zuletzt und mit guten Gründen wiederholt eingefordert worden ist, die frühneuzeitliche Geschichte der Hanse aufzuwerten, sind die Proportionen hier anders gesetzt worden, weil es an Vorarbeiten mangelt und der Verfasser sich für die frühneuzeitliche Epoche aufgrund eigener Forschungen nicht zutrauen kann, Wichtiges von weniger Wichtigem zu scheiden. Das alles ist zwar eine begründete, aber doch immer noch eine Auswahl, die aber selbst für ein Handbuch der Hanse, das es nicht gibt, notwendigerweise zu treffen wäre. Vielleicht vermag es daher manchen Leser beruhigen, dass ältere Denktraditionen und Deutungen immer wieder genannt werden, auch wenn ihnen nicht gefolgt wird.

II. Gilden und „Hansen" vor der Hanse (1150 bis 1350)

1. Eine Europäisierung des Ostseeraums

793	Beginn der Wikingerzeit in Skandinavien
um 959–987	Harald Blauzahn eint und christianisiert Dänemark
966	Der Piastenfürst Mieszko nimmt das römische Christentum an
983	Liutizenaufstand. Zerstörung der ottonischen Herrschafts- und Kirchenorganisation bei den Slawen nordöstlich der Elbe
1000	Errichtung des Erzbistums Gnesen
1016–1035	Knut der Große: dänisches Nordseeimperium
1054	Morgenländische Schisma zwischen der lateinischen und griechischen Kirche
1066	Landungsversuch des norwegischen Königs Harald in England scheitert
1103/4	Erzbistum Lund
1107/8	Kreuzzugsaufruf der Magdeburger Kirche
um 1130–1195	Heinrich der Löwe
1134	(erschlossen) Privileg Lothars III. für die gutnischen Kaufleute
1143/1159	Gründung Lübecks
1147	Wendenkreuzzug
1153	Norwegisches Erzbistum in Nidaros/Trondheim
1161	Erwähnung einer Genossenschaft niederdeutscher Kaufleute in Gotland: Artlenburger Privileg
1164	Schwedisches Erzbistum in Uppsala
1168	Eroberung Rügens durch den dänischen König
1176	(nicht 1157) Privileg des englischen Königs Heinrich II. für Kölner Kaufleute
1201	Gründung von Riga
1219	Eroberung Estlands durch Dänemark
1230	Gründung von Reval/Tallinn
ab 1231	Eroberung Preußens durch den Deutschen Orden
1237	Gründung von Elbing
1255	Gründung von Königsberg

a) Religion, Herrschaft, Städtewesen

Wenn in der Hanse vorrangig eine Personengemeinschaft erkannt wird, sind zwei Folgeprobleme aufgeworfen. Sie kamen in der Forschung, die von einem dauerhaften und geschlossenen Hansebund der Städte ausging, nicht zum Tragen. Neu stellen sich aber ein Kontinuitätsproblem und ein Kohärenzproblem. Die zweite Schwierigkeit macht es unmöglich, die Hanse als Kollektiv in Erscheinung treten zu lassen, das etwa Fisch handelte oder im Krieg gegen Dänemark siegte. Richtiger ist ein vorsichtigeres Ver-

Wann beginnt hansische Geschichte?

ständnis, das die Hanse zunächst nur als Dach für unterschiedliche Interessengruppen versteht. Davon wird später ausführlicher die Rede sein. Die erste Kompliziertheit lässt es fraglich werden, vorbehaltlos von einer kontinuierlichen hansischen Geschichte vor dem ausgehenden 13. Jahrhundert oder vielleicht gar vor 1358 zu sprechen. Zumal wird man daran zweifeln, den Beginn hansischer Geschichte dann einsetzen zu lassen, als 1143/1159 die Stadt Lübeck gegründet wurde und weitere deutschrechtliche Städte im Zuge der Ostsiedlung im 13. Jahrhundert entstanden.

Warum aber datierte die ältere Hanseforschung den Beginn frühhansischer Geschichte so? Um darauf angemessen antworten zu können, muss man sich zunächst daran erinnern, dass eine Gründungsurkunde der Hanse niemals existiert hat. Jeder Forscher muss daher eine Entscheidung darüber treffen, wann er solche Elemente der späteren Hanse erstmals zu entdecken meint, die er für essenziell hält.

Die Datierung solcher Vorgeschichten ist stets an Werturteile gebunden, was man überprüfen mag, indem man sich beispielsweise fragt, wann eine Vorgeschichte der deutschen Wiedervereinigung zu beginnen hätte – 1871, 1945, 1953, 1961, 1968, 1980 oder 1989, wobei jede Antwort eine wertende Akzentsetzung beinhaltet. Auf die Frage nach dem Anfang der Hansegeschichte bezogen, bedeutet diese Problematik, dass es dann, wenn man sich die Hanse als einen Verbund von Städten vorstellt, durchaus naheliegend ist, die Gründung der späterhin führenden Hansestadt Lübeck als Anfang einer hansischen Geschichte zu nehmen. Diese Kontinuitätslinien werden allerdings unsichtbar, wenn man die Hanse als eine Zweckgemeinschaft von Fernhändlern zu verstehen sucht. Die Bezugnahme auf Lübeck – wie sie auch die Titelvignette zu erzielen sucht – ist zudem nicht zwingend. Sie beruht darauf, dass Lübeck späterhin die wichtigste Hansestadt war. Ist aber daraus zu folgern konsequent, dass ohne diese Stadt keine Hansegeschichte möglich gewesen wäre? Wohl kaum, denn man kann Szenarien entwickeln, die im Erwartungshorizont des 12. Jahrhunderts recht nahelagen. So dürfte damals für die handelnden Zeitgenossen beispielsweise eine Hanse unter Kölner Führung und mit Schleswig als Transithandelsplatz zwischen Nord- und Ostsee eine recht naheliegende Vorstellung gewesen sein.

Dass solche Optionen nicht bloße Fantasiespiele sind, sondern plausible Entwicklungsalternativen darstellten, liegt daran, dass um 1150 die Entwicklungsrichtung im Nord- und Ostseeraum noch weitgehend offen war. Erst fundamentale Umgestaltungen der Jahrzehnte zwischen etwa 1150 und 1350 schufen kirchliche, politische, wirtschaftliche, verkehrstechnische, familiäre und kulturelle Strukturen, die uns selbstverständlich vorkommen, weil sie bis heute nachwirken. Diese Veränderungen werden oftmals einer frühhansischen Epoche zugeschlagen, obwohl sie von der Hanse nicht initiiert worden sind. Sie besitzen allerdings für das Verständnis des Fernhandels im Nord- und Ostseeraum vor Entstehung der Hanse große Wichtigkeit.

Gesamteuropäische Strukturen

Um die damalige Veränderungswirkung und -geschwindigkeit zu ermessen, die wohl erst wieder im 19. und 20. Jahrhundert erreicht worden ist, sei ein Gedankenexperiment erlaubt. Könnten wir uns ans Ende des 10. Jahrhunderts zurückversetzen und aus einem der Nachfolgestaaten des Karolingerreichs nach Norden blicken, dann erschiene uns der Ostseeraum als ein

Grenzmeer, an dessen Küsten religiös, politisch und kulturell fremdartige Regionen lagen. 300 Jahre später hingegen erschiene einem Betrachter, von demselben Standpunkt aus, die Ostsee als ein europäisches Binnenmeer, dessen Küstenregionen allgemein typische kirchliche, herrschaftliche und ökonomische Grundstrukturen aufwiesen. Diese Strukturen bestanden im Frühmittelalter zunächst nur dort in Europa, wo antike und karolingische Prägungen fortwirkten. Im Hochmittelalter breiteten sie sich aus und begründeten im Spätmittelalter bei allen regionalen Unterschieden die Gemeinsamkeit des europäischen Kontinents. Zu ihnen sind mindestens drei Kernelemente zu rechnen: Es sind die christliche Religion in der Ausrichtung auf das römische Papsttum, eine monarchische Herrschaftsform, die sich auf adlige Eliten stützte, sowie ein autonomes Städtewesen.

Wandlungen der kirchlichen und politischen Strukturen bedingten sich im mittelalterlichen Europa stets. Nach der fränkischen Expansion und der mit ihr einhergehenden Christianisierung beispielsweise der Sachsen integrierten sich um das Jahr 1000 Polen, Böhmen und Ungarn in das romchristlich-monarchische Europa. Sie fanden Aufnahme unter ihren einheimischen Herrschern, die das Christentum annahmen. Gleiches gilt für Skandinavien: Nach ergebnislosen Missionierungsversuchen im 9. Jahrhundert wurde von den skandinavischen Völkern zunächst Dänemark unter König Harald Blauzahn (um 959–987) christianisiert. Island folgte um 1000. In Schweden wurde König Olaf Schosskönig (ca. 980–1021/2) im Jahre 1008 getauft. In Norwegen war es der spätere heilige König Olaf Haraldsson (1015–1030), der für die Christianisierung sorgte. In allen diesen Reichen standen monarchischer Machtzuwachs und der Aufbau kirchlicher Strukturen in einer Wechselwirkung. Überall war die Missionierung nicht durch den tröpfchenweisen Übertritt einzelner Gläubiger flächendeckend erfolgreich, sondern sie stützte sich auf die Autorität überregional mächtiger Herrscher. Umgekehrt profitierten die skandinavischen Könige bei der Festigung und Verstetigung ihrer Herrschaftsposition von der kirchlichen Infrastruktur. Deren Aufbau erreichte überall einen Schlusspunkt mit der Gründung von eigenständigen Kirchenprovinzen. Dänische, norwegische und schwedische Erzbistümer entstanden in Lund (1103/4), Trondheim (1153) und Uppsala (1164).

Polen, Böhmen, Ungarn und Skandinavien

Der Weg, der Polen, Böhmen, Ungarn, Dänen, Norweger und Schweden nach Europa hineinführte, verlief also über die freiwillige Übernahme des Christentums durch eine lokale Elite. Auf dieser Strecke bewegten sich indes die slawischen, baltischen und finnischen Völker an der Ostseeküste nicht. Bei ihnen kam es seit dem 12. Jahrhundert nicht zu einer Europäisierung freiwilliger Art, sondern zu einer solchen aus dem Geist der Gewalt. Nachdem die Elbslawen erstmals in der Ottonenzeit von der Missionierung und ihre Gebiete von der Ausbildung einer Kirchenorganisation erfasst worden waren, ließ der slawische Liutizenaufstand des Jahres 983 diese Entwicklung abreißen. Damals verloren die in Brandenburg, Havelberg sowie im holsteinischen Oldenburg eingesetzten Bischöfe ihre Bistümer. Die Gebiete der Elbslawen blieben für weitere rund 150 Jahre nichtchristlich und bestanden fort unter einheimischer kleinräumiger Stammesherrschaft. In Kenntnis der späteren Entwicklung könnte man überlegen, ob sich für die im 10. Jahrhundert nicht missionierten Ostseevölker die Chance nicht kontinuierlich ver-

Elbslawen, Balten und Finnen

schlechterte, unter Wahrung ihrer Selbständigkeit einen Weg ins christlich-monarchische Europa zu finden. Dafür könnte sprechen, dass im 12. Jahrhundert, als die Missionierungsbemühungen erneut verstärkt wurden, sich die wirtschaftlichen Verhältnisse und damit die militärischen Faktoren gewandelt darstellten. Das Gefälle zwischen Kerneuropa und der Peripherie hatte sich seit 1000 entscheidend vergrößert. So berichtet etwa der Chronist Heinrich von Lettland, dass die Armbrust im 13. Jahrhundert im Baltikum noch unbekannt war.

Doch ist eine Expansion wohl niemals nur eine Folge kriegstechnischer Überlegenheit, sondern wird immer auch durch gedankliche Neubewertungen ausgelöst. In diesem Falle prägend war ein neues Bild, das man sich in Europa vom Umgang mit nichtchristianisierten Völkern machte. Der christliche Missionsauftrag war natürlich nicht neu. Er galt schon im 10. Jahrhundert genauso wie davor und danach. Doch die Meinungen darüber, wie dieser Auftrag auszugestalten sei, hatten sich seit dem 10. Jahrhundert innerhalb der kirchlichen und weltlichen Eliten merklich verschoben. Abstrakt formuliert lag die Bandbreite der Vorgehensweise zwischen den Polen einer gewaltsamen Mission mit dem Schwert und einer weitgehenden Toleranz gegenüber heidnischen Völkern. Ein solcher Toleranzgedanke fehlte im Mittelalter niemals völlig. Aber er war nie in dem Sinne wirksam, dass man den heidnischen Völkern eine gleichberechtigte Lebensform zugebilligt hätte. Die zentrale Verschiebung erfolgte vielmehr zwischen den Auffassungen, ob eine Bekehrung zum christlichen Glauben nur mit Argumenten erfolgen dürfe oder ob es angemessen sei, den Weg zum Guten mit äußerem Druck zu befördern. Der Kreuzzugsgedanke beruhte auf letzterer Überzeugung. Seine Massenwirksamkeit und Durchschlagskraft zeigte sich seit 1095 im ersten Kreuzzug ins Heilige Land und in der Eroberung Jerusalems. Daher lag zu Beginn des 12. Jahrhunderts der Gedanke nicht fern, einen Kreuzzug auch gegen die nordeuropäischen Heiden zu unternehmen. Ein solcher Ansatz lag zumal deshalb nahe, weil die mittelalterliche Theorie nur unzureichend zwischen den islamischen Gegnern, die von den Kreuzfahrern auf der Iberischen Halbinsel und im Mittelmeerraum bekämpft wurden, und den Angehörigen von Gentilreligionen differenzierte.

Ein Kreuzzugsaufruf gegen die Elbslawen erging erstmals 1107/08. Er war von der Magdeburger Kirche initiiert worden. Soweit man weiß, löst er keine praktischen Folgen aus. Wirksam wurde erst ein Kreuzzugsunternehmen, das eine Reaktion der sächsischen Fürsten auf die Kreuznahme König Konrads III. im Jahre 1146 war. Konrad III. selbst zielte auf das Heilige Land und förderte den Zweiten Kreuzzug. Die sächsischen Fürsten hingegen erklärten, dass sie die benachbarten Slawen bekämpfen wollten. Ihr Kriegszug, der sogenannte Wendenkreuzzug des Jahres 1147, zielte auf die Missionierung der slawischen Stämme und die Eroberung ihrer Stammesgebiete in Mecklenburg, im westlichen Pommern und in der Mark Brandenburg. Nicht nur in diesem Kreuzzug engagierten sich vorrangig die christlichen Fürsten, die diesen Völkern benachbart herrschten.

Die Folge waren Christianisierung und herrschaftliche Integration innerhalb weniger Jahrzehnte. Denn zahlreiche weitere Kreuzzüge erlebte der europäische Norden und Osten in diesen Jahrzehnten: Der schwedische König Erik der Heilige zog um 1155 auf einen Kreuzzug gegen die Finnen.

Die Aktivitäten der dänischen Monarchie richteten sich 1168 erfolgreich gegen die Insel Rügen und führten 1219 zur Eroberung von Estland. Beide Gebiete wurden in das dänische Reich integriert. Die südlich der Esten lebenden Liven waren schon zuvor in einem von den Bremer Erzbischöfen beförderten und von sächsischen Adligen getragenen Kreuzzug besiegt worden. Das baltische Volk der Pruzzen wurde seit 1231 vom Deutschen Orden, einem der drei großen, im Heiligen Land gegründeten Ritterorden, in jährlichen Expeditionen bekriegt und ihr Land nach und nach erobert. Der polnische Herzog Konrad von Masowien hatte den Orden zur Hilfe gerufen.

Die Aufzählung der verschiedenen Kreuzzugsinitiatoren und deren slawischen, pruzzischen, baltischen und finnischen Leidtragenden bewahrt vor der unrichtigen Annahme, die Ereignisse aus einem Aggressionstrieb der Deutschen gegen ihre slawischen Nachbarn herleiten zu können. Man muss dies betonen, weil im 19. und 20. Jahrhundert wiederholt so argumentiert worden ist, um je nach nationaler Blickrichtung die Präsenz von Deutschen in Osteuropa zu legitimieren, auszuweiten oder zu diskreditieren. Glücklicherweise wird in der Forschung darüber inzwischen sachlicher gesprochen.

Abgewogene Urteile haben sich inzwischen ebenfalls bei der Deutung der strukturellen Umformungen durchgesetzt, die sich in Osteuropa im 12. und 13. Jahrhundert ereigneten. Es handelt sich um breit wirksame Veränderungen der Lebensformen, die man als Ostsiedlung bzw. Ostkolonisation zu bezeichnen pflegt. Sie sind ebenfalls als ein deutsch-slawisches Ereignis verkürzt und missverstanden worden. Doch war die Ostsiedlung nur der osteuropäische Ausläufer einer gesamteuropäischen Aufschwungphase, die im Westen des Kontinents bereits im 11. Jahrhundert einsetzte. Daher ist die Bezeichnung ostmitteleuropäischer Landesausbau wohl die bessere Begriffswahl für diese Vorgänge, die sich weder mit dem Erwerb von afrikanischen Kolonien durch europäische Mächte decken, noch der Besiedlung des nordamerikanischen Kontinents oder gar nationalsozialistischen Ostsiedlungsplänen gleichen.

Überall in Europa ablesbar wird dieser Aufschwung zunächst an einem starken Bevölkerungswachstum, dessen Dynamik erst wieder in der Zeit der Industrialisierung erreicht worden ist. Dass sich Europa im Hochmittelalter mit Menschen zu füllen begann, lässt sich indes eher erahnen als nachzählen. Zeitgenössische Dokumente fehlen weitgehend und die Interpretation der wenigen Indizien durch demografische Forschungen ist äußerst schwierig. Doch ist kalkuliert worden, dass sich, nimmt man Deutschland und Skandinavien zusammen, die Bevölkerung von etwa vier Millionen Menschen im Jahre 1000 auf rund zwölf Millionen Einwohner um das Jahr 1340 verdreifacht haben dürfte. Das sind natürlich nur schematische Richtwerte. Aber zweifeln lässt sich an einem starken Bevölkerungswachstum nicht, dessen Wirkungen noch in das heutige Landschaftsbild eingeschrieben sind. Erst der hochmittelalterliche Landesbau nämlich ließ die europäischen Urwälder schrumpfen und wandelte vielerorts die bisher in Waldinseln gelegenen Siedlungskammern zu einer menschengestalteten, offenen Kulturlandschaft. Dass dies möglich wurde, ist nicht denkbar ohne eine Optimierung der Agrartechnik. Die Steigerungen der Ernteerträge durch bessere

Ostmitteleuropäischer Landesausbau

Fruchtfolge, bodenwendende Pflugtechnik und umsichtigere Düngung nehmen sich im Vergleich zur industriellen Landwirtschaft von heute höchst karg aus. Doch ruhten letztlich alle hochmittelalterlichen Veränderungen auf dieser höheren Leistungskraft.

Alle diese Entwicklungen wurden eingeleitet und getragen von Menschen in ihrer nahen Lebenswelt. Vor Ort begannen sie, den Wald zu roden, die Sümpfe trockenzulegen und Stadtbefestigungen zu errichten. Doch überall stützten sich diejenigen, die dort beheimatet waren, zusätzlich auf Personen, die man aus der Ferne hinzuziehen konnte. Solche Helfer fand man zumeist dort, wo weiter im Westen das Bevölkerungswachstum bereits früher eingesetzt hatte und attraktive technische Neuerungen schon in der Praxis erprobt worden waren. Dieser Transfer von Menschen und Techniken war möglich, weil strukturelle Veränderungen im mittelalterlichen Europa nicht überall gleichzeitig aufzutreten pflegten, sondern zumeist um Jahrzehnte phasenverschoben von West nach Ost vorankamen. Dabei handelt es sich um eine Grundgegebenheit des mittelalterlichen Europas.

Landesausbau am Beispiel der Schauenburger
Helmold von Bosau, Slawenchronik, hg. v. Heinz Stoob, Darmstadt [6]2002, S. 210f.

Die Ereignisse im heutigen Ostholstein sind uns in den Texten des Chronisten Helmold von Bosau detailreich überliefert. Einer ihrer Initiatoren war die Adelsfamilie der Schauenburger, deren Heimatburg an der Weser liegt und die als neu belehnte Grafen von Holstein ein Beispiel für adlige Gewinner der europäischen Expansion sind. Zu ihren Bemühungen heißt es unter Graf Adolf II. von Schauenburg im Jahr 1143: „Da das Land verlassen war, schickte er Boten in alle Lande, nämlich nach Flandern und Holland, Utrecht, Westfalen und Friesland, dass jeder, der zu wenig Land hätte, mit seiner Familie kommen sollte, um den schönsten, geräumigsten, fruchtbarsten, an Fisch und Fleisch überreichen Acker nebst günstigen Weidegründen zu erhalten … Daraufhin brach eine zahllose Menge aus verschiedenen Stämmen auf, nahm Familien und Habe mit und kam zu Graf Adolf nach Wagrien, um das versprochene Land in Besitz zu nehmen."

Städtegründungen:
Lübeck und Riga
als Beispiele

Die landwirtschaftlichen Überschüsse ließen nicht nur mehr Menschen satt werden, sondern ermöglichten es immer mehr von ihnen, ihre Tätigkeiten zu spezialisieren, weil sie von der Arbeit auf dem Acker freigestellt werden konnten. Die Plätze, an denen diese Spezialisten sich versammelten, waren die Städte. Seit dem Jahre 1000 wuchsen viele der in Europa bestehenden Siedlungen zu Städten. Ihre Einwohnerschaft vergrößerte sich, die bebaute Fläche nahm erheblich zu. Zeitgleich erlebte das Hochmittelalter eine Städtegründungswelle. Diese rasche Urbanisierung erfasste gerade den Osten und Norden des Kontinents, wo es zuvor zwar stadtähnliche Siedlungen gegeben hatte, wo nun aber immer mehr neue Städte entstanden. Diese waren insofern neu strukturiert, als sie im Innern als selbständig und frei über ihre Belange entscheidende Bürgergemeinden konstruiert waren und damit wie Inseln der Autonomie aus der ländlichen Welt herausgehoben waren.

Wiederum lässt ein Bericht des Chronisten Helmold von Bosau eine solche Stadtgründung recht plastisch werden: „Danach kam Graf Adolf an einen Ort, der Bucu genannt wird. Dort fand er den Wall einer verlassenen

Burg … und eine umfangreiche Insel, die von zwei Flüssen umgeben war … Da nun der umsichtige Mann sah, wie passend die Lage und wie vortrefflich der Hafen war, begann er dort eine Stadt zu bauen und nannte sie Lubeke, weil sie von dem alten Hafen und Hauptort, den einst Fürst Heinrich angelegt hatte, nicht weit entfernt war." Mit diesen beiden Flüssen gemeint sind die Trave und die Wakenitz. Der Ort, von dessen Entstehung hier die Rede ist, sollte innerhalb von 200 Jahren zur hansischen Metropole Lübeck wachsen. Freilich waren die Anfänge schwierig. Herzog Heinrich den Löwen störte die neue Siedlung, weil sie ihm Einnahmen aus der alten, schon 805 als Grenzhandelsplatz zum Slawenland genannten Ortschaft Bardowick an der Elbe abzog. Diese Minderung barg erheblichen Konfliktstoff für das Verhältnis zwischen Lehnsherrn und schauenburgischem Vasallen. Die harte Haltung des Herzogs führte letztlich dazu, dass unter seiner Stadtherrschaft der Ort im Jahre 1159 ein zweites Mal gegründet wurde. Ein Jahre später wurde 1160 auch der Bistumssitz aus dem holsteinischen Oldenburg nach Lübeck verlegt. Seitdem bestand die Stadt aus drei Siedlungsteilen: aus der stadtherrlichen Burg im Norden der Halbinsel (1227 zerstört, beseitigt und mit dem Burgkloster überbaut), der Domfreiheit im Süden und einer kaufmännischen Marktsiedlung mit Hafen dazwischen. Schnell wuchsen diese Siedlungszellen zusammen. Lübeck wurde zu einer wirklichen „Boomtown": Ab 1180 baute man für die hinzuziehenden Menschen so schnell, dass innerhalb von nur 50 Jahren die Siedlung die gesamte Insel ausfüllte. Regiert wurde die Stadt zu diesem Zeitpunkt bereits vom städtischen Rat und nicht mehr von herzoglichen oder anderen stadtherrlichen Beauftragten. Die Lübecker hatten sich als bürgerliche Gemeinschaft organisiert und waren mit großen Schritten der Einflussnahme ihrer Stadtherren entkommen, die seit 1226 die römisch-deutschen Könige und Kaiser waren. Um 1300 dürfte Lübeck 25 000 Einwohner besessen haben. Damit war Lübeck zur bevölkerungsreichsten Stadt an der Ostseeküste herangewachsen. Erst gegen 1500 wurde Lübeck von Danzig überflügelt. Doch auch davor war Lübeck niemals die einwohnerstärkste Hansestadt gewesen. Diesen Spitzenplatz nahm stets Köln ein, das mit ca. 40 000 Einwohnern überhaupt die größte deutsche Stadt des Mittelalters war.

Lübeck war zudem die erste Stadt des Ostseeraums, die man hinsichtlich der inneren kommunalen Ausgestaltung im Sinne der west- und südeuropäischen Vorbilder als modern bezeichnen darf. Wichtiger noch aber ist, dass sie nicht die einzige neue blieb. Die zweite Neugründung einer modernen Stadt im Ostseeraum vollzog sich im Jahre 1201 in Riga. Man sieht daran, dass die geschilderten Mechanismen einer West-Ost-Bewegung eben nur Tendenzen beschreiben, gegen die bei günstigen Konstellationen und bei genügendem Einsatz durchaus angearbeitet werden konnte. Die Geschichte der Gründung Rigas im Jahre 1201 ist eng verbunden mit dem Wirken des livländischen Bischofs Albert (1199–1229). Er führte im Jahre 1200 ein Kreuzfahrerheer nach Livland. Anstelle des unsicheren Üxküll machte er ein Jahr später Riga zu seinem Bischofssitz. Seit 1211, als sich die militärische Lage stabilisierte, siedelten sich zahlreiche Kaufleute in Riga an, worunter auffällig viele Familien waren, die in Westfalen, Lübeck oder Visby beheimatet waren. Wie in Lübeck so war auch die Stadtgestalt von Riga dreipolig angelegt. Zu Dombezirk und kaufmännischem Markt kam als dritter Siedlungsschwerpunkt der Besitz der Ritter des Schwerbrüderordens hinzu, der später zum livländischen Zweig des Deutschen Ordens wurde. Mit Orden und Bischof geriet der 1226 erstmals nachgewiesene Rigaer Rat in schwere Konflikte. Anders als den Lübecker Ratsherren gelang es ihm nicht, sich vom stadtherrlichen Einfluss weitgehend zu befreien. Zu den Parallelen zwischen beiden Städten gehört indes, dass Riga nicht in einem siedlungsleeren Raum gegründet wurde, sondern ebenfalls Vorgängersiedlugen existierten. Ähnlich war zudem die Lage zur Ostsee, denn auch Riga lag nicht direkt an der Küste, sondern im besser geschützten Landesinneren, war aber wie Lübeck über die Trave über den Fluss Düna mit seetüchtigen Schiffen zu erreichen.

Das Städtenetz des Ostseeraums   Innerhalb von knapp 100 Jahren nach der zweiten Gründung Lübecks und von gut 50 Jahren nach der Gründung Rigas wurde der Ostseeraum von einem Städtenetz erfasst. Mit der Gründung von Königsberg im Jahre 1255 waren alle wichtigen Hansestädte entstanden, von denen in den nachfolgenden Abschnitten die Rede sein wird. Diese jüngeren Plätze waren dabei zu den altehrwürdigen und schon seit Hunderten von Jahren bestehenden Städten wie Köln, Bremen, Münster oder Magdeburg hinzugekommen. Was verband diese Siedlungen untereinander? Die ältere Forschung wollte annehmen, dass die neuen Städte wie mit einer Schablone nach dem Muster Lübecks gegründet worden seien. Für diese Ansicht brachte man Stadtbild, Stadtrecht und Herkunft der Führungsschichten in Anschlag. Doch neuere Forschungen machen eine solche pauschale Beurteilung unmöglich.

Die Idee eines baulichen Grundplans scheint zunächst die optische Evidenz für sich zu haben. Denn jedem Besucher werden die Gemeinsamkeiten der Backsteinstädte mit ihren gleich großen Gründstücksparzellen und den giebelständigen Häusern nicht entgehen. Doch ist dies erst das Bild des Spätmittelalters. Zum Zeitpunkt, als im 13. Jahrhundert eine Schablone für andere Städte benötigt wurde, sah Lübeck völlig anders aus. Hier bestanden seit der Gründung unterschiedlich große und uneinheitlich bebaute Grundstücksparzellen. Das weiß man freilich erst, seitdem nach 1945 archäologische Forschungen in Lübeck intensiv betrieben worden sind.

Auch das einheitliche Stadtrecht zu betonen, ist zumindest missverständlich. Zweifellos glichen sich die Städte des Nordens als freie, autonome Rechtsstädte. Aber dieses Kriterium verband sie eben nicht nur untereinander, sondern überhaupt mit einem gesamteuropäischen Städtetypus. Unzutreffend ist es zumal, sich Lübeck als rechtliches Haupt einer hierarchischen Städtegruppe vorzustellen. Zwar war es in der Tat so, dass etwa 100 Städte zwischen Tondern und Narwa bei ihrer Gründung mit Lübecker Recht versehen worden waren. Doch muss man wissen, dass nur ein Drittel von ihnen bei strittigen Urteilen direkt an den Lübecker Rat appellierte. Sowohl in diesem ersten als auch in den übrigen zwei Dritteln der Städte war es gerade so, dass das Lübecker Recht zur selbständigen praktischen Anwendung und Weiterentwicklung dienen sollte. Einen normativen Zwang durch Grundsatzurteile, die in das städtische Recht anderer Kommunen übernommen werden mussten, übte der Lübecker Rat niemals aus.

Von den drei Kriterien zutreffender gesehen ist sicherlich das verbindende Element einer verwandtschaftlichen Vernetzung der städtischen Führungsgruppen. Solche familiären Bindungen zwischen West und Ost, die wir am Beispiel von Riga bereits erwähnt haben, bestanden nicht nur in diesem Fall. Ihre Wirksamkeit müsste gering veranschlagt werden, wenn sie nur bei Gründung einer Stadt etabliert worden wären. Sie wirkten indes fort: Menschen wanderten auch später von Westfalen ins Baltikum ab, heirateten wieder zurück und waren sich vor allem ihrer weitgespannten Familienbeziehungen bewusst.

Aus Westfalen, Niedersachsen und Holstein brachten diese Zuwanderer auch ihre mittelniederdeutsche Sprache mit. Das Niederdeutsche ist kein Dialekt, sondern eine deutsche Sprachvariante. Sie unterscheidet sich dadurch vom Hochdeutschen, dass sie die sogenannte zweite Lautverschiebung nicht mitgemacht hat (also mittelniederdeutsch „appel" anstatt mittelhochdeutsch „apfel", „open" anstatt „offen", „pape" anstatt „pfaffe"). Durch die Wanderungsbewegung dehnte sich das Sprachgebiet des Mittelniederdeutschen vom 12. bis zum 14. Jahrhundert auf Mecklenburg, Pommern sowie Teile von Brandenburg, Preußen und des Baltikums aus. Auch deutsche Bevölkerungsgruppen in den skandinavischen Städten sprachen das Mittelniederdeutsche. Zudem war es die Umgangssprache in den hansischen Kontoren. So entstand eine Geschäftssprache, mit der man – wie heute mit dem Englischen oder im mittelalterlichen Mittelmeerraum mit dem Italienischen – im Nord- und Ostseeraum ohne Dolmetscher zurechtkam. Wir werden noch sehen, dass sowohl in der dichten familiären Verflechtung als auch in den sprachlichen Gegebenheiten wichtige Bindemittel für das gemeinschaftliche Handeln der niederdeutschen Kaufleute vor und in der Hanse lagen.

b) Strukturen des Fernhandels niederdeutscher Kaufleute

Die hier knapp skizzierten Veränderungen in Nord- und Osteuropa sind nicht von der Hanse hervorgerufen worden. Aber diese tief gehenden Wandlungen schufen Möglichkeiten zur unternehmerischen Tätigkeit, die reizvoll sein mussten. Wer am Geschäft in den neuen Städten, mit den zahlreicher werdenden Konsumenten und am Warentransit teilhaben wollte, musste zur See fahren. Seit wann war dies für deutschsprachige Händler möglich? Die Antwort fiel der Hanseforschung lange Zeit leicht. Traditionell verwies sie auf die zweite Gründung Lübecks im Jahre 1159, in der sie ein Ereignis von sofortiger und durchschlagender Wirkung zu sehen gewohnt war. Zeitlich und sachlich glaubte sie, dass mit der Lübecker Zweitgründung durch Heinrich den Löwen der Startschuss für den raschen Ausbau eines umfangreichen Handels niederdeutscher Fernhändler über diesen neuen Hafenplatz gegeben war. Viele Hanseforscher scheuten sich nicht, die Ereignisse sogar in einen militärischen Jargon zu bringen und schrieben dann etwa von Lübeck als „Brückenkopf" oder fabulierten wie Heinrich Reincke vom „Auftreten der Deutschen wie ein Frühlingswirbelwind, dem alles zum Opfer fiel, was morsch geworden war". Der sächsische Herzog Heinrich der Löwe galt für diese Entwicklung als Initiator, wobei seine Initiativen gestützt auf fernhändlerischen Rat und in Stellvertretung für die Reichsgewalt erfolgt seien. Vor allem Fritz Rörig sah in Heinrich den planmäßigen Förderer des Vordringens niederdeutscher Fernhändler in den Ostseeraum. Dafür wurde von ihm und anderen eine herzogliche Privilegie-

Die Meistererzählung von den hansischen Anfängen

rung von Kaufleuten aus Gotland aus dem Jahre 1161/63 als Beweis ange-
führt. Mit den in dieser Urkunde genannten niederdeutschen Fernhändlern
ließ die ältere Hanseforschung die Geschichte einer sogenannten „Gotländischen Genossenschaft" beginnen, die man als Vorläuferorganisation
der Hanse deutete.

Doch diese prägnante Erzählung vom Beginn der Hanse ist in den letzten
Jahrzehnten in allen ihren Elementen höchst fraglich geworden. Die wenigen Informationsbausteine, die aus dem 12. und 13. Jahrhundert vorliegen,
sind bei genauerer Prüfung nicht wirklich passgenau und vor allem ist davon auszugehen, dass sie einst in einem wesentlich komplexeren Mauerver-
bund lagen. Daher stellt sich die neuere Forschung die Ereignisse nicht geradlinig, sondern vielschichtiger vor. Sie ist von der Vorstellung eines so-
fortigen und massenhaften Vordringens niederdeutscher Fernhändler über
Lübeck in den Ostseeraum abgerückt und rechnet sowohl mit konkurrierenden Hafenorten als auch mit ebenbürtigen Fernhändlern anderer Herkunft.
Gewandelt hat sich zudem die Vorstellung von der „Gotländischen Genossenschaft" als Hansevorläufer.

Nordsee-Ostsee-
Transit vor der Hanse

Keineswegs stießen die niederdeutschen Fernhändler in ein verkehrs- und
handelsleeres Gebiet vor. Vielmehr begegneten sie einem Wirtschaftssystem,
in das alle an den Küsten der Ostsee lebenden Völker einbezogen waren. Zu
diesem Zustand passt das Vorgehen Heinrich des Löwen recht gut. Denn der
Herzog schickte nach dem Bericht Helmolds von Bosau sogleich nach der
Übernahme der Lübecker Stadtherrschaft seine Gesandten nach Dänemark,
Schweden, Norwegen und Russland. Die herzoglichen Diplomaten sollten
den dort ansässigen Kaufleuten den Rechtsfrieden und den freien Handel in
der Stadt Lübeck zusichern. Die Kaufleute von der Insel Gotland haben um
1161/63 von diesem Angebot nachweislich Gebrauch gemacht. Vielleicht
haben Kaufleute anderer Herkunft ebenfalls reagiert.

Zu verstehen ist die herzogliche Initiative doch wohl so, dass es ihm
darum ging, für Lübeck als Umschlagplatz zu werben und die Aktivitäten
der in Handel und Schifffahrt des Ostseeraums etablierten Fernhändler dorthin zu lenken.

Auf wen er dabei zielen konnte, lässt sich angeben: Neben den skandinavischen Wikingern beteiligten sich vom 8. bis 12. Jahrhundert baltische,
russische und andere slawische Händler am Güterumschlag rund um die
Ostsee. Archäologische Grabungen lassen die Infrastruktur dieses Handels
erkennen. Schiffe sind aus spektakulären Unterwasserfunden bekannt. Ar-
chäologisch gut erforscht sind zudem die fernhändlerischen Umschlag-
plätze dieser Epoche. Von diesen sogenannten Seehandelsplätzen, deren
älteste seit dem 8. Jahrhundert bestanden, dürften Ribe und Haithabu auf
der jütischen Halbinsel, Groß Strömkendorf/Reric an der mecklenburgischen Ostsee und Sigtuna/Birka in Schweden die bedeutendsten gewesen
sein. Von diesen Orten stammen Funde materieller Zeugnisse, aus denen
sich auf typische Handelsgüter zurückschließen lässt, darunter etwa Wal-
rosszähne aus dem hohen Norden, Mühlsteine aus Eifeler Basalt und rheini-
sche Keramik. Freilich gelingt ein archäologischer Rückschluss nicht für alle
Waren gleichermaßen. Die Archäologie vermag nicht auf alle Fragen zu
antworten. So lassen sich beispielsweise Wein, Textilien und Sklaven nicht
nachweisen, von deren hoher Bedeutung als Fernhandelsgüter wir indes aus

schriftlichen Zeugnissen sehr genau wissen; und genauso wenig wie über bestimmte Waren lässt sich aus archäologischen Befunden etwas über den Ablauf und die Träger des Fernhandels sagen.

Für den Transit zwischen Ost- und Nordsee war dabei der Handelsplatz Haithabu/Schleswig besonders wichtig, der verkehrsgünstig an der engsten Stelle der Jütischen Halbinsel liegt. Seit der Zeit um 800 kann in Haithabu mit Handelstätigkeit gerechnet werden. Ein Halbkreiswall sicherte später eine Fläche von 24 Hektar, in der eine multiethnische Fernhändlerschaft zusammenkam und wo Menschen dauerhaft lebten. Über die Schlei erreichte man per Schiff bequem die Ostsee. Per Wagen gelangte man auf einer nur 17 km langen Landpassage zum Ort Hollingstedt, der über Eider und Treene mit der Nordsee verbunden ist. Um das Jahr 1050 wechselte der Handelsplatz von Haithabu am Südufer nach Schleswig am Nordufer der Schlei. Die Stadt Schleswig, die als Aufenthaltsort des dänischen Königs und Bischofssitz neben wirtschaftlichen auch herrschaftliche und religiöse Zentralfunktionen besaß, war seitdem der wichtigste Knotenpunkt im Verkehrssystem zwischen Nord- und Ostsee. Damit ist aber auch gesagt, dass zum Zeitpunkt, als Lübeck gegründet wurde, bereits ein seit Jahrhunderten eingeführter Transitweg zwischen Nord- und Ostsee bestand, auf dem ein Händler zudem eine weitaus kürzere Landstrecke gegenüber den 70 Kilometern zwischen Hamburg und Lübeck überbrücken musste.

Lübeck war ein „Newcomer", Schleswig war die altehrwürdige Konkurrentin, mit der zu diesem Zeitpunkt durchaus zu rechnen war. Denn eine Zerstörung Schleswigs im Jahre 1156, die beim dänischen Chronisten Saxo Grammaticus überliefert ist, bedeutete keine dauerhafte Schädigung der wirtschaftlichen Aktivitäten. Vor diesem Hintergrund ist eine Überlegung von Erich Hoffmann recht plausibel, der annahm, dass die entscheidende Gewichtsverlagerung zuungunsten Schleswigs und zugunsten Lübecks erst stattgefunden haben dürfte, als zwischen 1203 und 1225 der dänische König Waldemar II. (reg. 1202–1241) auch Lübecker Stadtherr war. Erst der Sieg einer von Lübeck gegen den dänischen König geschmiedeten Koalition in der Schlacht von Bornhöved im Jahre 1227 entschied die Konkurrenz endgültig. Schleswigs Rolle reduzierte sich auf die Funktion als Zentralort eines kleinen Bistums. Die dänische Königspfalz in Schleswig gelangte 1234 an die Franziskaner. Das für den Fernhandel so wichtige Hafenareal diente um 1239 als Baugrund für das Dominikanerkloster.

In die Zeit dieses zwei Generationen andauernden ökonomischen Wettlaufes zwischen den städtischen Konkurrenten Schleswig und Lübeck fällt eine von Heinrich dem Löwen in Artlenburg ausgestellte Urkunde. Sie ist auf das Jahr 1163 datiert, aber gemeinhin werden die durch sie fixierten Vorgänge ins Jahr 1161 gesetzt. Die übliche Kurzbeschreibung des Inhalts besagt, dass nach einem Streit zwischen sächsischen Kaufleuten einerseits und Fernhändlern von der Insel Gotland andererseits ein Friedenszustand zwischen den beiden Parteien durch Herzog Heinrich vermittelt worden sei. Anschließend habe Heinrich der Löwe den gutnischen Kaufleuten die ihnen von seinem Großvater Lothar III. im Jahre 1134 verliehenen Rechte in seinem Herrschaftsgebiet bestätigt, dies allerdings unter der Bedingung getan, dass die Deutschen die von ihm gewährten Vergünstigungen nach dem Prinzip der Gegenseitigkeit auf Gotland ebenso genießen sollten.

Die Gotländischen Genossenschaften

23

Auszüge aus dem sogenannten Artlenburger Privileg Herzog Heinrich des Löwen (18. Oktober 1161/63)
Sprandel (Hrsg.), Quellen zur Hansegeschichte, S. 172–175 Nr. 2.

… Alle gegenwärtigen wie zukünftigen Getreuen Christi sollen in ihrer Klugheit erfahren, daß wir aus Liebe zum Frieden und aus Verehrung der christlichen Religion, vor allem aber aus der Betrachtung der ewigen Vergeltung den Streit, der unter dem Geist des Übels seit langem schlimm zwischen den Deutschen und den Gotländern geherrscht hat, zugunsten der Einigkeit und Eintracht verbessert haben und daß wir auch die mannigfachen Übel, nämlich Haßausbrüche, Feindschaften und Morde, die aus der Uneinigkeit beider Nationen entstanden sind, unter helfender Gnade des Heiligen Geistes in ewiger Beständigkeit des Friedens beigelegt und dadurch die Gotländer wohlwollend in die Gnade unserer Versöhnung aufgenommen haben. Daher bestätigen wir den Gotländern die Rechts- und Friedensbeschlüsse, die ihnen einst von dem erlauchten Römischen Kaiser, Herrn Lothar seligen Angedenkens, unserem Großvater, gewährt worden sind, wobei wir seinen Entscheidungen in aller Ehrfurcht mit der gleichen Güte beistimmen und die Überlieferung jedes einzelnen Rechtes durch einzelne Kapitel unterscheiden wollen. Die Gotländer sollen im Gebiete unserer ganzen Macht einen festen Frieden haben …
Endlich aber haben wir für alle Gotländer dieselbe Gunst und Rechtssatzung wie für unsere Kaufleute beschlossen, und wir haben festgesetzt, daß dies für immer fest und unumstößlich gelten soll, vorausgesetzt die Gotländer gewähren unseren Leuten in dankbarer Wechselseitigkeit dasselbe; im übrigen sollen sie uns und unser Land in Zukunft häufiger aufsuchen und unseren Lübecker Hafen öfter frequentieren …
Geschehen im Jahre der Fleischwerdung des Herrn 1163, im 10. Jahr der Königsherrschaft, im 7. der Kaiserherrschaft des sehr ruhmvollen Kaisers der Römer Friedrich. Gegeben zu Artlenburg am 18. Oktober.

Wie schon erwähnt, ist der Kontext, in dem diese Ereignisse stehen, zunächst ein schlagendes Beispiel für die Bedeutung der gutnischen Kaufleute im Handel zwischen dem Herzogtum Sachsen und dem Ostseeraum. Doch hat die Hanseforschung demgegenüber die Gegenseitigkeitsklausel zum Schlüssel ihrer Argumentation gemacht. Danach sei die Artlenburger Urkunde für die über Lübeck zur See fahrenden niederdeutschen Händler der endgültige Türöffner zur Insel Gotland gewesen, nachdem ihre Präsenz auf der Insel schon wesentlich älter sei. Der Streit zwischen beiden Parteien, der sich nach dem Text der Urkunde nicht lokalisieren lässt, habe sich auf Gotland zugetragen. Dafür zog man als Beleg ein gleichzeitiges Mandat des Herzogs heran. Dieses richtete sich an eine Olderich genannte Person. Ihn forderte der Herzog auf, bei den unter seiner Leitung stehende Deutschen für die Einhaltung der Rechtsbestimmungen zu sorgen. Die Urkunde aus Artlenburg ist nicht im Original erhalten. Ihre älteste Abschrift ist wohl um 1230 von einem Lübecker Schreiber angefertigt worden. An ihr hängt das Lübecker Stadtsiegel. Auf demselben Pergament finden sich das ansonsten nicht überlieferte Mandat und ein erklärender Zusatz über Amt und Funktion von Olderich. Danach versteht die Forschung ihn als Boten der Deutschen und als einen von Heinrich dem Löwen ernannten Vogt und Richter. Die ungewöhnliche Form, in der das Privileg überliefert ist, muss Verdacht erregen. In der Tat hat man immer wieder über die Möglichkeit einer teilweisen oder völligen Verfälschung zugunsten Lübecker Interessen spekuliert. Gerade die Gegenseitigkeitsklausel könnte erst später von den Lübeckern in den Urkundentext hineinpräpariert worden sein.

Es bestehen also erhebliche Unsicherheiten darüber, was eigentlich in Artlenburg beschlossen und fixiert wurde. Ist man vorsichtig, so sollte die Artlenburger Urkunde besser nicht zum Grundstein für ein umfangreiches Gedankengebäude benutzt werden. Ein solches aber hat sie aus zwei Gründen oftmals tragen müssen: Zum einen wollte man in Heinrich dem Löwen den doppelten Förderer der Hanse sehen, der nicht nur durch die zweite Lübecker Stadtgründung eine hansische Hafenbasis geschaffen, sondern auch das deutsche Vordringen nach Gotland und in den Ostseeraum maßgeblich gefördert habe. Zudem suchte man die Präsenz von niederdeutschen Fernhändlern auf Gotland zu verbinden mit einem Beleg des Jahres 1252, durch den man erstmals sicher von einer Genossenschaft von Kaufleuten weiß, die aus dem Römischen Reich stammten, Gotland aufsuchten und dort Fernhandel trieben. Die ältere Forschung hat die fast 100 Jahre zwischen den beiden Nennungen von 1161/3 und 1252 mit recht großer Selbstverständlichkeit überbrückt und weitere Belege von über Gotland fahrenden und aus Gotland kommenden Kaufleuten, die im östlichen Ostseeraum im 13. Jahrhundert aktiv waren, zu einer dauerhaften und mächtigen „Gotländischen Genossenschaft" zusammengefügt. Die letzte Nennung einer solchen Gemeinschaft stammt aus dem Jahre 1298, als Lübeck die Zustimmung mehrerer Städte erwirkte, das Siegel der Gilde der Gotland besuchenden deutschen Kaufleute einzuziehen, damit unter diesem keine Rechtsgeschäfte mehr besiegelt werden könnten.

Freilich geht eine solche Kombinationslust wohl zu weit. Niemand vermag zu sagen, ob zwischen den zeitlich weit auseinander liegenden Nennungen eine Kontinuität besteht. Und nicht unberechtigt ist es, die jeweiligen Gilden, die von auf Gotland lebenden oder über die Insel handelnden Kaufleuten gebildet wurden, als voneinander unabhängige Einzelgilden zu deuten. Eine kohärente und umfassende Gotländische Genossenschaft, die über rund 150 Jahre zwischen 1159 und 1298 bestand, ist daher ein der Hanseforschung zwar lieb gewordenes Gebilde, aber doch wohl nur ein Konstrukt (Detlef Kattinger). So ist es gewiss nicht statthaft, die Gotländische Genossenschaft in einer Art Kreisbewegung, im Jahre 1159/61 von Lübeck als Kaufmannshanse ausgehen und im Jahre 1298 als Städtehanse an der Trave wieder ankommen zu lassen. Der Weg, der von kaufmännischen Aktivitäten niederdeutscher Fernhändler zur spätmittelalterlichen Organisation der Hanse führte, verlief nicht geradlinig und abzweigungsfrei. Man muss dies hinnehmen, auch wenn die Entstehungsgeschichte der Hanse dadurch verworrener erscheinen mag, als sie in älteren Darstellungen vorgestellt wird.

Am Anfang einer Entwicklung zur Hanse steht in einer neueren Sicht nicht mehr nur, aber eben auch eine Gilde von über Gotland handelnden Kaufleuten. Zwar war diese Organisation weder identisch mit der späteren Hanse noch deren einzige Wurzel. Aber sehr wohl war sie eine Hanse, und das gilt genauso für die übrigen Gemeinschaften von Fernhandelskaufleuten, die im 12. und 13. Jahrhundert im späteren hansischen Wirtschaftsgebiet aktiv wurden. Hansen waren diese Gruppen im Sinne der eingangs vor-

Frühe Gilden als Hansen vor der Hanse

25

gestellten Grundbedeutung von „Hanse", die eine organisierte Personenschar von Fernhändlern benannte. Nicht nur diese Hansen, sondern zahlreiche Vergemeinschaftungen mit abweichenden zeitgenössischen Bezeichnungen fassen die Historiker unter dem Forschungsbegriff „Gilde" zusammen.

Dieser Forschungsbegriff beschreibt einen Organisationstyp, für den drei Kernelemente bestimmend sind: Gilden beruhen erstens auf dem freien Willen ihrer Mitglieder und sind nicht durch Zwang oder obrigkeitliche Anordnung zustande gekommen. Sie gründen zweitens auf einem gegenseitigen Eid, durch den unter den Gildegenossen eine rechtliche Gleichheit hergestellt wird. Drittens ist ihnen gemeinsam, dass sie auf umfassende Zwecke und nicht nur auf Teilaspekte des Lebens zielen, worunter gegenseitiger Schutz und wechselseitige Hilfe fundamental sind. Um diese Ziele zu erreichen, geben sich die Gilden die passenden Regeln des Zusammenlebens völlig eigenständig. Sie wählen einen Führungsstab und sorgen für die notwendigen Institutionen. Gilden waren im Mittelalter durchaus häufig, denn nicht nur Fernhändler, sondern beispielsweise auch Handwerker, Studenten oder Söldner gingen freiwillige Gruppenbindungen dieses Typs ein. Auch die Stadtkommunen als Vereinigungen von Bürgern und die Universitäten als Verbindungen von Studierenden und Dozierenden basierten auf den genannten Prinzipien. Solche Gilden liegen durchaus quer zur populären Sicht auf das Mittelalter, in der diese Epoche einseitig als hierarchisch geordnete Lebenswelt erscheint und die den einzelnen Menschen in unentrinnbaren Bindungen glaubt.

Sichtbar werden Gilden erstmals im 8. Jahrhundert. Allerdings basieren diese ersten Nachweise nicht auf Selbstzeugnissen von Gildegenossen, sondern beruhen auf Wahrnehmungen von Außenstehenden, bei denen es sich ausschließlich um Geistliche handelt, die in ihren Texten die Gilden außerordentlich kritisch betrachtet haben. Weil sich die Gildemitglieder eidlich verbanden, vermuteten Kleriker verschwörerische Tendenzen und Planungen zum Umsturz der gottgewollten Ordnung. So schätzte etwa der Mönch Alpert von Metz um 1120 eine Fernhändlergilde ein, die im Ort Tiel im Rheinmündungsgebiet beheimatet war. Sein Text ist in seiner Negativsicht eindeutig. Dem Mönch missfiel die Lebensform der Gildegenossen grundsätzlich: Sie waren für ihn „harte und ungezügelte Männer" (*homines sunt duri et pene nulla disciplina adsuefacti*). In ihren gemeinschaftlichen Aktivitäten sah er alle denkbaren Laster befördert. Was er dabei vorbrachte, zeigt freilich ins Negative gewendet die typischen Merkmale einer Gilde. So weiß auch Alpert, dass das oberste Entscheidungsgremium der Gilde eine Versammlung aller Mitglieder war. Weiter erkennt er, dass gemeinsames Essen und Trinken zu diesen Versammlungen dazugehörten. Was in seinen Augen eher Sauf- und Fressgelagen glich, diente tatsächlich der Befestigung der Gemeinschaft der Gildegenossen. Diese Gemeinschaft ging über den Kreis der Lebenden hinaus, denn auch den verstorbenen Gildemitgliedern wurde gedacht. Eine gemeinsame Kasse wurde von den gewählten Vorstehern der Gilde verwaltet. Sie wachten über die nach dem Willen der Gildemitglieder festgesetzten Normen, durch die sie in Alperts Augen nicht in einer gottgegebenen Rechtsordnung, sondern in offenkundiger Willkür lebten.

Für Alpert war die Lebensform dieser Fernhändler verwerflich. Ihre Gegenwart galt es zu meiden. Tatsächlich lief der Fernhandel des Hochmittelalters unter Bedingungen ab, die nicht nur einen Mönch, sondern mehr noch heutige Wirtschaftsführer erschaudern ließe. Der amerikanische Wirtschaftshistoriker Carlo M. Cipolla hat diese Zustände studiert und gefolgert, dass „nur wirklich harte Männer … zu einem solchen Leben bereit waren". Der Lebensweg eines solchen Fernhändlers vermag dies zu illustrieren: Die Informationen entstammen einem Text, den der Mönch Reginald von Durham nicht lange nach 1170 verfasst hat. Es handelt sich um die Lebensbeschreibung des Einsiedlers Godric von Finchale. Nicht die Ausmalung seines gottgefälligen Lebens in einer Einsiedelei in Northumberland, sondern der Umstand, dass Godric rund 16 Jahre lang einer von jenen *homines duri* gewesen war, macht diesen Bericht für unsere Zwecke interessant: Um 1070/80 als Sohn armer Bauern an der Wash-Bucht geboren, soll Godric zunächst vom Unglück der Seereisenden profitiert haben, indem er durch das Sammeln von Strandgut den Lebensunterhalt seiner Familie sichern half. Seine erste selbständige Handelsunternehmung war auf den Vertrieb von Kurzwaren gegründet (*cum mercibus minutis*), die er loszuschlagen suchte, indem er als Wanderhändler von Bauernhof zu Bauernhof zog. So kam es einem Aufstieg gleich, als es Godric gelang, in den Handel auf städtischen Marktplätzen einzusteigen. Dafür trat er in eine Gilde von Kaufleuten ein. In dieser Gemeinschaft vergrößerte Godric seinen Geschäftsradius und reiste bis nach Schottland, Dänemark und Flandern. Als seefahrender Kaufmann eignete er sich nautische Kenntnisse an, wurde selbst Schiffsführer und schließlich Anteilseigner an einem Schiff. Sein Geschäftsmodell schildert sein Biograf so naiv und so simpel, wie es beschaffen war: Godric kaufte solche Waren an, von denen er wusste, dass sie andernorts selten und daher teurer waren. Er brachte diese Güter dorthin, wo sie fast unbekannt waren und daher den Einwohnern höchst begehrenswert erschienen. Vom Erlös kaufte er wiederum solche Waren, nach denen andernorts große Nachfrage herrschte. In diesem Hin-und-Her wuchs sein Vermögen mit jeder Fahrt. Doch auf jeder seiner Reisen trug er ein großes Risiko. Mehrfach musste er in schweren Stürmen fürchten, Schiffbruch zu erleiden. Äußerst knapp ging er zu Lande und zu Wasser unversehrt aus Überfällen von Räubern und Piraten hervor. Selbst einen hinterlistigen Anschlag seiner eigenen Handelsgenossen musste er erleiden.

Derartige Anfeindungen, Notlagen und Risiken, die Godric im Sinne seines Biografen mit Gottes Hilfe zu meistern verstand, bedrohten weniger ausgezeichnete Fernhändler ebenso. Stets lauerten Gefahren auf dem Weg zum Handelsziel. Die Verkehrsmittel waren störanfällig. Unglücke von Wagen und Schiffen ereigneten sich immer wieder. Auf der Reise musste man die Begegnung mit wilden Tieren fürchten. Wegelagerer konnten hinter jeder Wegbiegung lauern, sodass Schwert und Armbrust zur Grundausstattung des hochmittelalterlichen Fernhändlers gehörten. Auch wer den auswärtigen Handelsplatz glücklich erreichte, war dort als Fremder weiterhin bedroht. Die jeweiligen Herrschaftsträger konnten ihre Macht nutzen, um sich an den Waren der fremden Händler zu vergreifen. Unabhängig waren lokale Gerichte kaum. Im Zweifel entschieden sie zugunsten der Einheimischen. Unehrliche Vertragspartner konnten daher kaum zur Rechenschaft

Gilden im Nord- und Ostseeraum

gezogen werden, und umgekehrt suchten aufgebrachte Schuldner mithilfe der örtlichen Vollzugsorgane oftmals erfolgreich, den Fremden für Schulden und Untaten anderer Händler büßen zu lassen, die zufälligerweise aus derselben Region stammten wie er. Diese Ungesichertheit machte nicht individuelles, sondern gemeinschaftliches Handeln verheißungsvoll. Was lag bei unsicheren Handelsverhältnissen näher, als sich den Gefahren nicht allein, sondern in einer Solidargemeinschaft zu stellen? Tatsächlich begründeten frühe Fernhändlergilden ihr Bestehen mit der Notwendigkeit, Selbsthilfe üben zu müssen. In Gildestatuten aus St. Omer, die aus der Zeit um 1100 stammen, werden die Gefährdung von Leib und Gut auf Reisen sowie die Hilfsbedürftigkeit des Einzelnen in dem Moment genannt, falls er sich in der Fremde vor Gericht oder gar im gerichtlichen Zweikampf verantworten müsse.

So dachten auch andere und schlossen sich oftmals schon in der Heimatstadt für ein Fernhandelsunternehmen zusammen. Sie bildeten eine Gilde, beispielsweise eine solche der Kölner Dänemarkfahrer (1246 erstmals belegt, aber älter) oder der Soester Schleswigfahrer (1291 belegt). Eine andere Gilde von Kölner Fernhändlern wird sichtbar, als sie 1176 (nicht wie früher gemeint 1157) in London vom englischen König privilegiert wurde. Diese Gemeinschaft war schon länger an der Themse aktiv, denn sie verfügte zu diesem Zeitpunkt bereits über ein Gildehaus. Ebenfalls in London erlangten 1266/67 die Städte Hamburg und Lübeck jeweils ein königliches Privileg, das ihren als Fernhändler reisenden Bürgern, die an der Themse *hansam suam* bildeten, rechtlichen Schutz zubilligte. Aus dem Hamburger Schiffsrecht von 1292 wird ersichtlich, dass es eine „Hanse" von Hamburgern sowohl in Utrecht als auch in Oostkerke gegeben hat. Für beide Gilden erfährt man von Älterleuten als Vorstehern, Gebühren, Versammlungen und der Sorge um das Totengedenken.

Auch Fernhändler, die nicht aus derselben Stadt stammten, bildeten Gilden. Ihre Gemeinschaften dürften zumeist so begründet worden sein, dass sich Händler unterschiedlicher Herkunft an einem Sammelpunkt zusammenfanden, hinter dem die Gefährdungen der Wagenfahrt oder der Seereise zunahmen. Dort schworen sie sich auf ihre gefährliche Handelsreise ein. Eine Gemeinschaft von Fernhändlern, die sich in Gotland aus Einheimischen und Hinzugereisten zusammengefunden hatte, erscheint 1211 im neu gegründeten Riga. Eine Gilde mit Genossen aus unterschiedlichen Herkunftsräumen bildeten auch die Kaufleute, die im Jahre 1229 mit dem Fürsten von Smolensk einen Vertrag abschlossen. Die deutschen Zeugen des Rechtsakts werden Mitglieder dieser Gilde gewesen sein. Sie stammten aus Gotland, Lübeck, Soest, Münster, Groningen, Dortmund, Bremen und Riga. Zwar nennt der Urkundentext sie nur vage *omnes mercatores*, aber sehr wohl kann man erkennen, dass sie über einen Ältermann, eine interne Gerichtsbarkeit und ein (leider nicht erhaltenes) Siegel verfügten. Um diese Zeit hatte sich eine niederdeutsche Kaufleutegruppe auch in Novgorod etabliert. Schon aus der Mitte des 13. Jahrhunderts stammt eine Ordnung (Schra) ihrer Gemeinschaft, die typische Organisationselemente einer Gilde erkennen lässt: Vorsteher der Gemeinschaft war ein Ältermann. In sein Amt kam er durch eine Wahl, von der gesagt wird, dass sie spätestens dann erfolgt sein musste, wenn die Flotte die Newa-Mündung erreichte. Dem Ältermann standen beratend vier Kaufleute zur Seite, die später regelhaft aus Visby, Lübeck, Soest und Dortmund stammten. In Novgorod besaß die Gemeinschaft spätestens seit 1192 ein Areal mit Gebäuden unterschiedlicher Art, das nach der hier von den Fremden gegründeten und dem Hl. Petrus geweihten Kirche Petershof genannt wurde. Der Ältermann verwaltete die gemeinsame Kasse, die durch eine Abgabe (den Schoss) der Kaufleute gefüllt wurde, besaß den Vorsitz im Gericht, das über interne Konflikte der Deutschen urteilte, und vertrat die Gemeinschaft gegenüber den russischen Herrschaftsträgern. Die Normen, nach denen er richtete, waren in Form von Willküren von den Kaufleuten bestimmt worden.

Zweifellos ist es so gewesen, dass auch der Hafen von Lübeck ein Sammelpunkt war, von dem aus niederdeutsche Fernhändlergruppen gemeinsam in den Ostseeraum aufbrachen. Man hat das älteste Lübecker Stadtsiegel, das seit 1226 verwandt worden ist, in diesem Sinne gedeutet. Es zeigt ein seegängiges Schiff mit zwei Personen in Bug und Heck. Beide Männer haben ihre Hand zum Schwur erhoben, versprechen sich also wohl, bei Gefahr zusammenzuhalten. Zeigt das Siegel mithin eine zeitgenössische Verbildlichung einer Fernhändlergilde zur Fahrt über die Ostsee? Man muss so fragend formulieren, denn die Interpretation des Siegels ist in allen Details umstritten. Manche sehen keine Kogge, sondern beispielsweise den Tierkopfsteven eines Schiffs skandinavischer Bautradition. Andere erkennen zwei Händler, wieder andere gar einen zu Land und einen zu See fahrenden Kaufmann oder aber nur Kaufmann und Schiffer. Doch alle gemeinsam müssen sich fragen lassen, warum das seit 1281 benutzte dritte Lübecker Siegel den Mann am Ruder nicht mehr mit zum Schwurgestus erhobener Hand zeigt.

Durchaus sicher ist hingegen, dass es wirkungsvoller war, die Sicherung von Leib und Eigentum kollektiv in einer Gemeinschaft und nicht nur individuell zu organisieren. Man darf freilich nicht von einem gleichsam naturwüchsigen Gemeinschaftsgefühl niederdeutscher Fernhändler ausgehen, sondern muss bei ihrem Verhalten die Kosten mit dem Nutzen verrechnen. Auch ein mittelalterlicher Geschäftsmann wird es nicht als Selbstverständlichkeit empfunden haben, auf seiner Handelslinie jedem potenziellen Konkurrenten den Zugang zu attraktiven Märkten zu ebnen. Im Falle des Erwerbs von Privilegien, mit denen Herrscher den fremden Kaufleuten bestimmte Sicherheiten für Leib und Gut zusicherten, kann man diesen Zusammenhang recht gut erkennen. Für solche verbrieften Garantien sorgten die Fernhändlergilden durchweg. Doch konnte ein Kaufmann nicht nur als Gildebruder in den Genuss solcher Rechte kommen. So wissen wir, dass beispielsweise der englische König Heinrich III. einem Fernhändler aus Flandern für 400 Mark einen Geleitbrief ausstellte. Dass hierfür Geld floss, war ganz üblich, denn die wohlklingenden Formeln herrscherlicher Urkunden wollen sich nur den Anschein geben, reine Gnadenerweise zu sein, obwohl eine materielle Gegenleistung in aller Regel erfolgen musste. Das Vorgehen dieses Flamen war kein Einzelfall. Der Beleg ist aber spektakulär, weil die Chance, dass sich die Privilegierung eines Einzelnen bis heute erhalten hat, äußerst gering zu veranschlagen ist.

Ein Kaufmann konnte Privilegien also genauso gut eigenständig erwerben und nutzen. So gewann er einen Vorsprung vor seinen Konkurrenten. Dafür

Kosten und Nutzen der Gemeinschaft

29

musste er allerdings die finanziellen Mittel zum Erwerb der Vergünstigungen selbst aufbringen. Solche Summen zu bezahlen, dürfte den meisten Händlern nur gemeinsam möglich gewesen sein. Ihre Organisation half ihnen in einem solchen Fall, die Ziele zu erreichen, die für den Einzelnen finanziell nicht realisierbar waren. Zudem reduzierte sich in einer solchen Gemeinschaft das Risiko, zum Opfer herrscherlicher Rechtsverletzungen zu werden. Das kam durchaus vor: Schriftlich fixierte Rechtszusagen wurden gebrochen und erst recht der königliche Schutz, unter dem alle Fernhändler standen, war in der Praxis nicht viel wert.

Notwendig war es daher, ein Drohpotenzial aufzubauen, das den Gegenpol der fremden Kaufleute bei nüchterner Betrachtung erkennen ließ, dass seine Chancen auf längerfristige Gewinne aus Abgaben und Zöllen weitaus höher waren als sein kurzfristiger Zugewinn aus einem Machtmissbrauch. Eine solche Drohung war bei einem einzelnen Kaufmann kaum wirksam. Auf sich allein gestellt, konnte dieser im Falle der Schädigung nur bewirken, dass er selbst sowie seine Verwandten und Freunde den Ort der Rechtsverletzung zukünftig mieden. Die von einem Machtinhaber vorherzusehenden Nachteile durch den Verlust von Zollabgaben waren spürbar höher, wenn hinter jedem einzelnen Händler eine Gilde stand, die dafür sorgen konnte, dass alle ihre Mitglieder den Handelskontakt abbrachen. Eine solche kollektive Drohung war umso wirksamer, je glaubwürdiger es durch eine straffe Organisation erscheinen musste, dass die Gilde einen Boykott wirksam koordinieren konnte. Am besten war es, wenn gleich alle Einzelgilden mit diesem Ziel zusammenwirkten. Der Weg von zahlreichen Hansen zu der einen Hanse des Mittelalters folgte dieser theoretisch entworfenen Streckenkarte in der mittelalterlichen Wirklichkeit sehr exakt.

2. Eine europäische Handelsrevolution im 13. Jahrhundert

1191/2	Vertrag mit Novgorod
1211	Gutnische und niederdeutsche Kaufleute in Riga
1226	Reichsfreiheitsprivileg für Lübeck
1227	Schlacht von Bornhöved
1229	Vertrag mit Smolensk
1252	Flandrische Privilegien für die Kaufleute des Römischen Reiches
1256	Etablierung der Lübecker Ratsschule
1266/7	Privilegien des englischen Königs Heinrich III. für Hamburger und Lübecker Kaufleute
1277	Einsetzen der Lübecker Niederstadtbücher
1280–1282	„Flandernblockade": Stapelverlegung von Brügge nach Aardenburg
1281	Hansische Privilegien in London
1284/5	Hansisches Handelsverbot mit Norwegen
1307–9	Stapelverlegung von Brügge nach Aardenburg

a) Städte und sesshafte Kaufleute

Das 13. Jahrhundert war eine Epoche grundlegender ökonomischer Wandlungen. Was Bevölkerungsgröße, Urbanisierungsgrad und Handelsvolumen angeht, sind ähnlich dynamische Zunahmen bis ins 18. Jahrhundert nicht mehr erreicht worden. Der Aufschwung des 13. Jahrhunderts erfasste den Hanseraum nicht exklusiv, sondern berührte ganz Europa. Seine Wirkungen zeigen sich zudem nicht zuerst im Hanseraum, sondern wie bei fast allen handelstechnischen Innovationen des Mittelalters übernahm Nord- und Mittelitalien die Vorreiterrolle. In gewisser Weise war für diese Entwicklungen damals Italien das, was England für die Industrielle Revolution werden sollte. Die Veränderungen, die sich im 13. Jahrhundert verstärkten, wirkten so einschneidend, dass der Historiker Robert Lopez mit guten Gründen von einer „commercial revolution", einer Handelsrevolution, gesprochen hat. Es ist davon auszugehen, dass überall in Europa die günstigsten mittelalterlichen Jahrzehnte ins 13. Jahrhundert fallen.

Der rasante Anstieg des Warenverkehrs beruhte im 13. Jahrhundert auf einer zunehmenden Arbeitsteilung. Hatten Händler wie der Heilige Godric ihren gesamten Geschäftsbetrieb noch selbst abgewickelt und ihre Waren hin und her begleitet, so waren die Kaufleute der Handelsrevolution keine vagabundierenden Hausierer bzw. fliegenden Händler mehr, sondern sesshafte Firmenvorstände. Damit endete das Unterwegssein für sie zwar nicht völlig, weil wichtige Geschäfte weiterhin die persönliche Präsenz des Firmenchefs erforderten. Aber der Großteil der Waren, die in einem Handelsgeschäft umgesetzt wurden, disponierte der umsatzstarke Kaufmann nunmehr von einem festen Firmensitz aus. Mit seinen Gütern waren Spediteure unterwegs, für den Warenabsatz sorgten Handelsagenten, Makler und Geschäftspartner. Diese neuen Handelsformen begünstigten permanente Handelsmärkte gegenüber temporären Messehandelsplätzen, auf denen die reisenden Händler nur wenige Wochen im Jahr zusammenkamen. In Westeuropa verloren die Messen der Champagne an Bedeutung, weil Städte wie Brügge über das ganze Jahr hinweg eine Infrastruktur bereithielten, in der Waren- und Geldumschlag vermittelt werden konnten.

Über den Verbleib des Eigentums und im Falle von Aktivitäten für Dritte musste schriftlich Rechenschaft abgelegt und brieflicher Informationsaustausch betrieben werden. Der hansische Ort, an dem das neue schriftgestützte Geschäftsprinzip sichtbar wird, ist die Schreibkammer, die *scrivekamere* des Fernhändlers. Damit gemeint ist das Kontor des Hansekaufmanns in seinem Wohn- und Geschäftshaus, von dem aus er seine Waren disponierte, die im selben Anwesen im Keller und auf den Böden zwischenlagerten. Sicherlich muss man mit einer breiten zeitlichen Übergangsphase rechnen. Aber kaum zufällig stammt das älteste überlieferte Zeugnis kaufmännischer Schriftlichkeit, das man aus dem Hanseraum kennt, aus den 1280er-Jahren. Eine Folge der erhöhten Nachfrage nach schriftlicher Fixierung von Wirtschaftsangelegenheiten war es auch, dass in den niederdeutschen Städten in der zweiten Hälfte des 13. Jahrhunderts die Serien der Stadtbücher einsetzen. In allen niederdeutschen Städten wurden in diese vorm Rat geführten Bücher private Rechtsgeschäfte aller Art eingetragen. Dafür einen Notar in Anspruch zu nehmen, wie es in Italien praktiziert wurde, war im

Veränderte Handelspraktiken

Norden nicht üblich. In Lübeck setzte der älteste (verlorene) Band der sogenannten Niederstadtbücher mit dem Jahre 1277 ein.

Diese Umstellung des Geschäftsprinzips besaß weitreichende Wirkungen. Wenn man so will, und viele Forscher haben es so gesehen, kann man
den Beginn einer kaufmännischen Schriftlichkeit, die Alphabetisierung des
Bürgertums, das Auftauchen einer nachantiken Schriftkultur und das Interesse von Stadtbewohnern an Kunst und Kultur mit dieser Entwicklung in
Wechselwirkung sehen. Zwar konnten Kaufleute für ihr ortsfestes Geschäft
auch Kleriker schreiben lassen. Doch viele wollten es selbst können oder erwarteten dies zumindest von ihren Söhnen. So wurde die Gründung von
städtischen Laienschulen auch mit diesem Wunsch der Kaufmannsväter in
Verbindung gebracht. In Lübeck wurde die erste Stadtschule durch den Rat
im Jahre 1256 etabliert. Zuvor konnte man nur an der Domschule das Lesen
und Schreiben lernen. Von einem durchaus an der Fernhandelspraxis orientierten Unterricht in Lübeck weiß man Näheres, weil aus der Kloake der
Ratsschule mehrere um 1370 beschriebene Wachstafeln bei Ausgrabungen
geborgen worden sind. Wer es dramatisch mag, stellt sich vielleicht vor, ein
Schüler habe sie dort verloren oder sie vor Wut hineingeworfen. Doch se-
riöser ist es, die Inhalte der Texte zu studieren. Sie bestehen aus einfachen
Schreibübungen, aber auch aus Musterbriefen. Eine Bitte um zwei Pferde
oder um Lagerraum für Waren, Begleitschreiben für Handelsgüter wie Wein
und Heringe, Zusage- und Verkaufsbriefe sowie Schreiben in Pachtangele-
genheiten mussten von den Schülern der Ratsschule an der Jacobikirche in
Latein formuliert werden.

Kaufleute als Politiker   Wer schreibend anwies und nicht mehr selbst alle Handelsplätze bereis-
te, konnte sein Handelsvolumen vergrößern. Hatte er zuvor beispielsweise
einmal im Jahr seine Handelsgüter auf eine lange Hin- und Rückreise nach
Novgorod begleitet, konnten nunmehr gleichzeitig Sendungen nach
Brügge, London und Bergen unterwegs sein. Auch deshalb war die zweite
Hälfte des 13. Jahrhunderts eine Zeit, in der recht schnell große Vermögen
erworben werden konnten. Eine steile, aber wohl nicht untypische Karriere,
die aus dem Nichts zu immensem Reichtum führte, gelang beispielsweise
Bertram Mornewech. Als er im Jahre 1286 in Lübeck starb, hinterließ er seiner Witwe ein Vermögen von 14 500 lübischen Mark. Es handelte sich nach
heutigen Maßstäben um einen Millionenbetrag. Als die Millionärswitwe
dieses Kapital bis 1301 auf dem Lübecker Rentenmarkt platzierte, sank der
übliche Zinssatz durch das Übergebot an verfügbaren Kapitalien kurzzeitig
von zehn auf 6¼ Prozent.

Mornewech selbst ist Lübecker Ratsherr gewesen. Auch andere dieser erfolgreichen Geschäftsleute wurden in den städtischen Rat aufgenommen.
Sie waren ja nunmehr vor Ort präsent, hatten die Zeit und die finanziellen
Mittel, um sich unbezahlt in die städtische Politik einzumischen. Seitdem
fielen ökonomische und politische Führungsschicht in den Städten zusammen. Dies blieb in den Seestädten des hansischen Handelsraums während
des gesamten Mittelalters die Regel. Anders war es in den Städten im Binnenland, wo es, etwa in Braunschweig und Köln, auch Handwerkern gelang
zur Stadtregierung zugelassen zu werden.

Von der Existenz vieler Gilden niederdeutscher Fernhändler weiß man
nur, weil sich Urkunden erhalten haben, die zu ihren Gunsten vom engli-

schen König, dem Grafen von Flandern, dem norwegischen König oder dem Großfürsten von Novgorod ausgestellt worden sind. Es ist unmöglich aus diesen zufällig erhaltenen Belegen die Gesamtzahl der im 12. und 13. Jahrhundert aktiven Gilden hochzurechnen. Denn natürlich sind die erhaltenen Stücke nur ein Bruchteil aller einstmals ausgefertigten Dokumente. Die Wahrscheinlichkeit, dass für Kaufmannsgilden ausgestellte Urkunden bis heute überliefert worden sind, ist recht gering. Größer waren die Erhaltungschancen, wenn eine Stadt der Urkundenempfänger gewesen ist, weil das kommunale Schriftgut seit dem Mittelalter kontinuierlich verwahrt worden ist. Daher lässt sich aus der Tatsache, dass mehr Privilegien erhalten sind, die für die fernhändlerisch tätigen Bürger niederdeutscher Städte als für Gilden ausgestellt worden sind, keine realistische Proportion der einstigen Verteilung herleiten.

Doch aus mindestens zwei Gründen ist es bedeutsam, dass bereits im endenden 13. Jahrhundert die Städte an der Ostsee solche Privilegien für die in ihren Mauern beheimateten Händler erwarben. Die erste Überlegung, die man an diesen Befund anschließen muss, hat mit einer Forschungstradition der Hansegeschichte zu tun, die eine rasterhafte zeitliche Abfolge von einer Kaufmanns- zu einer Städtehanse annimmt. Mit Kaufmannshanse gemeint sind die Gotländische Genossenschaft bzw. Gilden niederdeutscher Fernhändler. Die Städtehanse wird als Verband von Städten verstanden, der ab der Mitte des 14. Jahrhunderts die hansischen Aufgaben von den Händlern abgezogen und in seine Organisationsstrukturen übernommen hätte. Tatsächlich ist die Mitte des 14. Jahrhunderts eine Umbruchzeit der Hansegeschichte. Doch genauso wenig wie damals ein Städtebund ohne kaufmännische Mitglieder entstand, waren die Städte vorher nicht ins hansische Geschehen involviert gewesen. Im Grunde handelt es sich um ein Abgrenzungsproblem der Forschung, das auf die praktische Wirtschaftstätigkeit und ihre Organisationsformen nicht direkt hinführt.

Bedeutsamer ist daher ein zweiter Aspekt, der sich aus dem frühen Engagement der Städte für ihre Fernhändler ergab. Die Bedeutsamkeit solcher städtischen Maßnahmen versteht man besser, wenn man sich in Erinnerung ruft, dass ein Privilegienerwerb stets Zeit und Geld kostete, kurzum erhebliche Mühen verursachte. Ein Brief, den der Lübecker Ratsherr Johann van Dowaye wohl im Jahre 1281 schrieb, ist ein berühmtes und frühes Zeugnis für eine derartige Lastenübernahme durch eine Stadt. Der Lübecker Gesandte versuchte in Brügge dabei zu helfen, die Aktionen niederdeutscher Händler mit denen spanischer Kaufleute in Flandern zu koordinieren. Beide Gruppen fühlten sich in ihren Handelsrechten verletzt, und es lag auf der Hand, eine gemeinsame Verhandlungsmacht gegenüber der flandrischen Seite aufzubauen. Doch das, was nach dem vorgestellten theoretischen Handlungsmuster tatsächlich eine Erfolg versprechende Strategie hätte sein müssen, war in der Praxis nicht leicht zu erreichen. Dowaye hatte in langwierigen und schwierigen Gesprächen viel Geld, Zeit und Nerven gelassen. Reichlich ungehalten schrieb er deshalb an Lübeck, dass der Rat dafür sorgen möge, ihn durch Vertreter anderer Städte in Brügge zu entlasten, denn bisher stünde er auch für deren Interessen völlig allein in Flandern ein: *„ego solus sum in Flandria et neminem de aliis civitatibus nostre terre possum a me habere"*.

Warum übernahmen es in diesem Fall konkret die Stadt Lübeck und in anderen Fällen andere Städte, solche Leistungen zu erbringen, die eigentlich die Gilden ihren Genossen bereitzustellen hatten? Aus Sicht der Gilden und der Hansen fällt die Antwort leicht. Sie konnten sich glücklich schätzen, wenn ihre Heimatstädte solche Anstrengungen unternahmen, weil somit die Aufwendungen und Kosten nicht mehr durch eine Umlage unter den Gildemitgliedern getragen werden mussten. Die Händler hatten als Bürger die jeweilige Stadtkasse zwar durch ihre Abgaben mitgefüllt. Doch zu ihren wirtschaftlichen Gunsten wurden nunmehr auch Geldmittel aufgewandt, die von Personen stammten, die niemals auf den Gedanken gekommen sind, an einem Außenhandelsplatz wirtschaftlich aktiv zu werden. Was aber bewegte die Städte zu solchen kostenträchtigen Maßnahmen? Die Hanseforschung hat diese recht naheliegende Frage entweder (und häufiger) nicht beantwortet, oder sie hat, wenn sie eine Erklärung versuchte, darauf verwiesen, dass die Stadtkommunen grundsätzlich den Rechtsschutz für ihre Bürger zu übernehmen hatten. Dabei seien die niederdeutschen Städte gezwungen gewesen, stellvertretend für das nach 1250 handlungsschwache Königtum und die in Niederdeutschland kraftlosen Landesfürsten im Ausland zu agieren.

Diese strukturelle Überlegung trifft sicherlich zu. Doch versteht man die praktische Bereitschaft der städtischen Räte, sich für die Interessen ihrer Fernhändler kraftvoll einzusetzen, vollständig wohl nur, wenn man auf die handelnden Personen blickt. Denn die Männer, die mit fernhändlerischer Erfahrung im Rat saßen sowie die aktiven Fernhändler, die seit dem 13. Jahrhundert längere Zeit in ihren Heimatstädten anwesend waren und ihre Handelsinteressen artikulierten, sorgten ganz entscheidend dafür, dass neben den Gilden auch die Städte kostenträchtige Aktivitäten zur Unterstützung des Fernhandels entwickelten. Die Argumente, die sie ins Feld führten, dürften sich kaum von denen heutiger Wirtschaftslobbyisten unterschieden haben, die auf die vom Export abhängigen Arbeitsplätze vor Ort und die Steuereinnahmen zu verweisen pflegen. Dass diese Politik auch im Mittelalter nicht von allen Bevölkerungsgruppen kritiklos hingenommen wurde, wird später noch thematisiert werden.

b) Herausforderungen und Solidaritäten

Die „Kaufleute des Römischen Reiches"

Personen, die an den Handelsprivilegien als Fernhändler selbst interessiert waren, bestimmten im Hanseraum die städtische Politik entscheidend mit. Das gleichzeitige Engagement von Gilden und Städten beim Erwerb von Rechten an auswärtigen Handelsplätzen erklärt sich damit recht zwanglos. Weniger leicht lässt sich hingegen die Beobachtung einordnen, dass städtische Räte nicht nur ihre Bürger, sondern auch die Bürger anderer Städte in den Genuss der von ihnen mühevoll erreichten Handelserleichterungen aufnahmen. Eine solche Verhaltensweise, die sich insbesondere im Falle von Lübeck feststellen lässt, unterscheidet sich auffällig von dem üblichen Vorgehen mittelalterlicher Gilden, bei denen interne Solidarität mit wirtschaftlicher Rücksichtslosigkeit gegenüber Nichtmitgliedern einherging.

Mustert man die für Lübeck ausgestellten Privilegierungen in Handelssachen, so ergibt sich zunächst, nämlich bis zum Jahre 1250, kein abweichender Eindruck. Die ausgehandelten Zollerleichterungen, Rechtschutzabkommen und Befreiungen vom Strandrecht waren stets beschränkt auf Lübecker Bürger. Händler aus anderen Städten mussten, wenn sie so vorteilhaft wie die Lübecker behandelt werden wollten, entsprechende Begünstigungen selbständig erwerben. Tatsächlich taten ihre Heimatstädte dies wiederholt, wobei ihnen offenbar Lübeck die eigenen Vorarbeiten überließ. Gerade im Urkundenbestand von Lübeck und Hamburg sind solche Doppelprivilegien textidentischen Inhalts zahlreich. Erstaunlich ist nun, dass Lübeck nach 1250 dieses Verfahren dadurch abkürzte, dass es sich seine Privilegien für einen Personenkreis ausstellen ließ, der wesentlich weiter gezogen war. Zu diesem Zweck addierten die Lübecker aber nicht die Bürger von Nachbarstädten einfach hinzu, ließen also beispielsweise festsetzen, dass auch Hamburger, Lüneburger und Rostocker die Vergünstigungen nutzen dürfen sollten. Vielmehr ließ Lübeck in die Urkunden eine Formel hineinschreiben, mit der die Kaufleute des Römischen Reiches (*mercatores Romani imperii*) als Berechtigte benannt wurden.

Die Bürger anderer Städte, die mit dieser Formel eingeschlossen waren, profitierten davon ungemein. Kleinere Kommunen hätten niemals für die wenigen im Fernhandel aktiven Bürger entsprechende Privilegien erwerben können. Diese Gemeinwesen hätten auch unmöglich eine Anschlussprivilegierung an Lübeck erlangen können, weil trotz der Lübecker Vorarbeit die aufzuwendenden Summen ihre Möglichkeiten überstiegen hätten. Kein Wunder also, dass ihnen allen die Rolle Lübecks angenehm war. Dankschreiben zeugen davon, so ein Brief aus dem Jahre 1293, in dem Kiel schreibt, dass nur durch Lübeck die günstigen Regelungen in Novgorod zu erreichen gewesen seien, „wo wir und alle anderen nichts erreichen konnten, denn allein durch Euch" („*ubi nos et alii quam plures nequivimus optinere, sed per vos*"). Als im Jahre 1294 Zwolle und die Städte Kampen, Deventer und Zutphen für den Lübecker Einsatz als „ehrlicher Bewahrer und kluger Sachwalter" danken, wird die Travestadt gar als „unser Haupt und Anführer" („*quasi caput et principium omnium nostrorum*") angesprochen und geehrt.

Die „Kaufleute des Römischen Reiches" waren allerdings ein denkbar weit gedachter Kreis, der keine Organisationsstrukturen besaß, sich niemals hätte versammeln können und zudem auch Nürnberger oder Augsburger Händler hätte dazuzählen müssen. Dennoch nahm der Lübecker Rat für sich in Anspruch, für diesen Kreis verhandeln zu können. Der Lübecker Gedankengang war angestoßen worden durch den Umstand, dass Lübeck im Jahre 1226 von Kaiser Friedrich II. zu einer Reichsstadt (*civitas imperii*) gemacht worden war. Damit war der Lübecker Stadtherr nicht mehr der sächsische Herzog, der Schauenburger Graf oder der dänische König, sondern der römisch-deutsche König und Kaiser. Lübeck war neben Goslar und Dortmund eine der wenigen Reichsstädte im Norden des Reiches. Tatsächlich bedeutete das für die Lübecker gleichzeitig Selbständigkeit und Selbstverantwortung. Kaiser Friedrich II. und die ihm nachfolgenden Herrscher des Mittelalters besaßen keine Machtbasis im Norden. Das Interesse an den Ereignissen im Hanseraum war bei ihnen weitgehend erloschen. So musste Lübeck vonseiten eines nicht handlungswilligen und -fähigen Königs/Kaisers keinen Einspruch befürchten, wenn es sich zum Sachwalter aller Kaufleute des römischen Reiches, der *mercatores Romani imperii*, machte.

Nationale Solidarität?

Früher empfand man solche Lübecker Lastenübernahme als Selbstverständlichkeit. Nationale Solidarität sei hier geübt worden, und ein an der Trave stets waches Reichsbewusstsein habe in Zeiten königlicher Schwäche fruchtbar gewirkt. Doch unter dem Eindruck neuer Forschungen zur Nationenbildung und zur durchaus schwierigen Ausbildung des Reiches als Lastengemeinschaft, die erst um 1495 konkretere Formen annahm, wird man mittlerweile nüchterner argumentieren müssen. Zwar haben die Forschungen darüber erst begonnen, doch kann man schon jetzt Faktoren erkennen, die das Lübecker Verhalten beeinflussten.

So muss man die einzelnen Privilegierungen, die von Lübeck für die Kaufleute des Römischen Reiches erlangt wurden, danach differenzieren, in welchen Zusammenhängen die Urkunden erworben worden sind. Zu unterscheiden ist zwischen eher preisgünstigen und eher teuren Privilegien. Wenn Lübeck sich etwa von einem durchreisenden Titularbischof eine Urkunde besiegeln ließ, die von der Lübecker Kanzlei geschrieben worden war, so war es kaum schwierig und mit Mehrkosten verbunden, den Kirchenmann einen weiten Kreis von Begünstigten einschließen zu lassen. Komplizierter wurde es in anderen Konstellationen. Preiswert etwa waren die flandrischen Privilegien der Jahre 1252/53 nicht zu erhalten gewesen. Die Vergünstigungen waren von einem Hamburger und einem Lübecker Gesandten mit Vertretern der Gräfin Margarethe von Flandern verhandelt worden und sollten für alle *mercatores Romani imperii* gelten, die nach Flandern kamen. Wie und wodurch diese Ausweitung des Begünstigtenkreises zu erreichen gewesen war, wissen wir nicht. Doch wird man bedenken dürfen, dass damals Brügge noch nicht der Weltmarkt des Mittelalters war, als der sich die Stadt im 14. Jahrhundert zeigte. Vermutlich hat also ein erhebliches flandrisches Interesse an der niederdeutschen Präsenz bestanden. Die Verhandlungsposition von Hamburgern und Lübeckern dürfte also in diesem Fall günstig gewesen sein.

Wesentlich schwieriger wurde es allerdings für die Verhandlungsführer immer dann, wenn ein Privilegiengeber den Kreis der Begünstigten nicht ohne Gegenleistung ausweiten wollte bzw. genau zu wissen verlangte, wem er Sonderrechte gewährte. Zwar war es für jede Gilde typisch, dass sie ihre interne Mitgliederstruktur verdeckt halten wollte und selbst das größtmögliche Interesse daran hatte, den Zugang zu ihren Privilegien zu kontrollieren. Doch dieser Wunsch kollidierte mit den verständlichen Interessen der Privilegiengeber. So haben gerade die englischen Könige gegenüber der Hanse stets mit dieser Forderung operiert. Vorwurfsvoll haben die Engländer die hansische Taktik am Ende des 15. Jahrhunderts einmal in den Vergleich mit einem Krokodil gebracht: So wie man von diesem Tier nur den Kopf und nicht den unter Wasser liegenden Körper zu sehen bekäme, suche auch die Hanse ihr wahres Aussehen zu tarnen.

Das Lübecker Bemühen, trotz höherer Kosten und dem Widerstand des Privilegiengebers den Kreis der Begünstigen möglichst groß zu halten, dürfte zudem mit der Struktur des Handels zu tun haben. Denn natürlich waren, seitdem die umsatzstarken Fernhändler ihre Waren nicht mehr selbst begleiteten, in dieser Funktion ihre Beauftragten unterwegs. Bei ihnen handelte es sich oftmals um junge Leute, die noch nicht Lübecker Bürger waren und es häufig niemals wurden. Manche waren noch nicht einmal Bürger einer anderen Stadt, sondern auf dem Lande in kleinen Dörfern geboren. Eine Engführung von Bürgerrecht und Privilegiennutzung hätte also zu erheblichen Nachteilen führen können. Die für den Handelsbetrieb wichtigen Nichtbürger einzuschließen, konnten sich die Lübecker in der günstigen Konjunktur um 1300 leicht erlauben. Damit ist man erneut auf die familiäre Vernetzung im Hanseraum gestoßen. Offenbar lag es den städtischen Politikern eher fern, nationale Solidarität zu üben und dafür uneigennützig höhere Lasten zu schultern, aber durchaus nahe, dies für den Onkel in Riga oder den Neffen aus Dortmund zu leisten. Diese konnten mit der Formel von den Kaufleuten des Römischen Reiches sofort in das von Lübeck erworbene Privilegienrecht eingeschlossen werden. Die mit Verwandten und Freunden besetzten Räte von Riga und Dortmund waren somit von einer von ihnen zu initiierenden Anschlussprivilegierung nach Lübecker Vorbild entlastet.

Die Umstände, unter denen die Lübecker Idee konkret entstanden ist, den Begünstigtenkreis nach 1250 weiter zu ziehen, darf man sich nicht zu abstrakt vorstellen. Sicherlich wurde das Vorgehen nicht gleichsam am Reißbrett im Lübecker Rathaus geplant. Die konkreten Auslöser werden vielmehr akute und drängende Bedürfnisse an den zentralen Außenhandelsplätzen gewesen sein. Derartige Problemlagen gelangten über den Transmissionsriemen der Interessen- und teilweisen Personenidentität von Fernhändlern und Politikern auf die politische Agenda der städtischen Räte. Die Solidarisierung der niederdeutschen Kaufleute in der Fremde und das Zusammenwirken ihrer Gilden gingen also nicht von ihren Heimatorten aus, sondern wirkten von den Außenhandelsplätzen auf die Städte zurück. Wie wir sahen, war eine Solidarisierung zwar auch beim Privilegienerwerb nützlich. Aber wirklich geboten war sie dann, wenn die erworbenen Rechte in Gefahr gerieten, verletzt, eingeschränkt oder aufgehoben zu werden. Denn jeder Herrscher, der weitgehende Sonderrechte zusagen konnte, war in einer gewandelten Situation auch mächtig genug, Kaufleute und ihre Waren schwer zu schädigen. Zumal in Kriegszeiten, wenn ihm selbst das Wasser bis zum Halse stand, konnte ihm der kurzfristige Zugriff auf das fremde Vermögen attraktiver erscheinen als ein langfristiger Gewinn aus Handelsabgaben. Aber ein Herrscher konnte auch so durchsetzungsschwach sein, dass seine Zusagen gegenüber seinen Amtsträgern und den Obrigkeiten der Städte, in denen die Fremden ihren Handel betreiben, wirkungslos blieben. In beiden Fällen war das glaubwürdigste Druckmittel die Drohung mit einem umfassenden Gruppenboykott.

Man kann einen derartigen Druck zur Solidarisierung am Beispiel der Entwicklungen in London recht gut erkennen. Hier war es die schon erwähnte Kölner Fernhändlergilde, die seit dem 12. Jahrhundert die stärkste Stellung besaß. Händler aus niederdeutschen Städten etablierten sich auf dem englischen Markt erst im Laufe des 13. Jahrhunderts. Jede dieser Gruppen besaß eigenständige Institutionen und ließ sich, so 1266/67 etwa Lübecker und Hamburger, die erstrebten Privilegien einzeln vom englischen König besiegeln. Konkurrenz und nicht Kooperation waren die Regel. Erst gesteigerte Anforderungen der Stadt London an die fremden Kaufleute führten zu deren

Solidarisierung in der Fremde

Zusammenschluss. Die Kölner und die Niederdeutschen solidarisierten sich erstmals 1234 und dann endgültig zwischen 1275 und 1282, als sie erhebliche Lasten für Neubau und Unterhalt der Londoner Stadtmauer tragen sollten. Seitdem bestand eine gemeinsame Organisation von Kölnern, Westfalen, Lübeckern und übrigen Niederdeutschen, die gemeinsame Älterleute wählten und auch das ehemalige Kölner Gildehaus als gemeinsame Londoner Niederlassung betrieben. Gerne wüsste man Genaueres über die unterschiedlichen kaufmännischen Meinungen zu dieser Zusammenarbeit und die Argumente, die darüber ausgetauscht wurden. Überliefert ist darüber nichts, doch kann vermutet werden, dass der deutsche Händler Arnold Fitz Thedmar († 1274/75) diesem Zusammenschluss vorgearbeitet hat. Von väterlicher Seite aus einer Bremer Familie stammend, über den Vater mit der Kölner Händlerschaft verbunden und mit der Londoner Oberschicht verschwägert, stellte er einen idealen Brückenbauer zwischen den Gildegenossen unterschiedlicher Herkunft dar.

Ähnliche Ereignisse, in denen von den Fernhändlern wiederum eine Verletzung ihrer Rechte befürchtet wurde, führten genauso wie in London ebenfalls im Handel mit Flandern und Norwegen zu einem gesteigerten Koordinierungs- und Solidarisierungsbedarf der Einzelgilden. Die norwegischen Ereignisse von 1284/85 und die Maßnahmen gegen Flandern zwischen 1280 und 1282 sowie 1307 bis 1309 hat die Forschung zuweilen als Wirtschaftskriege geschildert. Indes sollte man weniger martialisch formulieren, um sich nicht von vornherein den Zugang zu ganz unterschiedlichen Aktionsformen zu verstellen. Denn mit einem Wirtschaftskrieg assoziiert man zu leicht Ereignisse wie etwa die englische Kontinentalsperre gegen das Napoleonische Europa, die auf mittelalterliche Zustände nicht passen. Solchen modernen Handelsblockaden, die auf der militärischen Kontrolle der See- und Landwege beruhen, entsprach noch am ehesten die Vorgehensweise gegen Norwegen von 1284/85. Die damaligen Ereignisse sind auch deshalb von hohem Verständniswert, weil völlig sicher ist, dass die Initiative zur Bildung einer Koalition von den im Norwegenhandel engagierten Fernhändlern und nicht von ihren Heimatstädten ausging. Nachdem es gegen sie und ihren Besitz mehrfach Übergriffe in Norwegen gegeben hatte, setzte sich eine Gruppe von niederdeutschen Kaufleuten, die sich als Englandfahrer bezeichneten und auf dieser Route über Norwegen handelten, mit der Stadt Stralsund in Verbindung. Ihre alltäglichen Bedrückungen schilderten sie in einem Brief, den sie von einem Boten überbringen ließen. Stralsund setzte sich daraufhin mit Lübeck in Verbindung, denn die betreffenden Händler waren keineswegs nur Bürger von Stralsund. Im Ergebnis unterstützten die Städte eine Handelssperre, die vor allem auf die Unterbindung der Getreidezufuhr nach Norwegen abzielte. Die Folgen waren verheerend. Der Lübecker Chronist Detmar schreibt: „Des wart dar so grot hunger, dat se mosten to der sone ghan". Die Norweger mussten einlenken.

In diesem Fall ließen sich also die Städte von den in der Fremde zusammenwirkenden Fernhändlern in die Pflicht nehmen. Warum die Ratsherren dazu bereit waren, ist wiederum mit einer Interessenidentität zu erklären. Warum indes in solchen Krisensituationen die Fernhändler und ihre Gildeorganisationen der Städte bedurften, lässt sich am Beispiel der beiden

Handelssperren gegen Brügge in den Jahren 1280 bis 1282 und 1307 bis 1309 erklären. Der eigentliche Impuls zu diesen weitreichenden Boykottmaßnahmen waren wiederum Rechtsverletzungen, die von den Fernhändlern als unerträglich empfunden wurden. Anders als in Norwegen setzten die Händler in diesem Fall allerdings nicht auf den Abbruch des Handels mit der gesamten Region, sondern betrieben nur die Verlegung ihres zentralen Handelsplatzes innerhalb der Grafschaft Flandern. Man vereinbarte den Abzug aus Brügge und die Konzentration des Handels in Aardenburg, wo man entsprechende Privilegien erhalten hatte. Dieses heute beschauliche und schon im Mittelalter gegenüber Brügge recht provinzielle Städtchen galt dabei als Ausweichquartier, das den Händlern zumindest einen Grundumsatz ermöglichen sollte. Dennoch bestand die Gefahr, dass sich mancher der auf dieser Route tätigen Händler nicht an die Vereinbarung halten würde, sondern nach einem überdurchschnittlichen Gewinn im konkurentenfreien Brügge trachten könnte. Wenn die Drohung gegenüber der Stadt Brügge glaubwürdig sein sollte, musste daher bei Konfliktbeginn völlige Geschlossenheit signalisiert und diese im weiteren Konfliktverlauf dauerhaft erhalten werden. Dies ging nur dann, wenn man ein Ausscheren aus den eigenen Reihen nicht nur durch Appelle an die Solidarität, sondern durch Sanktionsdrohungen verhindern konnte.

Wie man dergleichen erreichen konnte, ist aus der Frühzeit des Ostseehandels niederdeutscher Kaufleute bekannt. Mit brutaler Konsequenz erzwang die Genossenschaft der von Gotland nach Riga handelnden Kaufleute die Geschlossenheit ihrer Mitglieder. Diese Gemeinschaft der Livlandfahrer hatte eine Bestimmung erlassen, durch die verboten worden war, einen mit Riga im Baltenhandel konkurrierenden Hafen anzulaufen. Als sich im Jahre 1203 ein Schiff dennoch von Riga aus zu diesem verbotenen Handelsplatz aufmachte, verfolgten die übrigen Gildemitglieder die Blockadebrecher, erreichten sie, kaperten das Schiff und töteten Kapitän und Steuermann. Die übrigen Händler zwangen sie zur Rückkehr. Physische Gewaltanwendung war hier das Mittel, um ein eigennütziges Ausbrechen aus der Geschlossenheit der Gilde brutal zu verhindern. Was konnte man aber Blockadebrechern aus den eigenen Reihen androhen, die man nicht zu fassen bekam? Im Falle der Handelssperre gegen Brügge war es ja so, dass die Genossenschaft selbst aus Brügge abgezogen war. Was ihr ansonsten gut gelang, nämlich Regelverstöße von Mitgliedern vor Ort zu ahnden, war ihr somit unmöglich gemacht. Auch eine nachträgliche Sanktionierung, also insbesondere der Ausschluss von zukünftigen Aktivitäten in Brügge, vermochte kaum abzuschrecken, wenn wenige Handelsfahrten genügten, um das eingesetzte Grundkapitel zu einem dauerhaften Vermögen zu machen.

Um diesen Anreiz zu zerstören, musste man damit schrecken können, das unrechtmäßig Erworbene, ja das gesamte Vermögen von Blockadebrechern einzuziehen. Dies allerdings konnte die Gemeinschaft in Brügge zwar androhen, aber nicht umsetzen. Dafür benötigte sie die Rechtshilfe aller Heimatstädte der in ihrer Gemeinschaft verbundenen niederdeutschen Kaufleute. Denn dort, wo sich ein Kaufmann durch den Bürgereid gebunden hatte, war er zu Gehorsam gegenüber den Entscheidungen des Rates verpflichtet. Dort, wo er Bürger war, ließ sich zudem nicht nur auf das bewegliche Vermögen, sondern ebenfalls auf seine Immobilien zugreifen.

Während beider Handelssperren gegen Brügge haben die durch ihre Bürger am Flandernhandel beteiligten niederdeutschen Städte tatsächlich diese unterstützende Funktion wahrgenommen. In der Zeit der Stapelverlegung von 1280 bis 1282 ist Lübeck der Koordinierungsort dieser unterstützenden Maßnahmen gewesen. Ausgelöst durch die Solidarisierung von Lübecker Bürgern und niederdeutschen Fernhändlern anderer Herkunft in Flandern hatte es Absprachen zwischen Lübeck und den benachbarten Städten gegeben, die wir nur erahnen, weil sie rein mündlich verhandelt worden sind. Darüberhinaus sorgte der Lübecker Rat dafür, dass Städte, deren Bürger potenziell, aber nicht aktuell in Brügge aktiv waren, angeschrieben und schriftlich um ihre Zustimmung zum Abzug nach Aardenburg gebeten wurden. Diese unterstützenden Maßnahmen der Städte waren kostenträchtig. So ist es eigentlich selbstverständlich, dass sich die Städte ihre Kosten nachträglich refinanzieren lassen wollten. Im Falle der Norwegenblockade wird eine vom König als Sühneleistung gezahlte Summe dafür verwendet worden sein. Nach der flandrischen Stapelverlegung von 1280 bis 1282 erhielten Lübeck und weitere Städte ihre Leistungen über eine Abgabe erstattet, die von den Kaufleuten gezahlt wurde, die in Brügge die (nunmehr genehmigte) eigene Waage der Genossenschaft der Niederdeutschen nutzten.

3. 1100 bis 1300: Ein kaufmännischer Zeitsprung

Am Hofe des angelsächsischen Königs Alfred des Großen (871–901) erzählte der Wikinger Ottar über seine Meerfahrten: Wie kein anderer kenne er die Meere des Nordens. Tatsächlich muten seine Qualitäten phantastisch an, denn man erfährt, dass er es mit seinem Boot gewagt habe, die Fahrt ums Nordkap herum zu unternehmen. Er stammte aus Tromsö in Norwegen. Dort besaß er einen Hof, auf dem er Ackerbau und Viehzucht betrieb. Andere Produkte erhielt er als Tribut von finnischen Stämmen oder erjagte sie. Seine Pelze, die Schiffstaue aus Walhaut und sein Elfenbein waren begehrte Luxusartikel, die er nicht nur in England, sondern beispielsweise auch in Kaupang und Haithabu absetzte. Dorthin unternahm er in jedem Sommer eine Fahrt auf einem eigenen Schiff, das er mithilfe seines Gesindes führte.

Wäre Ottar rund 200 Jahre später um 1100 auf diesen Routen unterwegs gewesen, hätte er sich geografisch zurechtfinden können. Indes wären ihm die wirtschaftlichen, religiösen, politischen und sozialen Zustände, die um 1300 an der Ostseeküste herrschten, völlig fremd vorgekommen. Das Antlitz der Nord- und Ostseeküstenwelt hatte sich zwischen dem Beginn des 12. und des 14. Jahrhunderts innerhalb von nur 200 Jahren so rasch und so einschneidend verändert wie niemals zuvor. Ein Grenz- und Randgebiet mit archaischen Zügen war europäisch geformt worden. Ähnlich rasche Umwandlungen aller Lebensbereiche sollten erst wieder mit der Industrialisierung einsetzen.

Als Fernhändler wäre Ottar um 1300 Konkurrenten begegnet, die auf andersartigen Schiffen neue Produkte mit anderen Handelsmethoden umschlugen. Das Langboot der Wikingerzeit war durch den Koggen, ein hochbordiges, besegeltes Breitschiff mit flachem Boden und Heckruder ersetzt worden. Nicht mehr Seehandelsplätze wie Haithabu, sondern Städte waren mittlerweile die Knotenpunkte im Handelsverkehr. Zwar waren auch die Seehandelsplätze, die Ottar kannte, von einer ständig dort ansässigen Bevölkerung bewohnt worden. Doch wurden sie nur in den kurzen Saisonzeiten zu umsatzstarken Märkten und schwollen durch die Zugereisten während dieser Wochen an. Die neuen Städte waren hingegen permanente Märkte mit kaufkräftigen Konsumenten. Wichtiger war noch, dass die dort lebenden Bürger ihre Angelegenheiten in eigener Zuständigkeit regelten und der Marktverkehr durch sie beaufsichtigt werden konnte. Bezahlt wurde mit Münzgeld, das anders, als Ottar es erlebt hatte, nicht mehr wie andere Edelmetallgegenstände gewogen, sondern gezählt wurde. Ihr Geld hatten die Bürger auch in eine zweckmäßige Hafeninfrastruktur investiert. So verbesserten gegenüber der Ottarzeit beispielsweise Kaianlagen, Verladeeinrichtungen sowie Speicher die Verzahnung von See- und Landhandel entscheidend.

Die Kaufleute selbst übten um 1300 ihren Beruf nicht mehr nur zeitweilig, sondern ganzjährig aus und bestritten ihren Lebensunterhalt allein aus diesem Handelsgeschäft. Sie fuhren also nicht mehr wie Ottar nur im Sommer auf Handelsreise und waren die übrige Zeit des Jahres durch andere Tätigkeiten gebunden. Hingegen lebten sie ausschließlich in einer Stadt, waren also nicht mehr als Bauernhändler oder als Untertanen eines Klosters bzw. einer adligen Gutswirtschaft auf dem Lande ansässig. Dabei begleiteten sie ihre Waren nicht mehr selbst. Vielmehr handelte es sich bei ihnen um spezialisierte Berufskaufleute. Sie waren nicht mehr Händler, Bauer, Schiffsführer und Matrose in einer Person. Für diese und alle weiteren für das Fernhandelsgeschäft notwendigen Tätigkeiten bedienten sie sich der Hilfe von spezialisierten Berufsgruppen. Auch deren Berufsfelder hatten sich getrennt. So besaß ein Schiff nunmehr einen Reeder, einen Kapitän, Seeleute und Befrachter. Nautische Kenntnis, seemännische Dienste und Investitionstätigkeit in den Schiffbau hatten sich ausdifferenziert. Alle für den Handel notwendigen Tätigkeiten, die Dritte leisteten, wurden dabei vom Kaufmann aus seinem Kontor dirigiert. Was mittlerweile umgeschlagen wurde, waren zwar immer noch Produkte, die schon Ottar gut verkaufen konnte. Aber andere fehlten, insbesondere war seit dem 12. Jahrhundert der Handel mit Sklaven, von dem Ottar wusste, wenn er ihn nicht sogar selbst praktizierte, aus Nordeuropa weitgehend verschwunden. Neu im Sortiment waren etwa in Tonnen eingesalzene Heringe, die massenhaft verkauft wurden. Getreide und Wachs besaßen als Massengüter ebenfalls eine neue Bedeutung. Dabei erleichterten genormte Verpackungen den Handel zunehmend.

Diese gewandelten Praktiken wären Ottar zweifellos überraschend vorgekommen, während ihn der Umstand nicht verwundert hätte, dass sich die Fernhändler in Gilden zusammenschlossen, um kollektiv ihre Ziele leichter zu erreichen. Die Gildeorganisation war gewiss kein Alleinstellungsmerkmal der niederdeutschen Kaufleute im Hanseraum. Genauso organisiert waren skandinavische Fernhändler schon im 12. Jahrhundert gewesen. So weiß man für Schleswig und andere dänische Städte von Knutsgilden, deren

Namengeber und Gildeheilige Knut der Vater des dänischen Königs Waldemar I. (reg. 1154/7–1182) gewesen war. In innerdänischen Thronkämpfen war er im Jahre 1131 von einem Rivalen ermordet worden. Sein Sohn initiierte nicht nur das 1169 erfolgreiche Heiligsprechungsverfahren, sondern förderte auch die Knutsgilden maßgeblich.

Man wird daher nicht die überlegene kaufmännische Organisation, sondern wirtschaftliche Vorteile der niederdeutschen Händler dafür verantwortlich machen müssen, dass im 13. Jahrhundert weitgehend die slawischen, skandinavischen und flämischen Händler aus dem aktiven Handel zwischen Ost- und Nordseeraum verschwanden. Lange Zeit hat man als Ursache auf die schiffstechnische Überlegenheit des Koggen gegenüber den Langbooten der Wikingerzeit verwiesen. Der Koggen, den wir am besten kennen, kam in den 1960er-Jahren aus dem Schlick der Weser zum Vorschein. Er stammt von 1380. Das Schiff besitzt eine Länge von 23,23 Metern, bringt es in der Breite auf 7,62 Meter und hat eine 4,26 Meter hohe Bordwand. Es brauchte eine Segelfläche von 200 m², konnte vielleicht maximal 100 Tonnen Lasten tragen und schaffte es mit einer Mannschaft von wohl elf Seeleuten auf vier bis sechs Seemeilen in der Stunde, was 7,5 bis 11 km/h entspricht. Gegenüber modernen Frachtschiffen, die leicht das Hundertfache laden können, wirken diese Daten bescheiden. Gegenüber den wikingerzeitlichen Booten wirken sie zunächst tatsächlich ökonomisch höchst vorteilhaft. Doch haben Schiffsarchäologen inzwischen nachweisen können, dass auch die skandinavischen Schiffbauer im 12. Jahrhundert imstande waren, größere und für höhere Frachtmengen ausgelegte Schiffe herzustellen. So hat man den Zusammenhang umgekehrt und sogar gemeint, dass nicht der Koggen die Ursache für den Erfolg der Hanse, sondern der Erfolg der niederdeutschen Kaufleute die Ursache für die Verbreitung ihres Schiffstyps gewesen sein dürfte.

Somit muss die Erklärung für den Erfolg der niederdeutschen Händler nicht auf dem technischen, sondern auf dem ökonomischen Feld gesucht werden. Worin aber lagen die Vorteile der Niederdeutschen? Die Forschung liefert bisher nur Teilantworten. Einerseits scheinen die Niederdeutschen über eine erheblich größere Kapitalkraft verfügt zu haben. Diese Tatsache ist nachweisbar, aber schwer zu begründen. Verfügten die rheinischen, westfälischen und sächsischen Familien im Vergleich zu slawischen und skandinavischen Konkurrenten über mehr Kapital, weil der gesamteuropäische Konjunkturmotor an ihren Heimatorten rund 100 Jahre früher angesprungen war? Oder hatten sie hohe Gewinne gemacht und damit Investitionskapital gewonnen, weil sie sich am Bergbau im Harz oder gar an den militärischen Unternehmen gegen die Slawen beteiligt hatten? Wir wissen die Antwort bisher nicht. Doch die Wirkung solcher möglichen Kapitalreserven liegt auf der Hand, denn sie erlaubten eine Massenabnahme von Waren und die Investition in neue oder neu zusammengestellte Produkte. Auch für das Mittelalter gilt, dass Großabnehmer bessere Einkaufspreise und vorteilhaftere Privilegien bei den Produzenten durchsetzen konnten. Nur als Großinvestor lassen sich zudem neue Produkte kreieren, was sich deutlich am Heringshandel zeigt. Zwar glaubten die Lübecker und andere Hansekaufleute um 1500, dass die Quelle des hansischen Wohlstands zu Anfang im Russlandhandel gelegen habe. Doch wie bei vielen solcher verklärender Pioniererzählungen sollte man sie nicht ungeprüft für bare Münze nehmen. Tatsächlich waren die Gewinnchancen im Pelzhandel gar nicht so exorbitant hoch. Daher beruhte der Aufstieg der Niederdeutschen nicht ausschließlich auf dem „gelobten Land" Novgorod und den von dort bezogenen Pelzen, sondern gründete mindestens ebenso auf einer zweiten Gewinnquelle: dem (im Mittelalter dänischen, heute aber schwedischen) Schonen und dem dort gefangenen Hering. Ahasver von Brandt hat es so formuliert. Er sah im Hering den „nordischen Weltmarktartikel Nummer 1". Für ihn gründete das Wirtschaftsgebäude der Hanse zu einem Gutteil auf Heringstonnen. Doch war weder der Fischfang vor Schonen eine Neuerung der Hansezeit, noch hatten die Hansen als Erste die Idee entwickelt, den Fisch mit Lüneburger Salz haltbar zu machen. Doch mit ihrer Kapitalmacht konnten sie gegenüber den Fischern als Großabnehmer auftreten. Zudem waren sie in der Lage, das notwendige Kapital vorzulegen, das man brauchte, um Lüneburger Salz und Heringstonnen in umfangreichen Mengen zu beschaffen und nach Schonen zu bringen. Dafür waren hohe Anfangsinvestitionen notwendig, deren Rückfluss erst Monate nach dem Verkauf an die Fischesser einsetzte.

Käufer des Herings lebten im Ostseeraum. Aber weitaus mehr Abnehmer fragten Fisch in Kontinentaleuropa nach. An rund 100 Tagen im Jahr galt das christliche Speisegebot, das vorschrieb, auf Fleisch zu verzichten. Fisch war eine ideale Fastenspeise. Wem es also gelang, auch Konsumenten in fluss- und seefernen Regionen mit Hering zu beliefern, dem winkten satte Gewinne. Zugleich war dieser durch das anhaltende Bevölkerungswachstum sich stetig vergrößernde kontinentaleuropäische Markt aufnahmefähig für Rohstoffe und Massengüter wie etwa Getreide, das durchaus schon im 13. Jahrhundert über Lübeck aus dem Ostseeraum nach Westeuropa ausgeführt wurde. Dieser von den Niederdeutschen für die nord- und osteuropäischen Waren erschlossene kontinentaleuropäische Absatzmarkt war wohl eine weitere Trumpfkarte. Die Gewinnchancen aus der Rückfracht kamen noch hinzu. Seitdem nämlich an den Ostseeküsten im 13. Jahrhundert überall städtische Großbaustellen entstanden, ließen sich dort immer mehr westeuropäische Gewerbeprodukte höchster Qualität absetzen.

Die niederdeutschen Fernkaufleute haben zwischen 1100 und 1300 den Umfang und die Dichte der wirtschaftlichen Beziehungen der vorhansischen Zeit erheblich ausgestaltet. In einer günstigen konjunkturellen Lage war es ihnen möglich, mit relativ losen Organisationsformen zu operieren. Dies sollte sich im Zuge der tiefsten europäischen Wirtschaftkrise des Mittelalters drastisch verändern.

III. Die mittelalterliche Hanse (1350 bis 1500)

1. Krise und Solidarisierung

1316/17	Europäische Hungerkrise
1349/50	Pestepidemie
1356	Treffen von Ratssendeboten und Älterleuten in Brügge (nicht „Erster Hansetag")
1358–1360	Handelsverbot mit Flandern
ab 1358	Beginn kontinuierlicher Versammlungen (Hansetage) und systematischer Schriftlichkeit (Rezesse). Seitdem ist auch die Selbstbezeichnung als Deutsche Hanse/Allgemeiner Kaufmann eingeführt.
1361	Beginn der Auseinandersetzung zwischen einer hansischen Koalition und König Waldemar IV. von Dänemark
1370	Stralsunder Frieden
1388–1392	Handelsverbot mit Flandern

a) Das Ende der europäischen Boomphase

Die langgezogene Aufschwungphase des europäischen Mittelalters reichte vom 11. bis zum 13. Jahrhundert. Sie endete im 14. Jahrhundert. Der Schwarze Tod, die Pest, löschte zwischen 1348 und 1350 wohl das Leben von einem Drittel der Europäer aus. Die Epidemie grassierte regional unterschiedlich heftig, betraf aber ganz Europa, was anzeigt, dass die Europäer seit dem Jahr 1000 mobiler geworden und enger zusammengerückt waren. Was Wirtschaft, Religion und Mentalität angeht, war kein Einschnitt für das mittelalterliche Europa so tief wie dieser, zumal die Epidemie nicht nach 1350 verschwand, sondern periodisch in Wellen immer wieder neu anbrandete. Die daraufhin einsetzende wirtschaftliche Stagnation wurde erst wieder zum Ende des 15. Jahrhunderts überwunden. Nicht für die mittelalterlichen Menschen spürbar war, aber aus der Vogelschau der Historiker sichtbar wird, dass bereits vor der Mitte des 14. Jahrhunderts in Europa die expandierenden Kräfte erlahmt waren. Schon 1316/17 litten viele Europäer schwersten Hunger. Die Ursache für ihre Not waren nicht regionale Engpässe durch besondere Wetterereignisse, vielmehr war die vormoderne Agrargesellschaft an ihre natürlichen Wachstumsgrenzen gestoßen: Die Ertragsfähigkeit der Böden war nicht mehr zu steigern. Neue Böden waren nicht mehr zu erschließen. Eine Klimaverschlechterung ließ die Erntemengen sinken. Mehr Menschen waren nicht zu versorgen.

    Diese gesamteuropäischen Entwicklungen finden sich in der Lübecker Konjunkturentwicklung gespiegelt. Die Geldproduktion der Lübecker Münze halbierte sich nach 1372. Auf dem Lübecker Immobilienmarkt brachen die hohen Kapitalumsätze zum Ende des 14. Jahrhunderts ein. Ähnlich düster sind die Ziffern, die den Rückgang in den westeuropäischen Tuchregionen veranschaulichen. Daher kann kaum ein Zweifel daran bestehen,

dass auch im hansischen Wirtschaftsraum die Bevölkerungszahl, die Güter-
produktion und die Nachfrage im 13. Jahrhundert weitaus höher anzusetzen
sind als im 15. Jahrhundert.

Daher dürfte die beste Konjunktur des niederdeutschen Fernhandels um
1300 gelegen haben. Ökonomisch betrachtet spricht daher nichts dafür, die
„Blütezeit" der Hanse im Jahrhundert nach 1350 zu vermuten. Zu dieser
Ansicht ist allerdings die ältere Forschung gelangt, weil sie es gewohnt war,
Zäsuren aus der politischen Geschichte abzuleiten. Daher galt und gilt der
Stralsunder Friede von 1370, mit dem die Hanse einen Konflikt mit dem dä-
nischen König siegreich beendete, als Höhepunkt hansischer Geschichte.
Strittig war in dieser Sicht der Dinge nur, ob eine für die Hanse vortreffliche
Zeit bis 1470 anhielt oder schon 1370 der Gipfelpunkt erreicht war. Doch
wirtschaftlich gesehen war bereits das endende 14. Jahrhundert krisenhaft
erschüttert.

Für die Periodisierung der Hansegeschichte hat es also weitreichende Folgen, ob man politische oder ökonomische Aspekte ins Zentrum rückt. Noch
ein weiterer das Urteil verzerrender Faktor kommt hinzu. Auch er lässt un-
willkürlich dazu neigen, die günstigste Epoche der Hanse spät anzusetzen.
Weil nämlich das Quellenmaterial im Spätmittelalter anschwillt, besteht die
Gefahr, den Zuwachs an Informationen über die Hanse mit einem Zugewinn an Bedeutsamkeit zu verwechseln. Denn die wenigen Privilegien des
12. und 13. Jahrhunderts verschwinden geradezu in der Masse der Schrift-
stücke, die aus dem 14. und 15. Jahrhundert überliefert worden sind. Gra-
vierend ist zudem, dass fast alle Dokumente, die über die Handelspraxis ge-
nauere Auskünfte geben, aus der Phase der schwierigen wirtschaftlichen
Konjunktur der zweiten Hälfte des 14. und des 15. Jahrhunderts stammen.
Man sollte bei der Lektüre der folgenden Abschnitte also stets bedenken,
dass über hansische Organisationspraktiken und Geschäftsformen einer kri-
senhaften Epoche berichtet wird und dass sie keinesfalls auf die früheren
Jahrhunderte des niederdeutschen Fernhandels unbesehen zu übertragen
sind. Vermutlich stieg die Organisationsnotwendigkeit sogar durch die wirtschaftliche Krise erheblich an.

b) Von Ad-hoc-gebildeten zu dauerhaften Organisationsformen: Die Flandernblockade von 1358 bis 1360

Flandern war zusammen mit Norditalien die am stärksten urbanisierte und
industrialisierte Region im mittelalterlichen Europa. Früher als anderswo
zeigten sich hier wirtschaftliche Krisensymptome schon im ersten Drittel
des 14. Jahrhunderts. Für die niederdeutschen Fernhändler bedeutete das,
dass die bequemen Zeiten vorbei waren, in denen sie in einer Boomphase
relativ gute Gewinne einzustreichen vermochten. Im 12. und 13. Jahrhundert hatten die aus den niederdeutschen Städten ausschwärmenden Wanderhändler bis auf den persönlichen Komfort viele Vorteile auf ihrer Seite.
In ihren Heimatstädten floss ihnen Kapital zu, weil die Anleger, ähnlich wie
heute bei steigenden Börsenkursen, eine Chance auf hohe Gewinne durch
Beteiligung am Fernhandel witterten. Für Tuche, Felle, Wachs und Hering,
die klassischen Produkte des Transithandels zwischen West- und Osteuropa, gab es in Zeiten des Bevölkerungswachstums einen sich mit jeder Ge-

Auslöser und
Ursachen

45

neration ausdehnenden Markt. Doch die Zeit günstiger Kapitalausstattung und relativ sicherer und hoher Handelsgewinne war um die Mitte des 14. Jahrhunderts bereits eine goldene Vergangenheit.

In eine weitaus schlechtere Konjunkturlage und damit einhergehend in eine Geschäftswelt mit zugespitzter Konkurrenzsituation fallen zeitlich die schärfsten Auseinandersetzungen, die niederdeutsche Kaufleute um ihre Handelsrechte an einem der Außenhandelsplätze führten. Dieser Konflikt wurde zwischen 1358 und 1360 ausgetragen. Er gilt als dritte und „große" Flandernblockade. Tatsächlich war der Konflikt lang, hart und wurde gegen einen mächtigen Gegner geführt. Alle drei Faktoren führten zu einer massiven Solidarisierung der niederdeutschen Kaufleute nicht nur am Handelsplatz Brügge. Am Ende standen nicht mehr viele „Hansen", sondern die gemeinschaftliche „Hanse" aller niederdeutschen Kaufleute unterschiedlicher Herkunftsstädte.

Der Konflikt entzündete sich wie schon in London, Bergen und zuvor in Brügge an aktuellen Streitfällen. Die Kaufleute fühlten sich von Brügger Beamten an der städtischen Waage übervorteilt, meinten zu hohe Maklergebühren zu zahlen und glaubten durch wiederholte Rechtsbeugungen drangsaliert worden zu sein. Ein Vorfall, der unter den Niederdeutschen zu dieser Auffassung beitrug, ereignete sich im Jahre 1351. Im Swin, der Meereszufahrt nach Brügge, kaperten damals Engländer ein Schiff aus Greifswald. Die Engländer wurden später gestellt und in Flandern verurteilt, worauf der englische König als Repressalie die Waren von niederdeutschen Händlern in England beschlagnahmen ließ. Für diese Schädigung ersuchten nun die Niederdeutschen wiederum die flandrische Seite um Entschädigung, was ihnen allerdings abgeschlagen wurde.

Dieser Streitfall und ähnlich gelagerte Vorfälle lösten den besagten Konflikt aus, waren aber nicht seine strukturellen Ursachen. Stets ist es ja von mentalen Gegebenheiten abhängig, ob eine Gruppe aktuelle Probleme skandalisiert und zum Grundsatzproblem erhebt oder es vorzieht, sie geräuschlos zu regeln. Daher wird man zu bedenken haben, dass die akuten Schwierigkeiten in eine Situation hineinfielen, die man als höchst angespannt bezeichnen muss. Offenbar hatten sich die Gewinnmargen der niederdeutschen Fernhändler auf dem flandrischen Markt verschlechtert. Zur allgemein schlechten Wirtschaftskonjunktur kam noch hinzu, dass der Hundertjährige Krieg zwischen England und Frankreich (1337/9–1453) wegen des zunehmenden Sicherheitsrisikos die Handelskosten erhöhte. Weil die Gewinnmargen schrumpften, schauten die Händler selbst auf geringe Kostenvorteile, um aus kleinen Profiten einen Gesamtgewinn zu erzielen. Deshalb versuchten sie energischer, ihre Vorteile gegenüber Konkurrenten zu verbessern. Dafür schien die Situation günstiger als früher, weil die Marktmacht der niederdeutschen Fernhändler in Flandern seit dem Beginn des 14. Jahrhunderts angewachsen war. Die Abhängigkeit der flandrischen Textilindustrie von den niederdeutschen Käufern war binnen einiger Jahrzehnte erheblich gestiegen. Die Textilproduzenten hatten sich von der Herstellung leichter, für den Mittelmeerraum bestimmter Massenprodukte abgewandt und produzierten vermehrt schwere und teure Luxustuche für die nord- und osteuropäischen Konsumenten. Für deren Vermittlung sorgten ausschließlich niederdeutsche Händler.

Als am 20. Januar 1358 ein Vorgehen in diesem Konflikt beschlossen wurde, stand fest, dass die Auseinandersetzung größere Dimensionen annehmen würde als im Falle der Verlegungen des Stapelplatzes von Brügge nach Aardenburg in den Konflikten von 1280–82 und 1307–09. Die niederdeutschen Händler bestimmten als Ausweichort gerade nicht mehr Aardenburg, sondern Dordrecht. Diese Stadt lag nicht in der Grafschaft Flandern, sondern gehörte zur Grafschaft Seeland. Und dies war kein Zufall, sondern die Fernhändler aus Niederdeutschland legten ganz bewusst (und anders als bisher) den Konflikt nicht mehr als einen Streit mit der Stadt Brügge an, sondern forderten zugleich den Grafen von Flandern und alle in seinem Herrschaftsgebiet gelegenen Städte heraus. Die Ausführungsbestimmungen legten fest, dass mit dem 1. Mai 1358 die gesamte Ein- und Ausfuhr der Niederdeutschen in die Grafschaft Flandern zu enden habe. Der Verkauf von Gütern nach und der Ankauf von Gütern aus Flandern sollte vollständig aufhören. Der Bezug über Zwischenhändler war verboten. Die Schifffahrt sollte an der Maasmündung enden.

Blockade-bestimmungen und ihre Folgen

Diese Regelungen trafen Flandern doppelt: Die stark urbanisierte Struktur ließ die Region auf Lebensmittelimporte angewiesen sein: Doch die Niederdeutschen lieferten kein Getreide mehr. Die industrielle Struktur Flanderns, durch die viele Menschen im exportorientierten Textilgewerbe ihr Auskommen fanden, war auf den massenhaften Absatz dieser Produkte angewiesen: Doch die niederdeutschen Händler sorgten nicht länger für die Verbindung zwischen flandrischen Produzenten und nordeuropäischen Konsumenten.

Die Rigorosität der Zufuhr- und Einfuhrbestimmungen wirkte aber umgekehrt genauso auf die niederdeutschen Händler zurück. Für sie waren die Maßnahmen wesentlich kostenträchtiger als während der vorausgegangenen Blockaden. Solange in Aardenburg ein Ausweichquartier bestanden hatte, waren die Geschäfte mit Flandern zwar reduziert, aber immerhin noch weiterzubetreiben gewesen. Nunmehr mussten die für Flandern bestimmten Lieferungen unverkauft liegen bleiben und sollte die gewinnträchtige Vermittlung von flandrischen Textilien unterbleiben. Diese spürbaren und für manchen Händler vermutlich ruinösen Bedingungen mussten häufiger und leichter dazu motivieren, sie zu unterlaufen und aus der Solidargemeinschaft der Niederdeutschen auszuscheren. Dieser Mechanismus war zudem der Gegenseite des Konflikts bekannt, die hierin eine Möglichkeit sah, die gegnerische Koalition auseinanderzudividieren, indem sie einzelnen Händlern oder ganzen Kommunen lukrative Sonderbedingungen anbot.

Geschlossenheit sichern: Bremen und Nürnberg als Blockadebrecher

Es ist bei dieser Dimension und der Schärfe des Konflikts sofort einsichtig, dass die niederdeutschen Fernhändler in Brügge die Auseinandersetzung nur einzugehen wagen und durchzuhalten hoffen konnten, wenn sie glaubwürdig signalisieren konnten, einen Bruch der Blockade durch die Mitglieder der eigenen Koalition verhindern zu können. In Brügge waren 1347 erstmals schriftliche Organisationsregeln festgesetzt worden, mit denen die Gemeinschaft und die Solidarität der im Flandernhandel engagierten niederdeutschen Händler gesichert werden sollten. Auf einer Versammlung beschlossen damals die Kaufleute, ihre unterschiedlichen Herkunftsbindungen durch eine gemeinsame Organisation zu überwölben. Die verschiedenen Herkunftsregionen wurden aber weiterhin abgebildet und ihnen eine große

Selbständigkeit belassen. Hieran ist wohl abzulesen, dass erst ein Kompromiss zwischen den landsmannschaftlich orientierten Kollektiven hatte gefunden werden müssen. Die Kaufleute teilten sich in drei Gruppen auf. Diese sogenannten Drittel fassten die lübisch-sächsischen, die westfälisch-preußischen und die gotländisch-livländischen Händler zusammen. Jedes Drittel wählte eigene Ältermänner und Beisitzer, hielt eigene Versammlungen ab, erhob eine eigenständige Abgabe und verwaltete eine eigene Kasse. Nach außen waren sie jedoch bereit, geschlossen aufzutreten.

Beginn der Statuten der Gemeinschaft der niederdeutschen Kaufleute aus dem Römischen Reich in Brügge, 28. Oktober 1347
Sprandel (Hrsg.), Quellen zur Hansegeschichte, S. 347–349 Nr. 2.

In nomine Domini, amen. Umme dat et gud es ende profitelic, die stucke ende sake, der men ghedenken sal, dat men die in gheschrifte hebbe ende halde, so waren de ghemenen coplude uten Romeschen rike van Almanien int jaer ons heren, als men screef dusent driehondert ende seven en viertich jaer, vergadert ten Carmers in den reventer toe Brucghe, uppe sunte Symon ende Juden dach der apostole, ende droghen daer over een alle, die up de tyd daer waren, umme nutscepe der ghemenen coplude vorseghet, dat se wolden hebben ende halden en ghemene bok, daer men in screve alle ordinancien ende wilkore, die men under hem luden ordinieren ende maken solde, ende ok wat se in custumen ende usazien holden solden.
Int erste es to wetene, dat die ghemenen cooplude vorseghet sint ghedelet in dre deel; dat es to verstane: de van Lubeke ende de Wendeschen stede ende die Sassen ende dat dar to behort in en derdendeel; ende die van Westfalen ende de van Prucen ende dat daer toe behort int ander; ende de van Gotlande ende van Lyflande ende van Sweden ende dat dar to behort int derde ...

Die Heimatstädte waren an dieser Organisationsbildung nicht beteiligt gewesen. Doch bei der Größe des sich abzeichnenden Konflikts bedurften die niederdeutschen Händler in Brügge ihrer dringend. Wiederum mussten sie bei den Städten für die Aufrechterhaltung der Koalition ausreichenden Rückhalt finden. Tatsächlich gelang es, die Zwangsgewalt der Städte über ihre Bürger zu aktivieren. Im Juni 1356 kam es zu einer in Brügge abgehaltenen Versammlung zwischen den sechs Älterleuten und den 18 Beisitzern der dortigen Kontorsgemeinschaft der Niederdeutschen einerseits und Vertretern aus Lübeck, Hamburg, Stralsund, Dortmund, Soest, Thorn, Elbing sowie den livländischen Städten andererseits.

Die somit garantierte städtische Unterstützung, durch welche die Blockadebrecher damit bedroht waren, dass auf ihren Gesamtbesitz zugegriffen werden konnte, war durchaus wirksam. Ein spektakulärer Fall war derjenige des Johann van Thunen, der kein kleiner Händler war, sondern als der kaufmännische Vertreter der Handelsorganisation des Deutschen Ordens in Brügge einen hohen Rang besaß. Ein Verhörprotokoll hat sich erhalten, das aufgenommen wurde, als er im Jahre 1360 im Brügger Stein, dem städtischen Gefängnis, gefangen gehalten wurde. Aus dem Inhalt ergibt sich, dass ihm die Älterleute einen Bruch der Handelsblockade und die Nutzung von Insiderwissen vorwarfen. Offenbar hatte er Vorausinformationen genutzt, um flandrische Tuche am Ende des Konflikts kurz vor der offiziellen Verkündung der Handelsfreigabe zu einem günstigen Preis zu kaufen. Er wurde mit

schweren Leibesstrafen bedroht und dadurch zur Einwilligung in die Konfis-
kation seines Besitzes gezwungen.

Auch gegen Städte, deren Passivität die Geschlossenheit der Blockade-
koalition gefährdete, wurde vorgegangen. Regelrecht ein Exempel scheint
im Falle Bremens statuiert worden zu sein. Der Bremer Händler Tidemann
Nanning hatte gegen das Verbot nach Flandern gehandelt und wurde daran
von seiner Heimatstadt weder gehindert noch dafür im Nachhinein bestraft.
Der Zorn richtete sich gegen den Bremer Rat und man nahm alle Bremer
Händler in Kollektivhaftung, indem man sie nicht nur in Brügge, sondern an
allen Handelsplätzen von der Nutzung der Vorrechte der niederdeutschen
Kaufleute ausschloss. Lange nach den Ereignissen schrieb der Chronist Johann Renner, dass Bremen „uth der hanse quam", weil besagter Bürger
„eine reise in Flandern, de van denn hensesteden vorbaden was", unternommen habe. Am 3. August 1358 musste der Bremer Rat einlenken. Die
Kaufleute der Stadt wurden zur Privilegiennutzung wieder zugelassen, allerdings zu ungünstigeren Bedingungen. Der Bremer Blockadebrecher wurde
mit dem Tod bedroht. Seine eingezogenen Güter sollten nicht vollständig
an Bremen, sondern ungewöhnlicherweise zu zwei Dritteln an die Gemeinschaft der niederdeutschen Kaufleute fallen.

Während das Ausscheren von Bremen verhindert wurde, gelang dies im
Falle der Händler aus Kampen an der Ijssel nicht. Die Hintergründe sind
nicht mehr ersichtlich. Doch zuvor hatten die Kampener stets mit den niederdeutschen Fernhändlern zusammengewirkt, sodass sie zu den internen
Blockadebrechern zu rechnen sind. Ebenso machtlos waren die niederdeutschen Händler gegen externe Blockadebrecher, also gegen konkurrierende
Kaufleutegruppen, von der die flandrische Seite sich helfen ließ. Diese
Händler suchten in die Marktlücke hineinzustoßen, die durch den Abzug
der Niederdeutschen aus Flandern entstanden war. Dabei taten sich zwischen 1358 und 1360 die Nürnberger besonders hervor. Anders als die
Kampener wirkten die Nürnberger zuvor nicht mit den Niederdeutschen zusammen. Dennoch suchten die Heimatstädte der niederdeutschen Flan-
dernhändler einen Appell an die Nürnberger zu richten, sich der Blockade
anzuschließen. Es war die Stadt Thorn an der Weichsel, die auf die Nürnberger einwirken sollte. Der Weg über die preußische Stadt erfolgte sowohl
aus sprachlichen als auch aus personellen Gründen. Eher als ein niederdeutscher Text war in Nürnberg die in Thorn gebräuchliche ostmitteldeut-
sche Schriftsprache verständlich. Zudem waren Nürnberger und Thorner
Handelsnetze in Breslau und Krakau miteinander verknüpft. Ein Brief an
Nürnberg, der vom 26. Dezember 1358 oder 1359 datiert, hat sich erhalten.
In ihm erinnert der Thorner Rat daran, dass die Beschlüsse über die Flandernblockade selbstverständlich auch Nürnberg mitgeteilt worden seien.
Nunmehr aber habe man erfahren müssen, dass der Nürnberger Nikolaus
Eisvogel mit 14 Wagen voller Flandernwaren das Handelsverbot umgehe.
Dringend bitte man daher Nürnberg, ihn aufzuhalten und für die Einhaltung
der Blockade zu sorgen. Doch ließ sich Nürnberg nicht in die Solidarität
einbinden, sondern baute durch den Blockadebruch nicht nur dieses Händlers eine bedeutende Stellung im Flandernhandel auf.

Leider ist über die Auswirkungen der Maßnahmen auf Flandern wenig bekannt. Massive Arbeitsplatzverluste in der Textilindustrie sind stets vermutet

Auswirkungen und
Verständigung

49

worden, doch in ihrem Umfang nicht wirklich und mit letzter Sicherheit auf die hansischen Maßnahmen zu beziehen. Sicher ist immerhin, dass die Ernte im Sommer 1359 durch vergleichsweise ungünstige Wetterbedingungen ungewöhnlich gering ausfiel und somit die Zufuhr von Getreide aus dem Ostseeraum dringlich wurde.

Unabhängig davon, welche Motivlage dazu führte, im Sommer 1359, also ein Jahr nach Beginn der Ein- und Ausfuhrsperre, suchte Brügge einzulenken. Ein für die Machtverteilung unter den Gegnern nicht unwichtiger Aspekt war dabei, dass die damals eingeleiteten Verhandlungen in Lübeck stattfanden und die flandrischen Gesandten dorthin reisen mussten. Die Flamen machten Zugeständnisse, und so gab die niederdeutsche Koalition den Verkehr zum 29. September 1359 wieder frei. Zum Abschluss kamen die diplomatischen Verhandlungen am 14. Juni 1360, als zahlreiche Privilegien ausgefertigt wurden. Mit ihnen wurde die Stellung der niederdeutschen Kaufleute in Flandern erheblich aufgewertet und ihre Position in Brügge so weit ausgebaut, dass sie als weitaus die Beste unter allen dort aktiven Handelsnationen gelten kann. Am Ende einer erneuten Blockade in den Jahren von 1388 bis 1392, in der die Maßahmen von 1358 bis 1360 kopiert wurden, genügte es der Hanse, die Flamen zu Sühneleistung und Schadensersatz zu verpflichten. Eine Verbesserung der bereits seit 1360 hervorragenden Privilegienausstattung strebte sie indes gar nicht mehr an.

Mit der Erteilung der Privilegien des Jahres 1360 war der niederdeutsche Handel mit Flandern gewinnträchtiger geworden, weil die Händler sich direkte und indirekte Kostenvorteile verschafften. Doch nicht nur durch die rechtliche und wirtschaftliche Besserstellung der niederdeutschen Kaufleute stellte sich deren Gemeinschaft seitdem gewandelt dar. Noch wichtiger für die Geschichte der Hanse war, dass durch den Koordinationsbedarf, der in der Sondersituation der Flandernblockade entstanden war, sich die Organisationsstruktur der Gemeinschaft verändert hatte: Zuspitzend kann man formulieren, dass seit 1351 die Flandernblockade von einer unter mehreren Kaufleutegenossenschaften, nämlich derjenigen der Niederdeutschen in Brügge, initiiert worden war, aber 1360 von der Hanse beendet wurde.

Die Hanse entsteht in der Flandernblockade

Der Weg dorthin war in mehreren Schritten verlaufen. Wie schon bei den Auseinandersetzungen zuvor, war es der erste Impuls gewesen, dass sich die niederdeutschen Kaufleute an einem auswärtigen Handelsplatz solidarisierten. Daraus erwuchs ein Koordinierungsbedarf unter ihren Heimatstädten, die als helfende Instanzen hinzugezogen wurden, um die Geschlossenheit der kaufmännischen Koalition zu stärken. Während allerdings bei den Maßnahmen zuvor die ad-hoc organisierten Mechanismen der Abstimmung nach Ende des jeweiligen Konflikts stets wieder verschwunden waren, blieben die seit 1358 in der flandrischen Notsituation entwickelten Strukturen dauerhaft bestehen. Ob diese Dauerhaftigkeit geplant war, ist schwer zu entscheiden. Vielleicht beruhte sie auf keiner bewussten Planung, sondern die Kontinuität der hansischen Organisation entwickelte sich rein deshalb, weil die Hanse unmittelbar nach dem Ende der flandrischen Auseinandersetzungen bereits im Jahre 1361 in einen neuen schweren Konflikt mit dem dänischen König Waldemar IV. hineingeriet.

Im Rückblick ist zu erkennen, dass alle entscheidenden Strukturelemente der hansischen Organisation in der Flandernblockade ihren Anfang neh-

men: Die ununterbrochene Kette regelmäßiger Treffen in hansischen Angelegenheiten beginnt mit einer Lübecker Versammlung vom Januar 1358.
Hier führte man auch die seitdem übliche Form ein, die Beschlüsse dieser
Treffen („Rezesse") schriftlich festzuhalten. Dieser Umstand ist höchst bemerkenswert, denn jeder, der eine komplexe Aufzeichnungsform wählt, die
über bloße Notizen für den Moment hinausreicht, nimmt Mühe und Zeitaufwand nur deshalb in Kauf, weil er erwartet, sich später auf das Verschrift-
lichte beziehen zu müssen. So lassen die Gesandten des Jahres 1358 ihre
Erwartung erkennen, sich zukünftig erneut treffen zu wollen.

Der Beginn des Rezesses der Lübecker Tagfahrt vom 20. Januar 1358
Sprandel (Hrsg.), Quellen zur Hansegeschichte, S. 283–286 Nr. 3.

Wie raadmanne der stede, alse Lubeke, unde van Gosler her Johan Meyse, van
Hamborch her Johan Miles unde her Johan Kyl, van Rozstok her Herman Vrese
unde her Arnd Cropelyn, van dem Stralessunde her Herman van dem Rode unde
her Johan Buxtehude, van der Wysmer her Johan Calsowe unde her Lubberd
Swarte, unde van Brüneswiik Johan van Evensen unde Henning van Berclingche,
van unsem dridden diele aller koplude des Romeschen rikes van Alemannien van
der Dudeschen hense, de to Brugge in Vlanderen pleghen to wesende, unde van
unser unde anderer stede weghene, de ok in unsem dridden diele syn, de uns ere
breeve hebben ghesand, dar se uns ere macht hebben inne gheven, mit den wisen
luden den heren raadlude der stede Thorun alse her Johan van Sost unde her Dith-
mer Rebber, van dem Elbinghe alse her Johan van Thorun unde her Johann Vol-
mestene, de dar ok jeghenwardich weren, van erer unde anderer stede weghene
van Prutzen, der se gantze macht hadden, hebben to samende wesen up dem
oversten raadhuse to Lubeke, na Godes bord 1358 jare, in deme sunte Fabiani
unde Sebastiani daghe der hilghen mertelere, unde hebben over eyn ghedraghen
unde desse settinghe de hiir nagheschreven steyt ghesat, vaste unde untebroeken
to holdende, alse umme mengherleye unrecht unde beswarnisse, de deme menen
kopmanne van Alemanien van der Dudeschen hense ghescheen is in Vlanderen,
unde dit to holdende by der pyne unde broeke de hiir na gheschreven is.

Neben Tagfahrten und Rezessen gibt es ein drittes Element: Denn erst im
Konflikt mit Flandern fand die Hanse zu ihrem Namen, der uns so selbstverständlich ist, dass wir ihn schon für frühere Zeiten erwartet haben. In den
Beschlüssen besagter Lübecker Versammlung von 1358, in denen die Blo-
ckadebestimmungen niedergelegt worden sind, ist sehr betont von der „dudeschen hanse" die Rede. Der Begriff „deutsche Hanse" in dieser umfassenden Bedeutung erscheint zwar punktuell früher, aber vor und während der
Flandernblockade wird er so häufig und so bestimmt eingesetzt, dass man
geradezu von einem „Kampfnamen" sprechen kann, der allerdings die ge-
schlossene Formation, die er vorgibt, erst schaffen soll. Seitdem allerdings
kann der Name „deutsche Hanse" als dauerhaft eingeführter Begriff gelten,
unter dem die Organisation diplomatisch nach außen wirkte. Intern und
häufiger wählte man für die neue Gemeinschaft indes die Selbstbezeichnung als „gemener copmann".

So sollten die einzelnen „Hansen" niederdeutscher Fernhändler zusam-
mengeschweißt werden. Und gemeint war nun nicht mehr nur eine gesamt-
niederdeutsche Hansegemeinschaft an einem einzigen Außenhandelsplatz,
wie wir sie beispielsweise im Falle von London kennengelernt haben. Nun-

mehr galt, dass diese Hanse als eine Gemeinschaft gedacht wurde, die alle niederdeutschen Händler umfassen sollte, ganz egal, wo im Ausland sie aktiv waren. Wie wir sahen, hat die neue Hanse dieses Denkmodell im Konflikt mit Bremen sogleich in die Praxis umgesetzt.

2. Strukturen der Hanse

1367	(19. November) Kölner Konföderation
1370	(24. Mai) Stralsunder Friede
1395–1401	Erhöhte Piratenbedrohung (Vitalienbrüder) in Ost- und Nordsee
1398	Eroberung von Gotland durch den Deutschen Orden
1408–1416	Neuer gegen Alter Rat in Lübeck: Ausfall von Lübeck für die hansische Konsensstiftung
1418	Versuch einer Umorganisation der Hanse auf einem Lübecker Hansetag
1419	Gründung der Universität Rostock
1426	Beginn des Kampfes einer hansischen Koalition gegen den dänischen König Erich von Pommern
1435	(15. Juli) Friedensschluss von Vordingborg
1438–1441	„Hansisch"-niederländischer Krieg
1441–1444	Dordrechter Fehde
1442	Der Kurfürst von Brandenburg bringt Berlin-Cölln unter seine Gewalt: anschließende Versuche zur Bildung eines Städtebündnisses innerhalb der weiteren Hanse
1451	Abschluss einer Tohopesate (Bündnis) von 28 Städten mit hansischer Kaufmannschaft, die nach sechs Jahren nicht verlängert wird
1456	Gründung der Universität Greifswald
1451–1457	Handelssperre gegen Flandern

a) Institutionen der Hanse

Die Hanse – eine nebelhafte Erscheinung? Zwischen ca. 1250 und 1350 erzwangen Konflikte an den auswärtigen Handelsplätzen von Novgorod, Bergen, London und Brügge in konkreten Bedrohungslagen die Solidarität aller niederdeutschen Kaufleute vor Ort. So entstand an den Außenhandelsplätzen aus vielen Hansen wiederholt eine Hanse der Niederdeutschen. Wenn solche Konflikte mit auswärtigen Mächten hinsichtlich Intensität und Schärfe kulminierten, suchten diese Solidargemeinschaften um Rückhalt bei den Räten ihrer niederdeutschen Heimatstädte nach, wo die Ratsmitgliedschaft von Fernhändlern die Regel geworden war. So gewöhnten sich Politiker und Fernhändler daran, von einer allgemeinen Hanse her zu denken, die alle zur Zeit lebenden niederdeutschen Kaufleute umfasste, die gerade oder zukünftig von verschiedenen hansischen Privilegien im Ausland Gebrauch machen wollten. Diese Gesamthanse war zunächst nur ein aus Augenblickslagen und für den Moment entstandenes gedankliches Instrument. Es nahm ältere Vorstellungen auf, die von der Rechtsgemeinschaft aller Kaufleute aus dem Reich ausgingen, die unter dem Schutz des Königs/Kaisers standen. Endgültig ausgestaltet wurde die Auffassung von einer Gesamthanse in der Flandernblockade von 1358 bis 1360. Mit Beginn dieses Konflikts betonten die Niederdeutschen vehement, dass es eine allgemeine Hanse sei, in der sie verbunden wären.

Nach dem erfolgreichen Ende der Auseinandersetzung mit Flandern war die eine Hanse zur Realität geworden. Doch war dieser Verband auch handlungsfähig? Mit dieser Frage stoßen wir auf ein Grundproblem der Hanseforschung. Es wurde und wird von einem offenkundigen Widerspruch aufgeworfen: Einerseits sind Handlungsfähigkeit und Durchsetzungsstärke der Hanse unzweifelhaft, denn sie agierte über zwei Jahrhunderte in Politik und Wirtschaft des Nord- und Ostseeraums mit Erfolg. Andererseits lassen sich aber diese Erfolge schwer zur Deckung bringen mit schwachen, teilweise widersprüchlichen und in modernen Rechtskategorien schwer systematisierbaren Organisationsstrukturen der Hanse. Diese Widersprüchlichkeit ist eine direkte Folge der hansischen Entstehungsgeschichte, in der vorhandene Strukturen nur überwölbt und die Gesamthanse nicht in einem organisationsfreien Raum aufgebaut wurde. Tatsächlich hätten diese Organisationsschwächen, die sich aus der vielhansischen („polyhansischen") Vorgeschichte der Hanse ergaben, wohl überwunden werden können, wenn nach 1360 die Hanse als Großgilde neu gegründet worden wäre. Dazu hätte man alle niederdeutschen Fernhändler in einer Versammlung zusammenführen, sie einen Hanseeid schwören und ihre Vorsteher bestimmen lassen können. Die Älterleute der neuen Gesamthanse hätten dann eine gemeinsame Hansekasse verwaltet, das Siegel der Hanse geführt, über hansische Statuten gewacht sowie das gemeinsame Eigentum und das angestellte Personal beaufsichtigt. Ein solcher – hier als Gedankenspiel entworfener – Neuaufbau der Hanse als Großgilde hätte mit seinem klaren Organisationsaufbau modernen Vorstellungen sicherlich am besten entsprochen. Doch natürlich ist die bessere Kompatibilität zu heute kein Kriterium für die Beurteilung des Weges, der tatsächlich beschritten wurde und der moderne Interpreten oftmals das „Schwimmende" und „Nebelhafte" (Ahasver von Brandt) der Hanse betonen ließ.

In der Realität fehlen der Hanse die skizzierten Bauprinzipien einer Gilde während ihrer gesamten mittelalterlichen Geschichte größtenteils. Von selbsttragenden hansischen Institutionen lässt sich eigentlich nur im Falle der Außenhandelskontore und der Tagfahrten sprechen. Darüberhinaus besaß die Hanse kein eigenes Personal, keine Schiffe, kein Siegel, ließ keinen Hanseeid schwören, verfügte über keine gemeinsame Kasse und sorgte nicht für ein gemeinsames Totengedenken. All dies konnte die Hanse aber für ihre Zwecke unterstützend aktivieren, weil sie an die Verbindungen der Kaufleute an den Kontorsplätzen anknüpfte und überdies mit den regionalen Bündnissen der Heimatstädte verknüpft war. Die Hanse bediente sich für ihre Handlungen also stets Organisationsstrukturen, die vor, neben und unabhängig von ihr bestanden und entstanden waren. Äußerst schwachen Strukturen der Gesamthanse standen äußerst starke Strukturen dieser hansestützenden Institutionen gegenüber.

Kontore   Feste Institutionen existierten aus der Zeit der Einzelgilden an allen Außenhandelsplätzen. Bereits die Rede war beispielsweise von der *guildhall* in London, den Älterleuten in Brügge, der Novgoroder Schra oder der gemeinsamen Kasse in Bergen. Diese vier Orte waren tatsächlich die wichtigsten Außenhandelsplätze der niederdeutschen Fernhändler. Die Forschung hat sich angewöhnt, sie als „Kontore" zu bezeichnen, wenn auch der Begriff erst seit dem 16. Jahrhundert unter den Hansekaufleuten gebräuchlich geworden ist. Vorher dachte man von den Personen her und nannte sich beispielsweise der „gemene kopmann" zu Brügge. Niederlassungen von hansischen Kaufleuten gab es auch an anderen Plätzen als in diesen vier Städten: Lynn und Boston in England, Bourgneuf und La Rochelle in Frankreich oder auch Pleskau und Kaunas in Russland und Litauen gehörten zu diesen kleineren Kontorsplätzen. Übrigens waren auch die vier großen Kontore hinsichtlich der Kopfzahl der dort versammelten Hansekaufleute und des dort umgesetzten Warenwertes recht ungleich. Darüber hat man bisher wenig geforscht, doch ist zumindest bekannt, dass in Novgorod schon 150 bis 200 anwesende Händler die Höchstzahl bildeten, während es in Brügge eine Versammlung des Kontors auf 600 Teilnehmer bringen konnte.

Trotz aller regionaltypischen Besonderheiten hätte sich wohl ein Händler, der einen Kontorsplatz kannte, überall zurechtfinden können. Die Grundstrukturen der vier großen Kontore ähnelten sich. Überall verfügte ein Kontor über eine gewählte Leitung (die Älterleute oder Ältermänner), über ein Siegel, eine gemeinsame Kasse und verbindliche Statuten. Die Älterleute wachten darüber, dass die Privilegien ihrer Niederlassung nicht verletzt wurden. In individuellen Notsituationen suchten sie dem einzelnen Kaufmann in der Fremde beizustehen. Dazu gehörte elementar, dass sie für die geistliche Versorgung der Lebenden und Toten sorgten. Die Arbeit der Älterleute wurde von Angestellten unterstützt, so etwa von den Sekretären in Brügge, London und Bergen oder dem Hofknecht in Novgorod. Wer von den hansischen Vergünstigungen profitieren wollte, musste Mitglied der Kontorsgemeinschaft werden. Dazu musste er einen Eid schwören. Wer sich an einem Ort separierte, verlor im Spätmittelalter überall das Anrecht auf die Teilhabe an den hansischen Vorrechten.

In die Wirtschafts- und Lebenswelt ihrer Gaststädte waren die Kontore in unterschiedlichem Ausmaß integriert. Das Novgoroder Kontor, der Petershof, lag auf einem durch Palisaden abgetrennten Areal am rechten Ufer des Flusses Wolchow. Dieser Bezirk war aus der Gerichtsbarkeit der übrigen Stadt herausgelöst und galt als immun gegen Zugriffe örtlicher Gewalten. Hier richteten die Niederdeutschen selbst. Das Hauptgebäude des hansischen Komplexes war die Peterskirche. Sie war aus Stein errichtet, während man sich die Versammlungs-, Wohn- und Lagergebäude als Blockhütten vorstellen kann. Neben dem Petershof war die Novgoroder Kontorsgemeinschaft zudem im Besitz des St. Olaf- oder Gotenhofes.

In Bergen besaßen die hansischen Fernhändler ebenfalls ein am Wasser gelegenes Areal, das wie in Novgorod einen eigenen Rechtsbezirk, eine Immunität, bildete. Es wurde von den Norwegern *tyskebrygge*, Deutsche Brücke, genannt. Die Anlage bestand aus über 20 Höfen, auf denen die Kaufleute arbeiteten und lebten. Anders als in Novgorod lebten in Bergen dauerhaft deutsche Handwerker, die zudem so zahlreich waren, dass sie außerhalb des Geländes wohnten. Das geistliche Zentrum des Kontors war die Marienkirche, die am Rande der Deutschen Brücke lag.

Der Ausgangspunkt des Londoner Kontors, das Stalhof (*steelyard*) hieß, war die Gildehalle der Kölner Londonhändler gewesen. Angrenzende Gebäude und weitere Flächen zwischen Flussufer und Thames Street wurden nach und nach hinzuerworben. So entstand ein Anlaufpunkt für die hansischen Kaufleute, der aber weniger extraterritorial angelegt war als in Novgorod und Bergen. Eine aus Deutschen und Engländern gemischte Jury urteilte in Streitfällen zwischen Kaufleuten. Die Händler agierten in der englischen Metropole im Alltag wenig separiert von den Einheimischen. Die Kirche, an der das Kontor die geistliche Versorgung garantierte, war All Hallows the Great und lag außerhalb des Stalhofes.

Als Organisation im Stadtbild zunächst kaum präsent waren die Hansen in Brügge. Hier lebten die Händler nicht zusammen, sondern bei Brügger Wirten oder in eigenen Gebäuden, wo sie ihre Waren lagerten und ihre Geschäfte abwickelten. Die professionelle Brügger Handelsinfrastruktur zu nutzen, war bei allen fremden Kaufleuten ganz üblich. Einen Anlaufpunkt und einen eigenen Versammlungsraum besaß das Kontor in Brügge erst seit 1442. Ein eigener Neubau wurde bis 1478 errichtet. Zuvor versammelte sich die Kontorsgemeinschaft im Karmeliterkloster, wo man eine Kapelle gestiftet hatte und wichtige Unterlagen verwahren ließ.

Genauso wie die Kontore verschiedenartig in ihre Gaststadt eingebunden waren, so wurden sie auch von landsmannschaftlich unterschiedlich geprägten Kaufmannsgruppen bestimmt. London wurde dominiert von den Kölnern. Sie waren an der Themse stets zahlenmäßig in der Mehrheit und machten die höchsten Umsätze. Aus den Ostseestädten kamen im Laufe des 15. Jahrhunderts immer weniger Kaufleute in den Londoner Stalhof. In Bergen bestimmten junge Kaufgesellen aus Lübeck und Hamburg die Szene. Der Bergener Markt war weniger komplex, seine Herausforderungen daher selbst von unerfahrenen Händlern am Beginn ihrer Karriere zu bewältigen. In dieser Alterszusammensetzung begründet sind typische Elemente einer Jugendkultur, wie sie für die Hansen in Bergen überliefert sind: Trinkgelage und die Initiationsrituale der berüchtigten „Bergener Spiele". Der Novgoroder Petershof war einst bestimmt worden von gutnischen und über Lübeck anreisenden Kaufleuten. Im 15. Jahrhundert wurde er merklich stärker von Kaufleuten aus Livland, also Rigaern, Revalern und Dorpatern, frequentiert. Aber offenbar gehörte es in den traditionellen Kaufmannskreisen in Westfalen und im westlichen Ostseeraum zum guten Ton, in jungen Jahren einmal eine Sommer- oder Winterfahrt nach Russland mitgemacht zu haben. Hildebrand Veckinchusen beispielsweise war ausnehmend stolz auf seine 1399 unternommene „Naugarder Reise". Sicherlich war das Abenteuer, einer fremden Religion, Sprache und Kultur zu begegnen, in Novgorod besonders groß. Doch war die Stadt kein kleiner Vorposten, sondern in ihrer Hochzeit eine Metropole von mindestens 20–25 000 Einwohnern. Noch bevölkerungsstärker waren selbstverständlich London und Brügge. In Brügge waren stets viele Westfalen anwesend. Hingegen orientierten sich die Kölner stärker nach Brabant, also auf die Messen von Bergen-op-Zoom und Antwerpen. In Flandern galt die Atmosphäre als besonders international, was durch die Präsenz einer Vielzahl europäischer Händler, darunter zahlreiche Italiener, Spanier, Franzosen, Engländer und Oberdeutsche, bedingt war. Die Methoden im Warenhandel und bei Geldgeschäften waren in Brügge besonders komplex; sie zu meistern, bedurfte erfahrener Händler.

In Versammlungen an den Kontorsplätzen wurden von den Kaufleuten die Probleme besprochen, von denen die Gemeinschaften vor Ort betroffen waren. Aber daneben bedurfte es eines zusätzlichen Forums, auf dem die örtlich unterschiedlichen Problemlagen aufeinander bezogen werden konnten. Diese Instanz gesamthansischer Koordinierung nennt die Forschung „Hansetag". Im Mittelalter sprach man von Tagfahrten. Erst ab dem 16. Jahrhundert wurde der Terminus technicus „Hansetag" von den Zeitgenossen selbst verwandt.

Wiederum konnte die Gesamthanse auf bestehende Institutionen gleichsam aufsatteln, denn Besprechungen über gesamthansische Sachverhalte hatten zunächst einen Platz auf Treffen städtischer Politiker gefunden, die aus anderen Ursachen einberufen worden waren. Den Beginn regelmäßiger und institutionalisierter Treffen in hansischen Angelegenheiten bildet wie gesagt die Lübecker Versammlung im Januar 1358. Demgegenüber sind die in den hansischen Quellensammlungen für die Jahre 1256 bis 1356 verzeichneten Hansetage skeptisch zu betrachten. Diese Treffen sind von Hansehistorikern, die frühe hansische Gremien voraussetzten, aus Vertragsabschlüssen oder anderen Indizien erst nachträglich zu „Hansetagen" zusammengesetzt worden. Auch für die Hansetage nach 1358 darf man keine strikte Abgrenzung der Materien erwarten. Hansische Angelegenheiten ließen sich weiterhin auf Städtetreffen erörtern, die aus anderen Anlässen tagten, genauso wie umgekehrt nichthansische Angelegenheiten auf Hansetagen behandelt werden konnten. Denn natürlich trafen sich Städte eines regionalen Umkreises (etwa die wendischen Städte Lübeck, Wismar, Rostock, Stralsund, Lüneburg und Hamburg) oder Kommunen, die demselben Stadtherrn untertan waren (etwa die preußischen Städte Danzig, Elbing, Königsberg, Kulm und Thorn, die dem Deutschen Orden unterstanden), nicht nur dann, wenn hansische Belange zu verhandeln waren.

Auf den Hansetagen trafen sich keine Kaufleute, oder, präziser gesagt, zusammen kamen hier Gesandte, die zwar auch im Handel aktiv sein konnten, aber nicht wegen ihrer ökonomischen, sondern wegen ihrer politischen Funktion und nicht wegen einer solchen an den Kontoren, sondern in ihrer Heimatstadt ausgewählt worden waren. Auf den Tagfahrten verhandelten Ratssendeboten, bei denen es sich um Ratsherren aus solchen Städten handelte, deren Kaufmannschaften am hansisch privilegierten Fernhandel beteiligt waren. Wieso konnten diese Ratssendeboten aber für sich in Anspruch nehmen, für die Gesamtgilde der Hanse sprechen zu dürfen und entscheiden zu können? Die ältere Forschung hat dies so beantwortet, dass 1358 eine ältere aus Personen bestehende „Kaufmannshanse" durch eine aus verbündeten Städten zusammengesetzte „Städtehanse" abgelöst worden sei. Doch dem ist sicher nicht so gewesen. Wie aber waren die Ratsherren dann mit der Hanse als Personengemeinschaft verkoppelt? Denkt man in einer modernen rechtlichen Systematik, ließe sich annehmen, dass eine Generalversammlung aller hansischen Gildegenossen sie gewählt habe. Doch eine solche Versammlung hat es nie gegeben, und sie wäre unter den Verkehrs- und Kommunikationsverhältnissen des Mittelalters technisch auch gar nicht durchführbar gewesen. Die Hanse wäre also handlungsunfähig geblieben oder die hansische Zuständigkeit der Ratsherren wäre lediglich okkupiert gewesen, hätte man nicht zu einer rechtlichen Denkfigur gegriffen, aus der sich die Sprecherfunktion der Ratsherren für die Gesamthanse ableiten ließ. Die dahinterstehende Rechtsfigur der „Identität" ist von dem Verfassungshistoriker Ernst Pitz erst vor Kurzem als entscheidendes Prinzip im hansischen Verband offengelegt worden. Mit der Denkfigur „Identität" gemeint ist eine dem modernen Rechtsdenken fremde Vorstellung. In ihr kann ein (durchaus kleiner) Teil der Mitglieder einer Gemeinschaft, ohne von den übrigen etwa durch Wahl legitimiert zu sein, für die Gesamtgemeinschaft sprechen, verbindlich handeln und Verpflichtungen eingehen.

Die Rolle der Ratsherren als Vorsteher der Hanse beruhte also rechtlich nicht auf Wahl, sondern auf stillschweigender Zustimmung des Gesamtverbandes zu ihrer Entscheidungskompetenz aufgrund ihrer Identität mit dem gesamthansischen Personenverband. Dies war für den einzelnen Kaufmann insofern selbstverständlich, weil derselbe Ratsherr nicht nur im Hanseverband, sondern auch im Bürgerverband seiner Heimatstadt diese Funktion innehatte. Denn der städtische Rat war ebenfalls nicht legitimiert als Obrigkeit über Untertanen, sondern als Vorsteher des Personenverbandes gleichberechtigter Bürger. Der städtische Rat und sogar jeder einzelne Ratsherr konnte in diesem Sinne als identisch mit dem Bürgerverband der Kommune und damit mit seiner Stadt angesehen werden. Auf die auf den Hansetagen versammelten Ratsherren bezogen, bedeutete dies, dass sie selbst sich sowohl als identisch mit den durch sie anwesenden Städten als auch mit dem Gemeinen Kaufmann verstehen konnten. Sie konnten also nach der einen Seite hin den Willen der mit ihnen identischen Städte oder nach der anderen Seite hin den Willen des durch sie gegenwärtigen hansischen Personenverbandes formulieren. Diese zweifache Identität mit unterschiedlichen Verbänden war den Zeitgenossen, Ernst Pitz zufolge, grundsätzlich bewusst und sie unterschieden bei rechtsförmlichen Handlungen auch danach. Doch in der alltäglichen Praxis schliff sich die Trennung der doppelten Identität der Versammlung ab: Die Handlungen von Ratsherren als Vorsteher „der Hanse", die eine personale Gemeinschaft aller Genossen war, schien dann identisch mit Handlungen eines Hansebundes der Städte. In der alltäglichen Wahrnehmung dominierte offenbar die Verbindung der Ratsherren mit ihren Städten, sodass oftmals unscharf von einer Sprecherfunktion der Städte für die Hanse ausgegangen wurde. Die 1358 eingeführte Bezeichnung als „stede van der dudeschen hense" reflektiert diesen Zusammenhang noch. Ab etwa 1400 reduzierte sich der Terminus und man sprach für gewöhnlich und abkürzend nur noch von „hensestede". Ungebräuchlich blieb hingegen der Singular; während des gesamten Mittelalters bezeichnete sich selbst Lübeck nicht als Hansestadt.

Durch diese Entwicklung wurde die Hanse allerdings keineswegs zu einem Städtebund. Die gleichlautend neben Hanse verwandte Selbstbezeichnung als der „gemene copman" oder „de kopman van der dudeschen hense" zeigt deutlich an, dass die Gesandten der Hansetage die Gemeinschaft als einen Personenverband von Kaufleuten verstanden. Weiterhin galten die Kaufleute und nicht die Städte als Rechteinhaber. Daher schrieb beispielsweise im Vorfeld des Utrechter Friedenskongresses eine Lübecker Tag-

fahrt im März 1473 an die westfälischen Städte, sie sollten jene Nachbar-
städte unterrichten, von denen sie wüssten, dass diese die hansischen Privilegien gebrauchten oder gebrauchen wollten. Solche Privilegiennutzer
konnten aber nur Personen sein. Die Rezesse des 15. Jahrhunderts definier-
ten daher häufig, welche Person zur Nutzung der Privilegien berechtigt sei,
aber nicht, was Hansestädte sein sollten. Als im Jahre 1474 Breslau erklärte,
es wolle mit der Hanse nichts mehr zu tun haben, schlossen folgerichtig die
Ratssendeboten nicht die schlesische Stadt aus, sondern ordneten an, dass
kein Breslauer mehr an den Kontorsplätzen die hansischen Vorrechte nutzen dürfe. Nicht die Städte machten ihre Bürger zu Hansekaufleuten, sondern hansische Kaufleute machten ihren Heimatort zur Hansestadt.

**Abläufe der
Hansetage**   Die Rolle der Ratssendeboten und ihre Entscheidungsbefugnisse auf den
Hansetagen lassen sich rechtlich herleiten. In der politischen Praxis entscheidender war, dass sie nach 1358 die Funktion als Vorsteher des Gesamtverbandes der Hanse übernommen hatten und dagegen niemals grundsätzlich widersprochen werden sollte. Doch damit sind weitere Fragen aufgeworfen: Wie wurden Ratssendeboten für ihr Handeln instruiert? Wie viele
Ratssendeboten mussten auf einem Hansetag vertreten sein? Wurde nach
Mehrheit entschieden? Und war die Minderheit zur Einhaltung der Beschlüsse verpflichtet?

Diese Fragen zielen auf die konkreten Abläufe eines Hansetages. Gefragt
ist nach den prinzipiellen Normen. Doch lassen diese sich nicht aus einer
geschriebenen Geschäftsordnung entnehmen, weil eine solche nicht existiert hat. Ein konkretes Beispiel ist daher angemessener und sprechender,
als abstrakte Regeln aus zeitlich weit auseinander liegenden Verfahrens-
praktiken zu erschließen. Zu diesem Zwecke ausgewählt sei der Hansetag
des Jahres 1449, weil dieses Treffen nicht nur aus der internen hansischen,
sondern zusätzlich aus einer äußeren Perspektive beleuchtet wird. Denn
englische Gesandte waren in diesem Jahr nach Lübeck gereist, um über
Schwierigkeiten im hansisch-englischen Handel eine Einigung zu erzielen.
Die Vorgeschichte ihrer Mission begann am 22. März 1437, als ein Vertrag
zwischen dem englischen König und der Hanse abgeschlossen wurde, der
grundsätzlich die gegenseitige Gleichbehandlung im Handel festschrieb.
Doch waren die vereinbarten Regeln in Preußen, und damit gerade dort,
wo die größten englischen Handelsinteressen im Hanseraum lagen, nicht
umgesetzt worden. Darüber wollten die Engländer die Hanse zur Rede stellen. Auf der für den 1. März 1449 nach Lübeck einberufenen Tagfahrt erschienen die Engländer pünktlich. Dort wurden sie zwar vom Lübecker Rat
und von Ratsherren aus den Wendischen Städten begrüßt, doch gerade die
preußischen Gesandten waren nicht anwesend, ja noch nicht einmal aus ihren Heimatstädten aufgebrochen. Bei dieser Sachlage zogen daraufhin die
Vertreter der Wendischen Städte wieder nach Hause. Sie wollten Kosten
sparen und kehrten tatsächlich erst wieder nach Lübeck zurück, als man
ihnen die Nachricht vom Eintreffen der Preußen überbracht hatte. Endlich,
am 28. März 1449, sahen sich die Engländer dem Lübecker Rat sowie Ratsherren aus Preußen, Hamburg, Wismar, Rostock und Stralsund gegenüber.
Den Engländern kam es nach ihren vorausgegangenen schlechten Erfahrungen mit den hansischen Zusagen darauf an, keine weiteren Überraschungen
mehr zu erleben. Sie forderten daher von den Anwesenden die Vorlage der

schriftlichen Vollmachten, um sichergehen zu können, dass diese für ihre Städte rechtsverbindliche Zusagen machen konnten. Weiterhin wollten sie eine Liste der geladenen Städte sowie deren Entschuldigungsschreiben sehen, um festzustellen, ob die nichtanwesenden Mitglieder den Beschlüssen der Tagfahrt folgen würden.

Es ging um die Verbindlichkeit hansischer Zusagen, und die dafür von den Engländern geforderten Sicherheiten erscheinen uns als durchaus einsichtig und angemessen. Das liegt daran, dass die Engländer mit Rechtssätzen aus dem römisch-gelehrten Recht operierten, auf denen unser modernes Rechtssystem fußt. Allerdings sind deshalb die englischen Forderungen zwar kompatibel zu unseren Erwartungen, aber gerade nicht zu den Formen der hansischen Praxis, die auf niederdeutschen Rechtstraditionen basierten. In diesem Rechtsdenken waren die in Lübeck Anwesenden grundsätzlich mit dem hansischen Gesamtverband identisch und damit entscheidungsbefugt. Schriftliche Vollmachten waren somit überflüssig. Auch die Rolle Lübecks war nicht die eines mit Zwangsgewalt ausgestatteten Vorstands. Daher erklärte Lübeck den Engländern, dass es anderen Städten (etwa die Sendung von Ratsherren) nicht gebieten könne, wie Könige dies bei ihren Untertanen täten. Es verwundert kaum, dass die hansisch-englischen Verhandlungen damit gescheitert waren. Von hansischer Seite juristisch anders vorbereitet, wurden sie später fortgesetzt und erfolgreich beendet.

An dieser Stelle wichtiger als die Störung des englisch-hansischen Verhältnisses aber ist, dass einige eklatante Schwächen im Geschäftsgang des Hansetages plastisch geworden sein dürften. Damit ist überhaupt das Problem der Effektivität der Tagfahrten als gesamthansische Institutionen aufgeworfen. Geht man von der Frequenz der Treffen aus, so verflüchtigt sich das Bild von einem zentral gelenkten, politisch reaktionsschnellen Hansebund. Für die 50 Jahre nach 1358 ist ausgezählt worden, dass durchschnittlich nur einmal jährlich getagt wurde. Das war auch unter mittelalterlichen Verhältnissen wenig, wenn man dagegenhält, dass die Schweizer Eidgenossen sich in Krisensituationen monatlich trafen. Man kann die langen Pausen zwischen den Hansetagen allerdings auch positiv wenden und interpretieren, dass die niederdeutschen Kaufleute offenbar ihre Alltagsgeschäfte an den Kontorsplätzen gut bewältigen konnten und nur in Sondersituationen auf die Hilfsinstanz der Städte und der Hanse zurückgreifen mussten. Das Prinzip, den alltäglichen Problemlagen selbst begegnen zu können und zu wollen, brachte das Bergener Kontor einmal auf den Punkt, als es an den Lübecker Rat schrieb, man bedürfe der Städte für die Ahndung typischer kleiner Wirtschaftsverstöße nicht.

Verwundern dürfte ebenfalls die Zählung der auf den Hansetagen anwesenden Ratsherren. Im genannten 50-jährigen Zeitraum wurden die Hansetage in rund 40 Prozent der Fälle von weniger als zehn Städten beschickt. Nur auf etwas mehr als zehn Prozent der Versammlungen waren Ratsherren aus mehr als 20 Städten anwesend. Allein der Lübecker Rat hatte Abgesandte auf allen Hansetagen. Gewöhnlich anwesend waren auch Ratsherren aus Stralsund, Wismar, Rostock und Hamburg. Diese Städte ließen mehr als zwei Drittel der Hansetage im angegebenen Zeitraum besuchen. Alle übrigen Städte folgen in weitem Abstand. Und das gilt selbst für solche Städte, deren starke Präsenz man vielleicht erwartet hätte. So ließen beispielsweise im genannten Zeitraum Braunschweig und Köln nur sechs, Münster und Hildesheim nur einen und Lüneburg gar keinen Hansetag besuchen.

Erneut wird die Spitzenstellung von Lübeck aus diesen Zahlen offensichtlich. Überhaupt fanden mehr als zwei Drittel aller Hansetage dort statt. Ist Lübeck vielleicht so weit gegangen, die unter seinen Ratsherren gefundenen Beschlüsse als identisch mit dem Willen des Gemeinen Kaufmanns zu deklarieren? Nein, so weit ist die Rechtsfigur der Identität niemals überdehnt worden. Sogar zu hansischen Kleinigkeiten suchte Lübeck zumindest die Wendischen Städte hinzuziehen. Auch wenn für die Beschlussfähigkeit des Hansetages keine Mindestzahl der Anwesenden oder ein regionaler Proporz vonnöten waren, so wusste man doch, dass einseitige Beschlüsse zwar rechtstheoretisch, aber nicht in der politischen Praxis durchzuhalten waren. Als Lübeck gegenüber den Bergener Kontor 1466 doch einmal anders zu verfahren suchte, protestierten die versammelten hansischen Norwegenhändler lautstark und weigerten sich einer Anweisung des Lübecker Rates zu folgen.

Lübeck suchte eine Entscheidungsfindung auf breiter Grundlage zu befördern. Doch daraus entstanden bei Einladungen zu Tagfahrten, die der Lübecker Rat übernahm, lästige Probleme. Gegen das häufige Zuspätkommen und Nichterscheinen fehlten nicht nur dem Hansetag von 1449 die Sanktionsmöglichkeiten. Ebenso problematisch war das Nicht-Entscheiden-Können bzw. Nicht-Entscheiden-Wollen von Anwesenden. Die Forschung ist sich erst jüngst darüber bewusst geworden, dass auf Hansetagen nicht einfach abgestimmt wurde und dann die Minderheit der Mehrheit zu folgen hatte. Vielmehr suchten die Ratssendeboten einen internen Konsens. Kam er nicht zustande, so bestand keine Möglichkeit, die Minderheit einfach zu überstimmen und auf die Einhaltung des Mehrheitsbeschlusses zu verpflichten. Dies war deshalb ausgeschlossen, weil sich in solchen Fällen die unterlegenen Ratsherren darauf zurückzuziehen pflegten, den zur Entscheidung anstehenden Sachverhalt in ihr heimatliches Ratsgremium zu Bericht und Diskussion (*ad referendum*) zurücknehmen zu müssen.

Ungewohnt ist für moderne Vorstellungen überdies die Aufschreibpraxis auf den Tagfahrten. Die Bezeichnung Rezess, von der die große Aktensammlung der Hanseforschung, die Hanserezesse, ihren Namen geborgt hat, ist ein zeitgenössisch mittelalterlicher Begriff. Bezeichnet wurden so die Beschlüsse, die beim Auseinandergehen (*recedere*) der Versammlung fixiert wurden. Seit 1358 führte man auf Tagfahrten in hansischen Angelegenheiten solche Rezesse kontinuierlich. Seitdem schrieb man die Namen der Anwesenden und die einvernehmlich gefundenen Entscheidungen in einer bestimmten Form auf. Rechtsverbindlich für die Hansekaufleute wurden die Bestimmungen aber nicht durch ihre Verschriftlichung in einem Rezess, sondern erst dadurch, dass sie von den Ratsherren in den Städten und von den Älterleuten an den Kontorsplätzen verlesen wurden. Dass die in einem Rezess enthaltenen Beschlüsse der Tagfahrten keineswegs Rechtskraft besaßen, muss man bei ihrer Interpretation stets berücksichtigen. Ebenso zu bedenken ist, dass die Rezesse keine Verlaufsprotokolle darstellen, sondern nur die allgemein gebilligten Beschlüsse einer hansischen Tagfahrt enthalten. Strittige Punkte, und damit genau das, was in der politischen Diskussion kontrovers blieb, enthalten diese Aufzeichnungen nicht.

Aus diesem Grund spiegelt das in den Hanserezessen gedruckte Material oftmals eine hansische Harmonie vor, die gar nicht bestanden hat. Blitzlichtartig beleuchtet werden Streitigkeiten nur zuweilen. So lässt sich beschreiben, dass es bereits über das Zeremoniell einer solchen Tagfahrt zum Streit gekommen war: Auf dem Hansetag in Lübeck im Sommer 1418 protestierte Bremen gegen seine Platzierung im Sitzungssaal. Der Bremer Gesandte saß rechts von den Lübecker Vertretern an zweiter Stelle hinter Köln. Es folgte Rostock. Linker Hand von Lübeck hatten Hamburg und darauffolgend Dortmund und Lüneburg ihre Plätze zugewiesen bekommen. Die Bremer fühlten sich schwer zurückgesetzt, nicht gegenüber der Stadt Köln, sondern mit Blick auf das direkt auf Lübeck folgende Hamburg. Der Streit eskalierte. Bremen verließ die Tagfahrt und suchte mit historischen Gründen seinen höheren Rang zu belegen. Solche Streitigkeiten sind für mittelalterliche Versammlungen typisch. Nicht nur auf hansischen Tagfahrten, sondern ebenso auf Versammlungen von Städtebünden und auf Reichstagen führten sie zu oftmals langwierigen Debatten. Sie könnten unerwähnt bleiben, wenn es sich bloß um persönliche Empfindlichkeiten von Gesandten gehandelt hätte. Denn wurden diese durch solche Animositäten nicht von ihren „eigentlichen" Aufgaben abgehalten? Die ältere Forschung hat die Frage bejaht, doch inzwischen weiß man sehr gut um die Bedeutung des Zeremoniells und der Verbildlichung von Rangordnungen für die Politik der vormodernen Welt. So galt beispielsweise, dass es im Verlauf einer auf Konsens ausgerichteten Entscheidungsfindung von strategisch höchster Wichtigkeit war, wer zuerst seine Meinung äußern durfte und wer die Voten moderierte. Die Aufgabe der Versammlungsleitung lag bei hansischen Tagfahrten stets beim Rat der jeweiligen Tagungsstadt. Weil die meisten Tagfahrten in Lübeck stattfanden, leitet sich auch daraus die besondere Rolle des Lübecker Rates für die Konsensfindung in der Hanse ab.

Schilderung der Hansischen Tagfahrt des Jahres 1494 durch den Hildesheimer Ratssendeboten Henning Brandis
Henning Brandis' Diarium: Hildesheimische Geschichten aus den Jahren 1471–1528, hg. v. Ludwig Hänselmann, Hildesheim 1896, S. 143 f.

Q

Vridages vor pingesten reit ick mit ver perden ut Hildensem na Bremen tom dage der hensestede. Am dage Trinitatis keme wy tytliken to Bremen. Des dinsdages na Trinitatis gingen se ersten to rathuse. Alle· wort, de dar geraden worden, leten se schriven, welke den receß begerde, mochte se hebben, aver vor vel gelt. Mangk velen artikelen wort ein vordracht conciperet antobringende, darinne de stede vorwillekörden in dren delen, malk in sinem dele (dat eine Lubeke, dat andere Kollen, dat dridde Brunswyk) eine kesten to settende unde tein jar dar gelt in to werpende unde ein juwelk der dre stede unde twe bybelegene stede de slottel darto to hebbende. Unde weme van al den steden de nöt unde gewalt ankeme, deme dat gelt to hantrekende unde sunst vort to helpende raden unde daden, mit velen schonen artikelen. Unde worden de stede so gesettet up dem rathuse: Lubeke tor vorderen hant Kollen, Stralessunt, Wismer, Brunswyk, Osenbrugge, Hildensem (was ick), Hannover, Minden, Stade, Hervorde, Padelborne. Tor lochteren hant Hamborch, Luneborch, Munster, Deventer, Swolle, Groninge, Campen. Im middel des ratstoles seten de van Bremen. Middeweken na hilligen lichamme wort de receß bewilt unde wort gelesen van allen dagen unde alle wort, de dar gehandelt weren. Im dage Bonifacii reiseden se alle, sunavent darna was ick in Hildensem Deo laus.

Die Schwachpunkte der hansischen Organisation liegen damit auf der Hand. In Krisenzeiten konnte es gefährlich sein, wenn man nicht befehlen, sondern langwierig überreden musste, und Rechte und Pflichten nicht präzise verschriftlicht waren. Es verwundert daher nicht, dass im Laufe des 15. Jahrhunderts mehrfach der Versuch unternommen wurde, die hansische Verfassung zu verändern. Neben kosmetischen Korrekturen gab es auch radikale Umbauversuche. Deren Richtung wurde nicht organisationstheoretisch gefunden, sondern konkret aus den Verfahrensweisen solcher Bündnisse entlehnt, an denen die Städte unabhängig von ihrer Teilnahme an hansischen Belangen beteiligt waren.

Im Spätmittelalter gehörte es zu einer städtischen Sicherheitsarchitektur dazu, an Landfriedensabkommen, also an zwei- oder mehrseitigen Verträgen mit städtischen und/oder fürstlichen Partnern, sowie an Städtebünden beteiligt zu sein. Solche Städtebünde gab es in Italien schon im 12. Jahrhundert; nördlich der Alpen werden sie erstmals mit dem 1254 gegründeten Rheinischen Städtebund fassbar. Wenn auch die Hanse selbst nicht mehr ein glänzendes Beispiel für einen mittelalterlichen Städtebund abgeben kann, so gab es im Hanseraum sehr wohl Städtebünde. Eigentlich alle Städte mit hansischer Fernhändlerschaft und mit Ratsherren auf Hansetagen waren wiederholt in solchen Bündnissen vertreten. Diese Städtebünde bestanden unabhängig von hansischen Strukturen, waren also keine Unterorganisationen der Hanse, obwohl sie für die Hanse mitnutzbar sein konnten. Alle Bündnisse waren lokal verankert und führten beispielsweise die im Rheinland, Westfalen, Niedersachsen oder an der Ostseeküste gelegenen Städte zusammen. Grundsätzliches Ziel war stets die Sicherung städtischer Unabhängigkeit vor äußeren und inneren Feinden. Die Strukturprinzipien dieser Bündnisse dienten vorrangig einer solchen militärisch-politischen Zielsetzung. Klar formulierte Verträge wurden zeitlich befristet abgeschlossen, der Kreis der Bündnispartner war in ihnen akribisch abgesteckt, die Meinungsfindung und die Kassenführung wurden transparent gestaltet und über Verfahrensweisen bei politischen und militärischen Herausforderungen exakte Regularien gefunden. So lagen Führungsstrukturen offen und die im Krisenfall zu stellenden Kontingente waren quantifiziert. Damit unterscheidet sich der Aufbau dieser Städtebünde ganz auffallend von den Prinzipien der hansischen Verfassung.

Ein aussichtsreicher Versuch, ein städtebündisches Organisationsprinzip auf die Hanse zu übertragen, wurde im Jahre 1418 unternommen. Das war kein Zufall: Vorausgegangen war der langjährige Ausfall Lübecks als hansischer Konsensstifter. In der Stadt war ein Verfassungskonflikt ausgebrochen, der zwischen 1408 und 1416 zu turbulenten politischen Zuständen geführt hatte, in denen zwei Ratsparteien um die Macht konkurrierten. Als sich die eine Seite, der zunächst vertriebene Alte Rat, wieder durchgesetzt hatte, legte er der Lübecker Tagfahrt des Jahres 1418 ein Bündnisprojekt vor. Der Lübecker Entwurf zielte nicht auf die Sicherung des Gemeinen Kaufmanns und seiner Privilegien in der Fremde, sondern war vom Schutzbedürfnis der Städte bei inneren und äußeren Gefahren her formuliert. Dieser Gedanke und der Textentwurf waren dabei den Prinzipien und Verträgen des Wendischen Städtebundes nachgebildet. Das geplante Bündnis (auf niederdeutsch „tohopesate" genannt) sollte auf zwölf Jahre geschlossen werden, sah eine präzise Mitgliederliste mit Lastenverteilung (Matrikelliste) vor und wollte als zentrales Organ ein Bundesgericht einrichten. Abgeschlossen worden ist dieser Vertrag allerdings nicht, ohne dass die Gründe dafür zu erkennen wären. Doch besann man sich in ähnlichen Situationen wiederholt auf diese erste Vorarbeit.

Die Idee, ein hansisches Bündnis zu bilden, wurde nämlich immer dann aktuell, wenn gewaltsame Zugriffe von Fürsten auf Städte mit hansischer Kaufmannschaft geschehen waren oder zu drohen schienen. Ein besonders schwerwiegender Übergriff ereignete sich im Jahre 1442. Damals unterwarf der brandenburgische Kurfürst die zuvor weitgehend autonome Doppelstadt Berlin-Cölln seiner Stadtherrschaft. Daraufhin wurden 1443 und 1447 hansische Bündnisverträge formuliert, von denen allerdings nicht sicher ist, ob sie rechtsverbindlich abgeschlossen worden sind, ob sie nur Entwürfe geblieben sind oder ob man sich vielleicht ohne eine rechtsförmige Ratifizierung an sie gehalten hat. Im Jahre 1451 aber schlossen tatsächlich 28 Städte, die zu den am häufigsten durch Ratsherren auf Hansetagen vertretenen Kommunen gehörten, in urkundlicher Form eine *tohopesate* ab. Als sich die Bedrohungslage änderte, verlängerte man allerdings nach Ablauf von sechs Jahren den Vertrag nicht mehr.

Das Projekt, die organisatorisch losen und geografisch weiträumigen hansischen Strukturen in einen Städtebund zu überführen, war damit gescheitert. Ob es überhaupt durchführbar gewesen wäre, muss man skeptisch beurteilen. Viele Hindernisse stellten sich einem Erfolg entgegen: Problematisch war bereits, dass die Städte verfassungsrechtlich unterschiedlich eingeordnet waren. Reichsstädte, wie Dortmund, Goslar, Lübeck (Nordhausen und Mühlhausen waren zwar Reichs-, aber vielleicht keine Hansestädte), und Freie Städte, wie Hamburg, Bremen und Köln, standen Kommunen mit fürstlichen, adligen und geistlichen Stadtherren gegenüber. Gravierender war noch, dass eigentlich überall im mittelalterlichen Europa städtische Solidarität erfolgreich nur im regionalen Rahmen geübt wurde. Die mittelalterlichen Kommunikations- und Verkehrsbedingungen begünstigten etwas, was man nicht zu despektierlich als „Kirchturmpolitik" bezeichnen darf. Ständische Solidarität über die überschaubare Nahregion hinaus war nicht vorauszusetzen. Städtebünde durften deshalb, wenn sie erfolgreich sein sollten, räumlich nicht überspannt werden. Genauso wie es im Falle des schwäbisch-rheinischen Städtebundes 1388/89 geschehen ist, wäre auch das Scheitern eines „hansischen Städtebundes" zwischen Köln und Riga, Lübeck und Breslau wahrscheinlich gewesen.

Die Listen mit Städtenamen, die man im Vorfeld oder bei Bildung eines engeren Städtebundes zusammenstellte, sind seit dem 19. Jahrhundert immer wieder benutzt worden. Dies geschah mit Eifer, denn sie schienen das zu liefern, was man so sehr vermisste: eine Mitgliederliste der Hanse. Dass diese Zusammenstellungen von Städtenamen einen solchen Charakter nicht besitzen, sah man nicht sofort. Daher darf man sagen, dass die mittelalterlichen Politiker präziser unterschieden als ihre späteren Erforscher. Als etwa der Northeimer Rat im Jahre 1434 Lübeck mitteilte, die Stadt sei aus dem Sächsischen Städtebund ausgetreten, meinte er damit nicht, dass seine Kaufleute außerhalb der Hanse stünden. Umgekehrt wurde eine Stadt, die dem Sächsischen Städtebund beitrat, dadurch nicht zur Hansestadt. Vielmehr be-

Hansestadt,
Hansestädte,
Hansekarte

durfte es im Sinne der Definitionsversuche der Hansetage dafür einer an den hansischen Privilegien teilhabenden Fernhändlerschaft. Der Zusammenhang zwischen Personen und Städten wurde nämlich von den Hansetagen im 15. Jahrhundert weiterhin von den personalen Privilegieninhabern zu deren Heimatorten hergestellt, obwohl die Städte im Laufe der Zeit immer mehr Verantwortung für den hansischen Personenverband übernahmen.

Zu Mitgliedern der Hanse wurden Kaufleute an den Kontorsplätzen. Dort wurde von den Älterleuten nach Augenschein und auf Empfehlung durch einschlägig bekannte Personen darüber entschieden, welcher Händler zum Kreis der Privilegiennutzer dazuzurechnen sei. Habitus, niederdeutsche Sprache und Referenzen waren entscheidend. Diese Praxis störte die Ratssendeboten auf den Hansetagen zuweilen, wenn sie die Lastenverteilungen als ungerecht empfanden. Dann suchten sie, den Zusammenhang von Kaufleuten und Städten umzudrehen, indem sie erstmals 1366 und anschließend noch mehrmals den Besitz des Bürgerrechts einer hansischen Stadt zum Kriterium für die Privilegiennutzung an den Kontorsorten erheben wollten. Doch hätten sie selbst nicht sagen können, welche Städte damit genau gemeint seien. Mit Sicherheit nicht zutreffend war die Zahl von 77 Städten, die von hansischen Diplomaten einmal angegeben wurde. Ihre Angabe beruhte nicht auf einer vorausgegangenen Zählung, sondern auf der Aussagekraft mittelalterlicher Zahlensymbolik. So war ein Verfahren praktisch nicht gangbar, das zunächst die hansischen Herkunftsorte, die nicht nur Städte hätten sein können, definiert, die dort ansässigen Kaufleute mit Pässen bzw. Herkunftsnachweisen dieser Orte ausgestattet und diese Papiere dann an den Kontoren strikt kontrolliert hätte. Das alles wäre zudem zu aufwendig und zu teuer gewesen. Praktischer und wohl unvermeidlich war es somit, den Kontoren eine große Handlungsfreiheit zuzugestehen. Sie entschieden nach dem oben genannten Verfahren, also nach einer Art „Stallgeruch", über die Aufnahme von Kaufleuten und kreierten somit deren Heimatorte eventuell zu neuen Hansestädten. Diese geläufige Praxis verhinderte zugleich, dass der Hansetag über die Hansezugehörigkeit von Städten unmittelbar wachte.

Das Problem stellte sich allerdings neu und anders, wenn der Hansetag konkret gegen einzelne Städte vorgehen wollte, die vom hansischen Konsens abgerückt waren. Der Ausschluss der Bremer und ihre Wiederzulassung zu den hansischen Privilegien während der Flandernblockade von 1358 sind bereits besprochen worden. Ähnliche Zusammenhänge gingen auch den Wiederzulassungen von Kaufleuten anderer Herkunftsorte zu den hansischen Privilegien voraus: 1392 bei den Duisburgern, 1406 bei den Kaufleuten von Wesel und Zwolle, 1454 bei den Bürgern von Münster, 1471 bei den Kölnern. Die ältere Forschung hat diese Fälle als Aufnahme von Städten in die Hanse gedeutet, was nicht zutreffend ist. Die einzige Stadt, die jemals zur Hansestadt erhoben wurde, war das niederrheinische Neuss. Hier aber beruhte die Statuszuschreibung auf einem fundamentalen Missverständnis bezüglich des Charakters des hansischen Verbandes, dem die Initiatoren dieses Vorgangs unterlagen. Nicht die Hanse nahm Neuss auf, sondern Kaiser Friedrich III. belohnte die Neusser Bürger im Jahre 1475 dafür, dass sie einer Belagerung der burgundischen Armee widerstanden hatten. Die Neusser dürften von diesem Privileg enttäuscht gewesen sein. Sie hatten nicht so sehr den Status einer Hansestadt angestrebt, sondern sie hatten vom Kaiser die Erhebung zur Reichsstadt erhofft. Der Hansetag selbst hat wohl niemals von diesem Sachverhalt erfahren. Denn nicht zu erkennen ist, dass Neuss jemals die kaiserliche Urkunde in irgendwelchen hansischen Zusammenhängen eingesetzt hätte.

Eine Betrachtungsrichtung, die von den Personen zu den Städten verläuft, sollte auch das Grundprinzip einer Hansekarte sein. Ein Verzeichnis von hansischen Städten müsste also ausgehen von einer Namensliste von Kaufleuten, die an den Kontorsplätzen die hansischen Privilegien nutzten. Verzeichnete man die Herkunftsorte dieser Händler, erhielte man eine Karte von Hansestädten. Wie viele und welche Städte mit hansischen Fernhändlern hat es dann gegeben? Man käme leicht auf 200 Städte mit hansischer Eigenschaft. Das entspräche in etwa dem, was bisher auf Hansekarten gezeigt wird. Doch muss präzise bedacht werden, welcher Zustand auf solchen Karten reproduziert wird. Zwar vermitteln die Kartenbilder einen Eindruck davon, dass Hansestädte nicht nur groß, sondern auch sehr klein sein konnten, und nicht nur am Meer, sondern zumeist im Binnenland lagen. Überaus unglücklich ist jedoch, dass in einem zeitlichen Längsschnitt zahlreiche Orte, die selten oder gar nur einmal hansische Fernhändler zu ihren Bürgern zählen konnten, mit solchen Städten zusammengefasst werden, die in einem einzigen Jahr mehr Fernhändler aus ihren Mauern an die hansischen Handelsplätze schickten als Dutzende andere Städte während des gesamten Mittelalters. Ein im Zeitverlauf stark fluktuierendes Gebilde sollte besser in zeitlichen Querschnitten dargestellt werden.

b) Maßnahmen der Hanse

Es muss nicht anachronistisch sein, sondern kann helfen, sich eine Verständnisbrücke zu bauen, indem man historische Phänomene mit modernen Gegebenheiten zusammendenkt. Für die Hanse ist dafür bis in jüngste Zeit immer wieder das Bild vom „Staat der Städte" bemüht worden. Diese Einschätzung überzeugt jedoch nicht, setzt sie doch Geschlossenheit und Hierarchien voraus, wo sie nicht bestanden. Treffender scheint ein Deutungsvorschlag zu sein, der von Ahasver von Brandt ausgeht. Er sprach von der Hanse als Interessengemeinschaft, die „jeweils nur insoweit existierte und im Einzelfall handlungsfähig war, als sich die Interessen der Einzelstädte oder Bürgerschaften tatsächlich deckten". Diesen und weitere Gedanken Ahasver von Brandts fortführend, schlug Peter Moraw daher vor, die Aktionen der Hanse versuchsweise wie Aktionen der Vereinten Nationen zu verstehen. Er dachte vor allem daran, dass die UNO über keine eigenen militärischen Instrumente verfügt. Bekanntlich muss sie deshalb in jeder Krisenlage, in die sie eingreifen möchte, die Unterstützung einzelner Mitgliedstaaten einwerben. Dabei ist es gut möglich, dass ihre Appelle auf Ignoranz stoßen. Umgekehrt läuft die UNO aber auch Gefahr, von mächtigen Akteuren instrumentalisiert zu werden, die eigene Absichten unter fremdem Mantel betreiben wollen.

Dieser Ansatz ist nicht uninteressant. Denn bei den beschriebenen losen Organisationsformen der Hanse verbietet es sich eigentlich von selbst, pau-

Hanse und UNO

schal von Maßnahmen „der Hanse" zu sprechen und sich eine Koalition aller auf einer einschlägigen Hansekarte verzeichneten Städte vorzustellen.
Unter dem legitimierenden Namen Hanse konnten vielmehr ganz unterschiedliche Interessengemeinschaften aktiv werden. Es ist dabei nicht einmal auszuschließen, dass eine Kraft oder mehrere Kräfte sich der Hanse
mehr oder weniger getarnt für ihre Zwecke bedienten. Man sollte daher für
jede Entscheidung die Teilnahme oder Abstinenz, die Form der Aktivität
oder gar die Gegnerschaft gegen das Vorgehen festzustellen suchen.
Schließlich muss in zeitlich andauernden Konflikten beobachtet werden,
wie lange die Interessengemeinschaft bestand. Eine solche Analyse sei im
Folgenden für drei klassische hansische Aktionen und einen wenig bekannten Konflikt versucht.

Der Konflikt mit
dem dänischen
König Waldemar IV.
1361–1370

Am 27. Juli 1361 eroberte der dänische König Waldemar IV. „Atterdag"
(reg. 1340–1375) mit seiner Armee die Stadt Visby auf Gotland. Bereits
fünf Tage nach diesem Ereignis beschloss ein Hansetag die Handelssperre
gegen das dänische Königreich. Die Gesandten suchten damit, das Erfolgs-
rezept des gerade beendeten Flandernkonflikts auf die Ostsee zu übertragen. Die zeitliche Nähe der Entscheidung zur Eroberung der Insel könnte
auf eine besonders rasche und effektive Informationsbeschaffung hindeu-
ten. Man kann nicht völlig ausschließen, aber auch nicht mit letzter Sicherheit behaupten, dass der Hansetag wirklich schon über den Ausgang der
Ereignisse informiert war. Sicher ist hingegen, dass damit ein Konflikt mit
dem dänischen König endgültig eskaliert war, der von der Bedrohung der
hansischen Stellung auf den Heringsmärkten von Schonen herrührte, in deren Besitz sich Waldemar IV. bereits zu Beginn des Jahres 1360 gesetzt
hatte.

Die folgenden Auseinandersetzungen der Jahre 1361 bis 1370 lassen sich
in zwei deutlich zu unterscheidende Abschnitte gliedern. Eine erste Phase er-
streckte sich vom Sommer 1361 bis zum Herbst 1362. Der Hansetag beschloss, gegen den dänischen König militärisch vorzugehen. Um diesen
Krieg zu finanzieren, wurde die Erhebung einer Abgabe (Pfundgeld) beschlossen. Sie sollte in den Seehäfen von allen einlaufenden Schiffen erhoben werden. Die militärische Entscheidung sollte im Frühjahr 1362 ein Flottenunternehmen bringen, in dem die Burgen am Sund erobert werden sollten. Doch endete der Kriegszug durch strategische Fehler des Lübecker
Bürgermeisters Johann Wittenborg in einem Fiasko, das auf hansischer Seite
im Juni 1362 bei Helsingborg viele Menschenleben kostete und in dem zwölf
der zu Kriegsschiffen umgerüsteten Koggen verloren gingen. Wohl auch um
von innerstädtischen Unruhen, die sich gegen die Kriegspolitik des Rates
richteten, nicht hinweggespült zu werden, ließ die Lübecker Führungsschicht
Johann Wittenborg den Prozess machen und ihn auf dem Lübecker Markt mit
dem Schwert hinrichten. Das war ein für mittelalterliche Verhältnisse durchaus ungewöhnliches Vorgehen, dessen genaue Hintergründe im Dunkeln liegen. Nach der Niederlage musste gegenüber dem dänischen König einge-
lenkt werden. Am 10. November 1362 wurde ein Waffenstillstand geschlossen, der bis zum 2. Februar 1368 in Kraft blieb.

In dieser ersten Kriegsphase gingen die Initiativen und die Koordinierung
der militärischen Aktionen von Lübeck und den Wendischen Städten aus.
Hansische Interessen und Handlungen gegenüber Dänemark waren also im

Kern lübisch-wendische Aktivitäten. Andere Seestädte zeigten sich insoweit solidarisch bei der Lastenbewältigung, als sie die Erhebung des Pfundgelds in ihren Häfen durchführten, ohne aber politisch-militärisch aktiv zu werden. Die niederdeutschen Kaufleute des Binnenlands und ihre Heimatstädte waren nur durch die wenigen Fernhändler beteiligt, die ihre Waren über See umsetzten und dann pfundgeldpflichtig wurden.

Die Konstellation zu Beginn der zweiten Kriegsphase nahm sich deutlich anders aus. Dieser Abschnitt begann mit internen hansischen Verhandlungen im Sommer 1367 und reichte bis zum Friedensschluss von Stralsund, der am 24. Mai 1370 zustande kam. Bemerkenswerterweise kamen die neuerlichen Anstrengungen zu militärischen Aktivitäten gegen Dänemark durch ein Zusammengehen der preußischen Städte mit den in den heutigen Niederlanden gelegenen Städten Kampen, Harderwijk, Elburg, Dordrecht, Zierikzee, Briel und Amsterdam zustande. Man kann sagen, dass sich diese Koalition gleichsam über Lübeck hinweg bzw. an der wendischen Städtegruppe vorbei formierte. Beide Städtegruppen in Preußen und in den heutigen Niederlanden hatten offenbar ein starkes Interesse daran, eine ungehinderte Sunddurchfahrt zu erreichen, also die freie Passage zwischen Nord- und Ostsee entlang der dänischen Küste zu erzwingen. Dafür wollten sie das Risiko eines erneuten Kriegs in Kauf nehmen. Für Lübeck und die Wendischen Städte aber sah die Risikoabwägung anders aus. Ihre Interessen im Dänemarkkonflikt waren hauptsächlich auf den gesicherten Zugang zum Schonenmarkt gerichtet, ja Lübeck profitierte eigentlich sogar davon, dass immer dann, wenn die Lage in den Ostseegewässern als unsicher galt, der Ost-West-Verkehr verstärkt über den Hamburg-Lübecker-Transitweg abgewickelt wurde. Am 11. Juli 1367 schlossen Preußen und Niederländer einen Vorvertrag in der preußischen Stadt Elbing. Lübeck und die Wendischen Städte, die in ihrer Haltung schwankten, waren nicht beteiligt, gerieten aber nunmehr unter politischen Druck. Wären sie abseits geblieben, hätten vielleicht andere die Definitionsmacht darüber erlangen können, was hansische Interessen waren, und vielleicht sogar niederländisch-preußische Aktivitäten unter dem Namen „Hanse" ablaufen lassen können. Doch kam es anders: Auf einer in Elbing von Preußen und Niederländern anberaumten Versammlung, die bezeichnenderweise nicht in Lübeck, sondern in Köln stattfinden sollte, schlossen sich auch Lübeck und die Wendischen Städte am 19. November 1367 einem Bündnis, der „Kölner Konföderation", an, das als ein Glanzpunkt der Hansegeschichte gilt.

Doch waren die Bündnispartner gerade nicht identisch mit der Hanse. Vielmehr handelten die in Köln versammelten Ratsherren bewusst einen zeitlich befristeten und hinsichtlich Pflichten und Zielen präzise ausgestalteten Städtebund aus, der in die losen hansischen Strukturen zusätzlich hineingegründet wurde. An ihm beteiligt waren viele Städte, die für die Unterstützung hansischer Belange zumeist entscheidend waren. Darunter waren mit Amsterdam und Briel aber auch solche, die ansonsten keine hansische Verantwortung übernahmen. Zwar traten weitere Städte mit hansischen Kaufleuten dem Bündnis später bei, etwa die livländischen Städte Riga, Dorpat, Reval und Pernau. Doch blieben die westfälischen, niedersächsischen und rheinischen Städte, darunter auch die der Konföderation als Versammlungsort den Namen gebende Stadt Köln, diesem Bündnis fern. Die

Mitglieder unterschieden intern präzise zwischen der Kölner Konföderation und der Hanse.

Warum sie sich dieser festeren organisatorischen Bündnisstrukturen bedienten, könnte mit den Erfahrungen der ersten Kriegsphase zusammenhängen, dürfte vor allem aber aus den Vorplanungen von Preußen und Niederländern herrühren. Ob sie, wären sie allein geblieben, unter dem Namen Hanse hätten aktiv werden können, ist eine interessante, aber nicht zu beantwortende Frage. Die auf anderer Organisationsbasis agierende Kölner Konföderation jedenfalls nutzte unverzüglich die Möglichkeit, ihre Aktionen als hansische zu deklarieren, und bediente sich auch des (weiterhin hansischen) Pfundgelds. Niemand hat dem widersprochen. Dortmund artikulierte wohl die Meinung der meisten Städte, wenn es schrieb, dass man sich zwar an der Konföderation nicht beteiligen wolle und nicht erinnern könne, jemals Aktionen zur See unterstützt zu haben. Doch werde man die eigenen Kaufleute über die Zahlungspflicht des hansischen Pfundgelds unterrichten.

Zur Kriegsvorbereitung schlossen die in der Kölner Konföderation verbündeten Partner zusätzliche Bündnisse mit adligen Partnern im Ostseeraum und in Skandinavien ab, um den dänischen König zu bekämpfen: Nicht nur das Bild von einem deutsch-dänischen Krieg, das man nach 1848 und 1864 gern bemühte, sondern auch dasjenige von der Auseinandersetzung zwischen Bürgertum und Feudalmächten, das man im 20. Jahrhundert favorisierte, ist mithin unzutreffend. Das so zusammengefügte Bündnissystem konnte eine militärische Übermacht herstellen, welcher der dänische König Waldemar IV. nicht gewachsen war. Er verließ sein Königreich im Jahre 1368 und kehrte erst vier Jahre später wieder zurück. Seine Truppen wurden schon im Sommer 1368 so weit zurückgedrängt, dass wichtige Festungen am Sund erobert und besetzt werden konnten. Sowohl die Schonensaison als auch die freie Sunddurchfahrt waren gesichert. Ein Jahr lang wurde die Auseinandersetzung als Kleinkrieg und Belagerungskampf noch fortgeführt. Als am 8. September 1369 die dänische Burgbesatzung von Helsingborg kapitulierte, kam alsbald ein Waffenstillstand zustande, der im Jahre 1370 in Stralsund in ein Friedensvertragswerk überführt wurde. In diesem überließ Dänemark den in der Kölner Konföderation verbündeten Städten unter anderem auf 15 Jahre den Besitz der vier strategisch wichtigen Burgen Helsingborg, Malmö, Skanör und Falsterbo. Ihnen sowie zusätzlich allen hansischen Händlern wurden die alten Handelsvorteile in Schonen und die freie Sunddurchfahrt zugestanden. Schließlich verpflichtete sich der dänische Reichsrat dazu, beim Tode Waldemars IV. einen Nachfolger nicht ohne Zustimmung der Verbündeten zu wählen.

Konflikt mit dem nordischen Unionskönig Erich von Pommern 1426–1435

Diese Nachfolgeklausel des Stralsunder Friedens war die Reaktion darauf, dass im Juli 1363 der Sohn des dänischen Königs verstorben war. Ein männlicher Thronerbe fehlte und wurde bis zum Tode Waldemars IV. im Jahre 1375 auch nicht mehr geboren. So stellte sich die Frage, über welche der beiden Töchter Waldemars die Krone weitergegeben werden sollte. Die Kölner Konföderation unterstützte dabei gegen die ältere Tochter Ingeborg, die mit Herzog Heinrich von Mecklenburg, dem Bruder des schwedischen Königs, verheiratet war, die Gemahlin des norwegischen Königs. Diese Margarethe, die unter den bemerkenswerten Politikerinnen des Mittelalters ganz weit oben rangiert, regierte in den folgenden Jahrzehnten *de facto* das dänische Königreich und alsbald eine Union aller drei skandinavischer Reiche. Das weitgehende politische Einvernehmen, das während ihrer Regierungszeit zwischen der Hanse und Dänemark herrschte, setzte sich unter ihrem Nachfolger Erich von Pommern (reg. 1412–1438) zunächst fort. Erst als mit Jordan Plescow im Jahre 1425 der maßgebliche Lübecker Politiker starb, stellte sich für eine jüngere Lübecker Politikergeneration das Verhältnis zu Dänemark gewandelt dar. Nicht Auslöser, aber strukturelles Problemfeld waren die politischen Parteibildungen, die mit dem Status des Herzogtums Schleswig zusammenhingen. Dieses dänische Lehnsfürstentum war seit dem Hochmittelalter personell, sprachlich und politisch immer enger mit der vom Reich zu Lehen gehenden Grafschaft Holstein zusammengerückt und wurde von den holsteinischen Grafen in Personalunion regiert. Wie der Kaiser/König in Holstein konnte auch der dänische König in Schleswig in der Praxis keine Hoheitsrechte mehr wahrnehmen. Das allerdings war für dänische Verhältnisse ungewöhnlich, weshalb schon Margarethe versucht hatte, die königlich-dänische Autorität in Schleswig wieder zur Geltung zu bringen. Sowohl Lübeck als auch mehr noch Hamburg sahen dadurch ihre eigene territoriale Position und ihre politische Bewegungsfreiheit bedroht. Sie fürchteten, dass es zu einer stärkeren Einflussnahme Dänemarks in Schleswig und weitergehend in Holstein kommen könnte.

Das territoriale Näherrücken Dänemarks konnte man zwar in Lübeck und Hamburg, aber schon nicht mehr in den Wendischen Städten Wismar, Rostock oder Stralsund als bedrohlich empfinden. Es waren diesmal also Lübeck und Hamburg, die ihren Interessen einen hansischen Anstrich zu geben suchten. Deshalb blieb anders als in den Jahren 1361 und 1367 die Koalition klein. Die preußischen Städte waren nicht interessiert, wollten indes nicht offen ausscheren und waren daher nicht undankbar dafür, dass sie auf den Druck ihres Landesherrn, des Hochmeisters des Deutschen Ordens, verweisen konnten, der sie vom Beitritt abhielt. Schon traditionellerweise blieben die westfälischen und rheinischen Binnenstädte einer Koalition gegen Dänemark fern, wobei sich Köln hörbar als neutral erklärte, was unter hansischen Gepflogenheiten fast schon als offener Widerstand gegen die von Lübeck initiierte Hanseaktion zu werten war. So waren es nur Lübeck, Hamburg, Wismar, Rostock, Stralsund und Lüneburg, die sich am 22. September 1426 verbündeten und dem dänischen König ihre Absagebriefe sandten. Wiederum wählten sie ein festeres Bündnis und schlüpften damit anschließend in die weiteren hansischen Kleider. Zuvor noch traten die sechs verbündeten Städte dem Sächsischen Städtebund bei, um sich strategisch vor dem Angriff einer größeren Fürstenkoalition zu sichern. Die sächsischen Mitglieder des Bundes sagten daraufhin tatsächlich dem dänischen König ab. Darüber hinaus aber leisteten Braunschweig, Helmstedt, Einbeck, Göttingen und Magdeburg weder als Hansestädte noch als Mitglieder des Sächsischen Städtebundes den Seestädten militärische oder finanzielle Hilfe in den dänischen Auseinandersetzungen.

Von der aufgebotenen hansischen Streitmacht stellte Lübeck fast ein Drittel. Unter Lübecker Führung begann der Krieg im Mai 1427 mit einem Flottenunternehmen. Die Insel Bornholm konnte zwar erobert, jedoch die Stadt Flensburg nicht eingenommen werden. Im Juli 1427 folgten schlimme Verluste im Sund, woraufhin ein Großteil der Baienflotte, also der hansischen

Schiffe, die mit französischem Salz beladen den Sund passieren wollten, zum Opfer der Dänen wurden. Der Anführer dieser Expedition, der Lübecker Bürgermeister Tidemann Steen, konnte anders als sein Vorgänger Johann Wittenborg seinen Kopf retten, wurde aber inhaftiert. Die weiteren Kämpfe wurden vor allem zwischen Holsteinern und Dänen zu Lande ausgetragen. Dabei wurde erbittert um die Stadt und die Burg von Flensburg gekämpft, deren königliche Besatzung im September 1431 überwunden wurde. Anschließend blieb es bei einem Patt zwischen den Parteien, das im Sommer 1432 in einen Waffenstillstand mündete.

Während dieser Jahre waren die Sunddurchfahrt und die Schifffahrt auf der Ostsee durch von beiden Seiten angeheuerte Kaperfahrer hoch gefährdet, was wiederum dem Landweg über Lübeck und Hamburg eine gute Konjunktur bescherte. Hinzu kam, dass die Salzzufuhr aus Westeuropa versiegte, was der Lüneburger Saline zusätzliche Absatzchancen eröffnete. Nicht zu Unrecht fühlten sich dadurch Rostock und Stralsund in eine finanzielle Zange genommen. Einerseits mussten sie militärische Lasten für einen Krieg tragen, der den territorialen Interessen von Lübeck und Hamburg nützte. Andererseits litt ihr Seeverkehr, während der Hamburg-Lübecker Transitverkehr boomte. Weil innerstädtische Proteste eskalierten, scherten Rostock und Stralsund im Sommer und Herbst 1430 aus der Koalition aus und schlossen einen Separatfrieden mit dem dänischen König. Die hansische Koalition im Krieg gegen Dänemark hatte sich also beim Friedensschluss von Vordingborg am 15. Juli 1435 auf das Quartett Lübeck, Hamburg, Wismar und Lüneburg reduziert.

Die Bekämpfung der Vitalienbrüder um 1400

Die bislang beschriebenen Auseinandersetzungen, die man als hansisch-dänische Kriege zu bezeichnen gewöhnt ist, zeigen recht gut, dass mächtige Akteure es verstanden, ihre Interessen zu hansischen zu machen, während die überwältigende Mehrzahl der ansonsten hansisch agierenden Partner abseits blieb, ohne aber dem Vorgehen entgegenzutreten. Man könnte erklärend hinzufügen, dass weiträumige Politik für mittelalterliche Städte kaum möglich war und deshalb zwangsläufig die hansischen Akteure tätig werden mussten, in derem lübisch-wendischen Vorfeld der Spannungsherd lag. Anders gelagert war indes eine Aktion, die genuin hansische Handelsinteressen betraf und zwischen Köln und Riga solidarisierend hätte wirken müssen: Die Beseitigung der Unsicherheit der Schifffahrtswege durch die Bekämpfung der Piraterie.

Der Kampf gegen Seeräuber war in der Tat eine urhansische Angelegenheit. Gerade weil diesem Gegner der Hanse bis heute in Film, Roman und öffentlichem Bewusstsein ein besonders großes Interesse erwiesen wird, muss man zunächst einige einfache Dinge klarstellen: So dürften die Seeräuber unter ökonomischen Gesichtspunkten wohl mehr Aufmerksamkeit auf sich gezogen haben, als sie es verdienen. Die Schäden durch Unwetter, die Schiffe scheitern ließen, dürften für die hansische Gesamtkonjunktur spürbarer gewesen sein. Auch vor einer romantischen Sicht auf die Piraten oder ihrer politischen Verklärung zu Sozialrebellen ist eher abzuraten. Vielmehr gehörte die Mehrzahl der Vitalienbrüder zu den zahlreichen Entwurzelten mittelalterlicher Kriege. Sie teilten dabei das Schicksal mittelalterlicher Söldner zu Lande. In einer Zeit ohne stehende Heere gerieten sie immer dann, wenn durch einen Friedensschluss ihre Arbeitskraft überflüssig geworden war, in die Lage, durch Gewaltanwendung auf eigene Faust ihren Lebensunterhalt zu sichern. Oftmals begannen diese gesetzlosen Seeräuber als rechtlich legitimierte Hilfskontingente seekriegführender Parteien. Von diesen wurden, um ihre militärische Stärke zu erhöhen, Kaperbriefe ausgestellt, die es findigen Unternehmern oder kriegserprobten Adligen erlaubten, sofern sie sich auf eigene Kosten ein Schiff ausrüsteten, den Gegner zu schädigen und seine Ladung zu erbeuten. Solche kriegsrechtlich legitimierten Kaperer oder Freibeuter besaßen Kombattantenstatus und sind daher begrifflich von Seeräubern und Piraten scharf zu unterscheiden, wenn auch in der Praxis die Übergänge fließend waren. Ihrer bedienten sich alle Krieg führenden Mächte in Mittelalter und Neuzeit. Auch die Hanse heuerte sie in ihren Kriegen gegen Dänemark, Holland und England an.

Der Höhepunkt der Piratenbekämpfung im Hanseraum dürfte nach Ansicht der Forschung um 1400 gelegen haben. Die damalige Bedrohungslage hatte sich aus der von der Hanse mitgetragenen dänischen Thronentscheidung von 1375 ergeben. Der unterlegene Kandidat aus dem Mecklenburger Herzoghause hatte auf seinen Ansprüchen beharrt und mithilfe von angeworbenen Kaperfahrern die dänische Regentin Margarethe zu bekämpfen gesucht. In diesem Krieg kamen die auf mecklenburgischer Seite agierenden Freibeuter zum Namen Vitalienbrüder, vielleicht weil sie das zu ihrer Partei haltende Stockholm mit Lebensmitteln versorgten (Viktualien). Als unter hansischer Vermittlung beide Parteien im Jahre 1395 in Skanör zu einem Friedensschluss kamen, waren die Vitalienbrüder delegitimiert, blieben aber weiterhin in ihrem Metier aktiv. Erfahrende mittelalterliche Politiker wussten, dass nach jedem Friedensschluss, der einen längeren und intensiven Kriegszustand beendete, ein Folgekrieg notwendig war, um die Plage der arbeitslos gewordenen Söldner zu beseitigen. Piraten aber bekämpfte man effektiv nicht zur See, sondern zu Lande. Stets befreite man sich von ihnen, indem man ihre Rückzugsräume zerstörte.

Späteren Piratennestern wie Jamaica oder Madagaskar ähnlich waren damals vielleicht die Ostseeinsel Gotland und die ostfriesische Nordseeküste. Die Operationsbasis auf Gotland wurde den Vitalienbrüdern 1398 entzogen, als der Deutsche Orden in einem aufwendigen Unternehmen die Insel eroberte. Darüber hatten sich im Vorfeld die Preußen mit Lübeck und den Wendischen Hansestädten entzweit. Der Grund dafür waren unterschiedliche Sympathien: Während die Lübecker vorrangig die einstmals mecklenburgischen Kaperfahrer für Seeräuber hielten, betrachteten die Preußen die einstmals dänischen Unterstützer als solche. Ein Konsens war nicht zu finden. Die preußische Flotte operierte daher nicht nur als ein nichthansischer Verband, sondern suchte bewusst, die Lübecker und ihre Parteigänger uninformiert zu lassen. Auf einer nach Bekanntwerden der Eroberung schleunigst anberaumten Tagfahrt beriefen sich dann freilich die Preußen auf den Nutzen ihres Vorgehens für das gesamthansische Wohlergehen.

Nach 1398 zogen sich die Vitalienbrüder größtenteils aus der Ostsee zurück. Jetzt wurde die Nordsee zu ihrem bevorzugten Operationsgebiet. An der Küste zwischen Weser und Ems lagen ihre Hauptstützpunkte. Hier, wo einige der Seeräuber schon seit etwa 1396 nachzuweisen sind, fanden sie in einer politisch zerklüfteten Region, die in mehrere Teilherrschaften unter sogenannten Häuptlingen geteilt war und auf die alle umliegenden Mächte zuzugreifen suchten, ideale Rückzugsmöglichkeiten. Mit ihren Schiffen bedrohten sie die zwischen Flandern und dem Hanseraum segelnden Schiffe. Ihr Vorgehen rief eine große hansische Koalition auf den Plan. Hamburg und Lübeck suchten die Vitalienbrüder im Verbund mit den niederländischen Städten aus Ostfriesland zu vertreiben. Geografisch am nächsten zum ostfriesischen Problemherd lag allerdings die Stadt Bremen. Das Bremer Hauptinteresse war es, die Unterweser und damit die Zufahrt der Stadt zum Meer vor Gefährdungen zu schützen. Dafür hatte Bremen in einer stillschweigenden Übereinkunft von den ostfriesischen Häuptlingen oder zumindest von einem Teil von ihnen Sicherheitsgarantien erhalten. Die Gefahr einer Destabilisierung der Lage schreckte die Bremer. Denn militärische Aktionen der Hanse gegen Ostfriesland mussten nicht nur die Vitalienbrüder, sondern sowohl deren ostfriesische Unterstützer als auch unbeteiligte Unschuldige treffen. Selbst wenn die Vitalienbrüder aufgerieben und vertrieben würden, blieben nach der Militäraktion die Ostfriesen zurück. Deren Unmut und Hass aber würde sich nicht gegen die Hanse, sondern konkret gegen Bremen richten.

Diese Analyse Bremens war durchaus richtig. Und genauso zutreffend war auch, dass es nicht gelingen würde, eine langfristige militärische Kontrolle und diplomatische Befriedung Ostfrieslands von einem Bremer zu einem gesamthansischen Interesse zu machen. Denn Hamburger, Lübecker und die übrigen Städte zielten auf eine einmalige, machtvoll und schnell vorgetragene Militäraktion, nach deren erfolgreichen Durchführung die Verbündeten sich rasch aus dem Gebiet zurückzuziehen beabsichtigten. Die Überlegungen Bremens, die durchaus hansisch zu legitimieren, aber politisch in der Hanse nicht durchsetzbar waren, und die von anderen artikulierten hansischen Wünsche waren nicht deckungsgleich. Es ging mithin um die Definitionsmacht darüber, was hansische Interessen waren, und diese lag in diesem Falle eindeutig bei Hamburg und Lübeck. Diese warfen den Bremern sogar vor, als Hehler zu fungieren, indem sie am Geschäft mit den von den Vitalienbrüdern erbeuteten Waren und von den Lösegeldzahlungen der Gefangenen profitierten. Das wäre in der Tat ein Verstoß gegen die Solidarität der hansischen Gemeinschaft gewesen. Doch stillschweigend bedienten sich auch Lübecker und Hamburger der Gesprächsfäden, die von Bremen aus zu den Ostfriesen verliefen, um diplomatische Vorhaben oder die Auslösung von Gefangenen zu erreichen. Bremen suchte auf einem Hansetag am 2. Februar 1400 die Beschlüsse in seinem Sinne zu beeinflussen. Als sich ein anderer Beschluss abzeichnete, verließ der Bürgermeister Reynard Dene den Hansetag. Der Hansetag beschloss dennoch.

Bremen trug die Beschlüsse also nicht mit, suchte aber nachträglich, den ohne sein Zutun beschlossenen Aktionsplan zu beeinflussen. An der Aktion der Lübecker und Hamburger, die den Vitalienbrüdern am 5. Mai 1400 eine empfindliche Niederlage beibrachten, war jedoch kein Bremer Schiff beteiligt. Ob tatsächlich durch widrige Winde die Bremer Flotte aufgehalten worden war oder ob die Bremer Politiker bewusst sowohl einer Beteiligung am Militäreinsatz ausweichen als auch die Hanse nicht vor den Kopf stoßen wollten, ist nicht zu entscheiden. Als die Militäraktion überraschend schnell und sehr erfolgreich endete, waren die Bremer freilich an den anschließenden Verhandlungen in Emden beteiligt. Vonseiten Lübecks und Hamburgs konnte man offensichtlich auf die guten Bremer Kenntnisse der Machtverhältnisse in der Region nicht verzichten. Die Häuptlinge gelobten schließlich, dass sie niemals mehr „Vytalienbrodere edder ander rovere, de den kopman beschedighen edder beschedigen laten to lande ofte to watere" aufnehmen wollten. Der Bremer Hauptmann schlug daraufhin vor, nunmehr den Bremer Erzfeind unter den friesischen Häuptlingen, Edo Wiemken, in der Außenjade zu bekämpfen. Doch beschied man ihn vonseiten der hansischen Flotte negativ: Es sei noch nicht entschieden, ob weitere Aktionen gegen die Vitalienbrüder oder nicht besser gegen Norwegen zu unternehmen seien. Völlig sicher sei indes, dass man die Entscheidung zum Besten der Städte und des Gemeinen Kaufmanns treffen werde! Das war eine spitze Antwort, die deutlich machen sollte, dass man den Bremern ihre ambivalente Haltung nicht vergessen hatte.

Tatsächlich ließ die Hanse anschließend Bremen im Problemfeld Ostfriesland sofort wieder allein. Die Seeräuber bekämpfte man allerdings weiterhin. Als die dem Emdener Unternehmen entkommenen Seeräuber von Helgoland aus operierten, gelang einer Hamburger Flotte im Jahre 1401 ein denkwürdiger Sieg. Die Geschichte um die Gefangennahme und Hinrichtung Klaus Störtebekers hat sich an diese Ereignisse angelagert. Allerdings verschwand mit seinem Tod die Seeräuberei weder aus der Nord- noch aus der Ostsee.

Mindermächtige Mitglieder der hansischen Gemeinschaft wurden zwar nicht zur Teilnahme an hansischen Maßnahmen gezwungen. Sie taten sich aber selbst schwer, ihre Interessen zu hansischen zu machen und dadurch bei der Problembewältigung auf mehr als ihre eigenen Ressourcen zurückgreifen zu können. Recht anschaulich wird dieser Mechanismus an einem Konflikt, der sich am Niederrhein in den Jahren zwischen 1441 und 1444 zutrug. Die sogenannte Dordrechter Fehde gilt der Hanseforschung nicht als hansisch, obwohl sie ihren Ausgang von einer genuin hansischen Problemlage nahm. Denn an einem auswärtigen Handelsplatz waren die Privilegien hansischer Kaufleute verletzt worden. Darüber klagten auf dem Lübecker Hansetag im März 1441 die Ratssendeboten der niederrheinischen Stadt Wesel im eigenen und im Namen weiterer hansischer Mitglieder an Rhein, Ijssel und Maas. Gemeinsam machten sie der Stadt Dordrecht schwere Vorwürfe: Neue Abgaben und ein neues Stapelrecht auf Wein seien eingeführt worden, höhere Maklergebühren würden fällig und der Handel mit Getreide, Kohle und Holz sei beschränkt worden. Der Hansetag reagierte abwartend. Eigenständig wurden die betroffenen niederrheinischen Städte ab Mai 1442 dennoch aktiv. Sie erließen ein Handelsverbot gegen Dordrecht, umgingen mit ihren Waren den Handelsplatz über das holländische Schoonhoven und sperrten sogar die Rheinfahrt im Herzogtum Geldern. Daraus ergaben sich kriegerische Verwicklungen. Dordrecht begann einen Kaperkrieg gegen niederrheinische Schiffe und ging militärisch gegen seinen wirtschaftlichen Wettbewerber Schoonhoven vor. Diese Gegenmaßnahmen bewirkten eine schwere Eskalation. Erst Vermittlungsbemühungen von Neutralen, darunter Köln, führten im Sommer 1443 zu einem Waffenstillstand und nach Schiedssprüchen und diplomatischen Finten zu einem endgültigen Frieden im Jahre 1446, der für die Dordrechter weitaus günstiger als für die Niederrheiner war.

Die Dordrechter
Fehde 1441–1444

Ob diese Kämpfe in ihrer heißen Phase als hansische wahrgenommen wurden, ist nicht erkennbar. Sehr wahrscheinlich ist das allerdings nicht. Doch trug Wesel drei Jahre nach dem Ende der Dordrechter Fehde dem Bremer Hansetag im Juli 1449 genau dies vor. Die Verhandlungen mit Dordrecht seien auf Befehl der Hanse und zum Nutzen des Gemeinen Kaufmanns geführt worden. Daher stünde Wesel ein Kostenersatz zu. Dieser zweite Anlauf, den Konflikt um den Dordrechter Stapel zumindest hinsichtlich der Lastenverteilung zu einer gesamthansischen Angelegenheit zu machen, versetzte offenbar den Hansetag in eine merkliche Verlegenheit. Keineswegs schlugen die Ratssendeboten das Begehren von Wesel rundweg ab, vielmehr begannen sie, auf Zeit zu spielen. Sie vertagten die Angelegenheit wiederholt. Dass jemals Geld nach Wesel geflossen ist, lässt sich nicht nachweisen.

Man darf annehmen, dass es anderen Städten in einer vergleichbaren Situation, also beispielsweise in Skandinavien den Lübeckern, in Russland den livländischen Städten oder in England den Preußen, sehr wohl gelungen wäre, die Angelegenheit zu einer gesamthansischen Sache zu erheben. Wesel und seinen Mitstreitern misslang dies wohl deshalb, weil sie es nicht verstanden, die hansische Metropole am Rhein, also Köln, zum Aktivwerden zu bewegen. Es ist wahrscheinlich, dass ein Auftreten Kölns in der Gesamthanse zu einer hansischen Aktion in der Dordrechter Frage hätte führen können. Denn bei der Bestimmung hansischer Interessen ging der Hansetag nicht nach abstrakten Rechtsregeln vor, sondern nach dem Prestige und dem Gewicht der Akteure auf der politischen Bühne.

c) Städte und ihre hansischen Interessen

Die Betrachtung solcher im Namen und für die Hanse unternommener militärischer Unternehmungen zeigt, dass das Zusammenwirken einiger Städte stets einherging mit der Abstinenz vieler anderer. Aus der Teilnahme oder Nichtteilnahme an solchen Maßnahmen den hansischen Charakter einer Kommune zu erschließen, ist deshalb nicht unproblematisch. Eine bessere Bezugsgröße ist der hansische Alltag. In ihm wurde die hansische Bindung einer Stadt dadurch bestimmt, ob und wie intensiv die jeweiligen Bürger an den auswärtigen Kontorsplätzen die Privilegien der niederdeutschen Kaufleute mitnutzten. Die Zahl der jeweiligen Bürger, die als Fernhändler zu hansischen Privilegiennutzern wurden, war nicht konstant, sondern veränderte sich. Das Gewicht dieser Fernhändler in der Politik und für die wirtschaftliche Leistungskraft ihrer Heimatstädte schwankte zudem im zeitlichen Verlauf und im zwischenstädtischen Vergleich.

Grundsätzlich lässt sich sagen, dass die hansische Wertschöpfung stets nur eine Komponente in der Wirtschaftsstruktur einer Stadt bildete. So wie die gesamtwirtschaftliche Leistungskraft unterschiedlich war, waren es auch die hansischen Anteile daran. Im Vergleich konnte eine Stadt gesamtwirtschaftlich unbedeutender sein, aber der hansische Anteil größer ausfallen, weil fast alles von den hansischen Vorrechten abhing. Umgekehrt gab es leistungsstärkere Städte, bei denen die Bedeutung des „Hansischseins" geringer zu veranschlagen ist, weil ihre Gesamtwirtschaftskraft vom hansischen Marktgeschehen nur in einem kleinen Segment abhängig war. In Relation zueinander konnten daher die relative Höhe des hansischen Wirtschaftsumsatzes und damit die Intensität des hansischen Charakters einer Stadt unterschiedlich gelagert sein. Dabei wurde zudem in der politischen Meinungsbildung einer Stadt die Bedeutung der hansischen Zugehörigkeit nicht statistisch ermittelt, sondern die Interessenlagen der politischen Führungsschichten konnten verstärkend oder abschwächend wirken.

Die Stadt Thorn (polnisch Toruń) liegt an der Weichsel rund 200 Kilometer von der Ostsee entfernt. Thorn gehörte zur Gruppe der sechs preußischen Hansestädte, der außerdem noch Königsberg, Braunsberg, Elbing, Danzig und Kulm zuzurechnen sind. Thorn selbst war 1231 an den Deutschen Orden gekommen und von diesem 1233 mit Kulmer Stadtrecht ausgestattet worden. Die Stadt war Ausgangspunkt für die Expansion des Ordens in Richtung Ostseeküste gewesen, was ihre Entwicklung stark begünstigte. Etwa 10000 Einwohner dürften im Mittelalter in der Stadt gelebt haben. Unter den führenden Familien finden sich viele, die aus Westfalen eingewandert waren. Familiennamen wie von Hengstenberg, von Soest oder von Allen zeigen ihre Herkunft an. Gestützt auf diese Verwandtschaftsnetzwerke und das finanzielle Kapital der Zuwanderer beteiligten sich die Thorner früh und intensiv am europäischen Fernhandel niederdeutscher Kaufleute. Bereits für das 13. Jahrhundert sind Handelskontakte nach Flandern dokumentiert. Gleichzeitig unterhielt die Kaufmannschaft lukrative Geschäftsbeziehungen nach Krakau, Breslau und ins slowakische Montanrevier, von wo das begehrte Kupfer beschafft werden konnte. Thorn eilte den übrigen preußischen Städten im 13. und 14. Jahrhundert ökonomisch voraus. Das Handelsvolumen war um 1370 größer als das von Danzig. Im preußisch-westfälischen Drittel des Brügger Kontors stammten zwischen 1356 und 1404 18 von 30 bekannten preußischen Älterleuten aus Thorn. Im selben Zeitraum waren auf Hansetagen unter den preußischen Gesandten die Thorner Ratsherren am häufigsten vertreten. Hansische Bindung und hansisches Interesse waren bei dieser Wirtschaftsstruktur, die auf den überregionalen Fernhandel ausgerichtet war, deutlich ausgeprägt.

All dies änderte sich seit etwa 1420. Auf allen Feldern überflügelte Danzig rasch Thorn und die übrigen preußischen Städte. Der Fernhandel Thorns ging zurück. Die Wirtschaftsfunktion der Stadt reduzierte sich auf die Vermittlung zwischen dem polnischen Hinterland und dem Danziger Hafen. Gleichlaufend dazu ging das Thorner Interesse am Fortbestand der hansischen Außenhandelsprivilegien zurück. Der einstmals hohe Rang der hansischen Orientierung verschwand zusehends aus dem politischen Bewusstsein der Führungsgruppe Thorns. Den Besuch von Hansetagen überließen die Thorner nunmehr den Danzigern.

Zu einem völligen Desinteresse an hansischen Belangen kam es jedoch nicht. Anderswo geschah dies allerdings durchaus, so etwa in der Thorn benachbarten Stadt Kulm. Hier hatte sich die direkte Beteiligung von Bürgern am hansischen Privilegienhandel im Verlauf des 15. Jahrhunderts weitgehend aufgelöst. Als im Jahre 1451 der Hansetag scharfe Maßnahmen gegen England anstrebte, erklärte Kulm gegenüber den übrigen preußischen Städten, dass aus ihrer Stadt kein Fernhandel betrieben werde und daher kein Kulmer von den Engländern geschädigt worden sei. Fast identisch argumentierte etwa später das kleine westfälische Arnsberg gegenüber Soest, als die Stadt um die Zahlung einer Umlage für die Gesandtschaftskosten zum

Rückläufige Beteiligung am hansischen Handel: Thorn

Utrechter Friedenskongress im Jahre 1473 ersucht worden war. Auch die Arnsberger sperrten sich mit der Begründung, dass ihre Bürger in England keinen Handel trieben, sondern ihren Tätigkeiten einzig in Soest und Dortmund nachzugehen pflegten.

Die Fälle Thorn, Kulm und Arnsberg stehen nicht allein. Überall zwischen dem Rheinland und Livland lassen sich Beispiele dafür finden, dass hansische Interessen einer Stadt verloren gehen konnten. Wo aber eine städtische Wirtschaft nur auf einen regionalen Bezugsrahmen orientiert war, schwand der Sinn für hansische Beteiligungen. Freilich konnten durchaus wenige kaufmännische Privilegiennutzer die Bedeutsamkeit der hansischen Teilhabe verstärken und über Gebühr ins Zentrum städtischen Engagements rücken, wenn es ihnen gelang, die politische Entscheidungsfindung zu beeinflussen. Ganz im Westen des Hanseraums liefert dafür die Stadt Zutphen an der Ijssel ein Beispiel. Die Kaufmannschaft dieser Stadt mit vielleicht 5000 Einwohnern unterhielt im 14. Jahrhundert noch weitreichende Handelsbeziehungen. Im 15. Jahrhundert lösten sich diese auf. Zutphen wurde zu einem regionalen Versorgungszentrum. Auf einem hansischen Fundament operierten einzig noch einige wenige Weinhändler. Sie aber erreichten durch wirksame Lobbyarbeit, dass die Stadt weiterhin Ressourcen in hansische Aktionen einbrachte.

Eine Handels- und Gewerbestadt: Göttingen

Im Falle von Thorn entwickelte sich der hansische Anteil an der städtischen Wirtschaft von hoch zu niedrig. Doch konnte er auch konjunkturell schwanken, was Göttingens Fernhandel recht gut illustriert. Die Stadt gehörte zur sächsischen Städtegruppe der Hanse und war Mitglied im Sächsischen Städtebund. Um 1400 lebten hier etwa 6000 Einwohner. Ratsherren aus dieser Stadt nahmen im Jahre 1447 erstmals an einem Hansetag teil und erschienen bis zum Jahre 1572 13-mal auf solchen Versammlungen. Wir wissen bereits, dass der erstmalige Besuch im Jahre 1447 gewiss kein „Eintrittsdatum" in die Hanse darstellt. Denn generell ist davon auszugehen, dass Fernhändler schon vor dem ersten Erscheinen eines Ratsherrn ihrer Heimatstadt auf einem Hansetag an hansischen Privilegien teilhatten. Im Fall von Göttingen war dies nicht anders: Schon 1290 sind vorhansische Aktivitäten von Göttinger Händlern nachweisbar.

Die Göttinger vermittelten ihre Güter sowohl in West-Ost- wie in Nord-Süd-Richtung. Maßgeblich für die Göttinger war der Fernhandel zu Wagen. Im Norden war in aller Regel der Hafen von Lübeck der Endpunkt ihrer Handelsreisen. An der Schifffahrt auf Nord- und Ostsee waren sie nicht beteiligt. An hansischen Unternehmungen zur Sicherung der Seewege war Göttingen daher nicht sonderlich interessiert. In westlicher Richtung zielten die Aktivitäten auf Köln und die Produkte des westeuropäischen Tuchbezirks. Ein Göttinger, der flandrische Tuche in Brügge übernahm, profitierte ganz erheblich von den hansischen Vorrechten. Anders war das für einen Göttinger, der italienische Produkte auf den Frankfurter Messen einkaufte oder nach Oberdeutschland handelte. Hier besaß die Hanse keine Vergünstigungen. Die Intensität der hansischen Interessen Göttingens hing also erheblich davon ab, ob die Kaufmannschaft eher auf den West- oder den Südhandel ausgerichtet war. Diese Ausrichtung und damit die hansische Neigung der Göttinger Politik wechselten im Verlauf des Mittelalters mehrfach.

Die hansische Orientierung Göttingens wäre allerdings auch dann nicht verloren gegangen, wenn einzig die Nord-Süd-Handelslinie genutzt worden wäre. Das lag daran, dass Göttingen nicht nur Zwischenhandel mit andernorts hergestellten Waren betrieb. Anders als Thorn und Zutphen produzierte Göttingen nämlich Waren für den überregionalen Markt. Es handelte sich um Tuche einer Sorte, die zwar nicht mit westeuropäischen Stoffen konkurrieren konnte, aber in einem mittleren Preissegment angesiedelt war und somit eine höhere Qualität besaß als das ansonsten in norddeutschen Städten gewebte lokale Produkt. Seit 1361 weiß man von Göttinger Tuch als Exportgut. Seitdem hingen am auswärtigen Absatz dieses Produkts viele Arbeitsplätze in der Stadt. Zu verkaufen war dieser Stoff weniger im Süden, Westen oder Osten als vielmehr im Ostseeraum. Die Vermittlung übernahmen Lübecker Kaufleute. Nicht wegen der Wünsche eigener Fernhändler, sondern wegen dieser Abhängigkeit vom Gedeihen des Lübecker Ostseehandels konnte der Göttinger Rat keine hansische Abstinenz riskieren.

Grundsätzlich war das Interesse einer Gewerbestadt an hansischen Belangen immer dann nur ein indirektes, wenn nicht die eigenen, sondern Fernhändler aus anderen Städten für den Absatz der Ware sorgten. Allerdings stellt sich dann aus der Rückschau die Frage, ob und inwieweit das Bewusstsein der politischen Führungsgruppe für diesen ökonomischen Zusammenhang geschärft war. Im Falle der niedersächsischen Stadt Einbeck ist sie recht gut zu beantworten. Die Stadt wurde von einem Rat regiert, dessen Mitglieder stark handwerklich geprägt waren. Wir hörten bereits, dass die Ratsbeteiligung von Handwerkern in hansischen Seestädten ungewöhnlich, aber im Binnenland recht üblich war. Der Einbecker Rat musste vor allem den Absatz eines Produktes zu fördern suchen. Denn noch stärker als Göttingen am Tuch hing die Wirtschaftskraft Einbecks und die Lebensqualität der ca. 5500 Einwohner am auswärtigen Absatz einer flüssigen Spezialität: des Hopfenbiers. Dieses Getränk hatte im Spätmittelalter das ältere Grut-(Gewürz)bier verdrängt. Durch Hopfenzugabe wurde es schmackhafter, länger haltbar und war daher in einem größeren Umkreis zu verkaufen. Neben Hamburg, Bremen und Wismar war Einbeck eine wichtige Produktionsstätte für Bier in Niederdeutschland. Seit dem Jahre 1351 ist der Export von Einbecker Bier belegt. Sicherlich nicht zufällig engagierte sich Einbeck kurze Zeit später, im Jahre 1368, erstmals in hansischen Belangen. Etwa 100 Jahre später reduzierte sich dieses Engagement wieder. Er war der Moment, als in den 1480er-Jahren für die Einbecker Produzenten die oberdeutschen Absatzmärkte wichtiger wurden.

Am Falle Einbecks zeigt sich, dass neben den Zwischenhandelsstrukturen einer Stadt ebenso die Absatzmärkte des lokalen Exportgewerbes bedeutsam sein konnten, um hansische Interessen zu bestärken. Ob ein Produkt unter dem Schirm hansischer Handelsvorteile oder ohne diesen verkauft wurde, war für eine Gewerbestadt von entscheidender Bedeutung. Von diesem Umstand hing es ab, ob sich die Kommune auf Tagfahrten und für hansische Unternehmungen zu engagieren bereit war. Die wirtschaftlichen Strukturen der Stadt Goslar vermögen dies zu illustrieren. Die Stadt im Harz lebte vom Bergbau am Rammelsberg. Das dort seit dem Hochmittelalter intensiv abgebaute Silber wurde vor Ort vermünzt. Ein Metallhandel mit Silber fand nicht statt. Hingegen lässt sich ein weit gespannter Kupferhandel

Eine Bergbaustadt: Goslar

Goslarer Kaufleute erkennen, der in der ersten Hälfte des 14. Jahrhunderts nachweislich auf Flandern zielte und sicherlich älter war. Um die Interessen seiner Kaufleute zu wahren, nahm der Goslarer Rat seit 1267/68 an hansischen Angelegenheiten teil. Das änderte sich parallellaufend zum Niedergang des Bergbaus am Rammelsberg. Im 15. Jahrhundert beschränkte sich Goslars Politik auf die engere Region und genügte sich in der Beteiligung am Sächsischen Städtebund. Diese Ausrichtung hätte sich wiederum zu einer verstärkt hansischen wandeln können, als am Ende des 15. Jahrhunderts der Bergbau wieder in Gang kam. Damals wurde begonnen, aus nahe gelegenen Lagerstätten Blei zu gewinnen. Doch zielte der Bleihandel, anders als der Kupferexport um 1300, vor allem auf das Mansfelder Land, Thüringen und Oberdeutschland. An diesen Handelspunkten aber wirkten hansische Privilegien nicht fördernd. Eine aktive Teilnahme an hansischen Angelegenheiten erwuchs aus diesem Wiederaufschwung des Goslarer Fernhandels mit Bergbauprodukten mithin nicht. Ein intensiver Besuch von hansischen Tagfahrten unterblieb.

Eine Stadt als Konsensbilder: Lübeck

Bei kleineren Städten sind diejenigen Faktoren, die eine hansische Orientierung beförderten, einigermaßen leicht zu isolieren. Schwieriger stellt sich die Analyse bei größeren Städten dar, am schwierigsten wohl im Falle von Köln, der bevölkerungsreichsten Hansestadt. Die Metropole am Rhein besaß in ihren Mauern wichtige Exportgewerbe der Textil-, Metall- und Lederindustrie, war aber auch wichtiger Zwischenhandelsplatz für Wein und Hering. Der Vertrieb dieser beiden Nahrungsmittel profitierte entscheidend von den hansischen Privilegien. Die Herstellung und der Export der Kölner Gewerbwaren hingegen waren kaum von der hansischen Gemeinschaft abhängig. Die Kölner Wirtschaftsstruktur war daher, wenn man will, nur „etwas hansisch" geprägt. Die Gesamtwirtschaftsleistung der Stadt lag daher zwar höher als die aller übrigen Hansestädte. Doch der hansische Wirtschaftsanteil dürfte absolut nicht der größte gewesen sein, er war zumindest kleiner als der von Lübeck.

Damit ist die Stadt genannt, bei der man es gewohnt ist, ein fast völliges „Hansischsein" vorauszusetzen. Tatsächlich war die Lübecker Wirtschaftsstruktur stark auf den Zwischenhandel ausgerichtet. In Zeugnissen des 15. Jahrhunderts ist wiederholt davon die Rede, dass Lübeck keine andere Nahrung als die Kaufmannschaft besäße. Tatsächlich fielen einige Lübecker Exportgewerbebetriebe, etwa die Paternostermacher, wenig ins Gewicht. Die Stadt war die wichtigste Drehscheibe im West-Ost-Handel zwischen Nord- und Ostseeraum. Sie war, bis sie um 1500 von Danzig überflügelt wurde, auch die bevölkerungsreichste Stadt an der Ostseeküste. Die Lübecker selbst und andere sprachen von der Stadt als dem „Haupt" (*caput*) der Hanse.

Das Lübecker Gewicht in der hansischen Politik und die starke hansische Prägung des Wirtschaftsaufbaus besaßen gleichermaßen positive wie negative Aspekte: Bei der Analyse hansischer Aktionen wurde sichtbar, dass Lübeck als hansisches Schwergewicht es verstand, Probleme im regionalen Umfeld zu gesamthansischen Angelegenheiten zu erheben. Noch einmal sei wiederholt, dass es deshalb falsch wäre, die Opposition oder Passivität einer Stadt gegenüber lübischen Initiativen unreflektiert als Sonderinteresse oder Eigensucht zu diskreditieren. Aktive Unterstützung fand Lübeck regelmäßig bei den Wendischen Städten. Sie wirkten mit, weil sie oftmals deckungsgleiche Interessen besaßen. Zuweilen konnte aber das, was wie Treue zur Hanse aussah, die Folge davon sein, dass es das mächtige Lübeck verstand, auf mindermächtige Städte wie etwa Wismar verdeckten Druck auszuüben. Je weiter eine Stadt geografisch entfernt lag, umso häufiger erwarteten Lübeck und seine Partner nur eine stillschweigende Duldung der hansischen Maßnahmen, jedoch keine Lastenbeteiligung daran.

Aus dem besonderen hansischen Engagement von Lübeck erwuchsen für die Stadt zahlreiche Sonderprobleme. Sie lassen sich teilweise als Geldfrage fassen. Bereits außerhalb von Krisenzeiten verursachte die aktive hansische Rolle Lübecks erhebliche Kosten. Zwischen 1358 und 1480 fanden Dreiviertel aller Hansetage in Lübeck statt. Stets übernahm dann der Lübecker Rat die Vorbereitung und die Logistik. Daraus entstanden Kosten für den hansischen Verband, die niemand erstattete, sondern die vielmehr aus der städtischen Kasse zu begleichen waren. Darüber haben sich die Lübecker Ratsherren immer wieder einmal beklagt, beispielsweise als sie 1480 hohe Einladungskosten thematisierten und vorschlugen, eine andere Stadt solle die Verantwortung für die Hanse in der Zeit zwischen den Tagfahrten übernehmen.

Zeit- und kostenintensiver war noch, dass Lübeck als Haupt der Hanse nur einen Ehrentitel, aber keine obrigkeitliche Gewalt besaß. Die Bürgermeister und Ratsherren mussten überreden anstatt befehlen zu können. Weil ein logisch-durchgeformter, einklagbarer Weg der Entscheidungsfindung innerhalb des hansischen Verbands fehlte, war es für die Existenz der Hanse geradezu entscheidend, dass sich Lübeck um Konsensfindung bemühte und der Motor für hansische Unternehmungen war. Daraus erwuchsen für Lübeck zweifellos Prestige, Einfluss und ein Informationsvorsprung. Doch viele Hansekaufleute und ihre Heimatstädte sahen in der nicht institutionalisierten Führungsrolle Lübecks gleichsam einen Freifahrtschein. Sie konnten unter den Schirm des lübischen Engagements schlüpfen, ohne selbst aktiv werden und bezahlen zu müssen.

Ein solches Verhalten war für die Lübecker lästig, ja konnte geradezu als Ausbeutung des größeren Partners durch die vielen kleinen erscheinen. Wenn es Vorteile brachte, wollten die kleinen Partner gerne zur Hanse gehören, aber sobald es um die Kostenverteilung ging, hielten sie sich abseits. Diese Haltung lässt sich als Trittbrettfahrer- oder Schwarzfahrerverhalten plastisch und einprägsam bezeichnen. Dabei handelt es sich um ein bis heute typisches Problem kollektiven Handelns. Auf die kleinen Partner geblickt, kann man sagen, dass ihr Benehmen durchaus rational war. Warum sollten sie sich beteiligen, wenn vorhersehbar war, dass Lübeck sowieso die gewünschten Ziele durchsetzen würde? Sie konnten voraussehen, dass, etwa in den Kriegen gegen Dänemark, bei einem positiven Ausgang der Anteil der Lübecker am Gesamtgewinn so groß sein würde, dass diese vermutlich eher die Kosten der gesamten Aktion alleine tragen würden als auf das Gut zu verzichten. Die kleineren Partner machten diese für sie günstige Erfahrung schon seit dem 13. Jahrhundert, als Lübeck begann alle Kaufleute des Römischen Reiches in die eigenen Privilegien einzuschließen. Später wiederholte sich dieses Lübecker Verhaltensmuster regelhaft, sodass die kleineren hansischen Orte sich daran gewöhnen konnten, dass die Hanse für ihre wenigen Händler eine Nutzen-, aber keine Lastengemeinschaft war.

Warum aber war Lübeck dazu bereit? Die Motivation Lübecks, überproportional große Ressourcen für die Hanse zur Verfügung zu stellen, war sicherlich nach Situation und Gegenüber differenziert. Mitentscheidend könnte gewesen sein, dass die Lübecker Fernhändler selbst an den großen Außenhandelsplätzen wiederholt die kritische Masse nicht erreichten, die notwendig gewesen wäre, um als zahlenmäßiges und umsatzkräftiges Schwergewicht zu gelten und damit auf sich allein gestellt erfolgreich gegen die lokalen Machtträger agieren zu können. In Brügge beispielsweise wäre eine ausschließlich Lübecker Gemeinschaft im Vergleich zu anderen fremden Kaufleutegemeinschaften ein marginaler Spieler gewesen. Wo das stets und eindeutig nicht der Fall war, wo die Präsenz der eigenen Händler ausreichte, auf Schonen etwa, agierten die Lübecker tatsächlich für sich, und das galt dort genauso für die Händler aus Wismar, Stralsund, Rostock und Danzig.

Nicht stark genug, um alleine zu bleiben, aber in dem deshalb notwendigen Zusammenschluss deutlich am stärksten, das trifft recht gut die Lübecker Stellung in der Hanse. Durch den Umfang und die Intensität ihrer Marktkontakte war Lübeck am Zustandekommen und an der Stabilität der hansischen Organisation besonders interessiert. Die Stadt war daher offenbar auch bereit, anfallende Mehrkosten teilweise zu tragen. Dafür ausschlaggebend war zudem, dass eine Sanktionierung unsolidarischen Verhaltens erhebliche Kosten verursachte: Innerhalb der Hanse hätte Lübeck die kleineren Städte für ihr fehlendes Engagement nur bestrafen lassen können, indem es deren Kaufleute von der Privilegiennutzung an den Kontorsorten ausschließen ließ. Diese Sanktion wurde allerdings nur an den Kontorsorten wirksam, wo aber nicht Lübeck, sondern die Älterleute kontrollierten und nach Augenschein über die hansische Berechtigung eines Kaufmanns entschieden, der zudem relativ leicht sein Bürgerrecht wechseln konnte. Wirksamer wäre es gewesen, hansisch unkooperative Städte durch nichthansische Sanktionen zu treffen, beispielsweise indem man deren Bürgern den Zuzug nach oder den Erbantritt in Lübeck verweigert hätte. Dafür gibt es zwar nicht in Lübeck, aber aus Westfalen ein Beispiel. So nämlich ging Soest gegenüber kleineren Städten der Region vor, als diese sich einer hansischen Umlage verweigerten.

Für Lübeck gilt schließlich auch, dass es sich die ungleiche Lastenverteilung lange leisten konnte und wollte, oder besser gesagt, dass die politische Führungsschicht der Stadt dieser Meinung war. Der Lübecker Rat war rein kaufmännisch strukturiert. Handwerker hatten hier keinen Platz. Eine solche Regierung durch Kaufleute für Kaufleute tat sich zweifellos leichter, hohe Leistungen für die Hanse als für das Gemeinwohl angelegtes Geld zu verstehen. Doch ist diese Politik nicht unwidersprochen geblieben. Seit dem letzten Drittel des 14. Jahrhunderts kam es fast überall in den niederdeutschen Städten zu innerstädtischen Unruhen. Solche Konflikte ereigneten sich auch in Lübeck. Ein besonders lang andauernder Streit, nämlich die bereits angesprochene Auseinandersetzung der Jahre von 1408 bis 1416 zwischen Altem und Neuem Rat, war ausgelöst worden durch eine Überschuldung der Stadt, die durch die Übernahme hansischer Sonderlasten mitverursacht worden war. Über Sinn und Nutzen dieser Maßnahmen konnte und musste man überall streiten, denn keineswegs war die gesamte Bürgerschaft (und noch nicht einmal die gesamte Kaufmannschaft) einer Hansestadt am Florieren der auswärtigen Kontore interessiert. Das galt auch für Lübeck. Unterschiedliche Interessengruppen wurden in den Lübecker Auseinandersetzungen deutlich, in denen nur der Alte Rat, nicht aber die ebenfalls von Kaufleuten getragene Gegenpartei mit hansischen Bindungen argumentierte.

3. Die Kultur der Hanse

a) Die Hanse als soziales Netzwerk

Der Hanse mangelte es an hierarchischen Organisationsstrukturen. Daran konnte auch Lübecks Wirken als Konsensbilder nichts ändern. Zieht man alle Defizite zusammen, so mag man sich darüber wundern, dass die Hanse überhaupt funktionieren konnte und nicht im 15. Jahrhundert rasch wieder auseinanderfiel. Das es nicht so kam, lag an stabilisierenden Faktoren, die sehr wohl existierten. Sie sind allerdings nicht mit dem Instrumentarium der Verfassungs- und Rechtsgeschichte aufzudecken, sondern fallen in den Zuständigkeitsbereich der Sozial- und Mentalitätengeschichte.

Ein Kitt, der dafür sorgte, dass trotz schwach institutionalisierter Strukturen die Hanse nicht zerbrach, war ein unter den niederdeutschen Fernhändlern ausgeprägtes Gemeinschaftsbewusstsein. An ihrem Solidaritätsgefühl ist bemerkenswert, dass es sich nicht auf eine einzelne Stadt beschränkte. Walter Vogel hat dies vor langer Zeit bereits herausgestellt, als er die eigentliche Besonderheit der Hanse an dem Punkt festmachte, dass in ihr nicht Kaufleute nur eines Ortes, sondern aus zahlreichen Heimatstädten miteinander verbunden waren. Dergleichen war durchaus nicht selbstverständlich, wie ein Seitenblick auf die italienischen Kaufleutegruppen etwa in Brügge zu zeigen vermag. Hier in Flandern, wo die niederdeutschen Kaufleute gemeinschaftlich agierten, bestanden im 14. und 15. Jahrhundert völlig eigenständige Vertretungen etwa der Genuesen, Florentiner, Venezianer und Luccesen. Jeweils für sich allein besaßen sie ein eigenes Gebäude und jeweils einzeln gingen sie ihrer Wege.

Weshalb das Gemeinschaftsgefühl der Niederdeutschen über die eigene Stadt hinausreichte, ist unterschiedlich beantwortet worden: Die ältere Forschung verwies auf Bezugspunkte wie das Reich, die deutsche Nation oder leider gar auf eine rassische Komponente. Heute ist von letzterem Irrsinn selbstverständlich nicht mehr die Rede. Verwiesen wird vielmehr auf das, was als „hansische Identität" bezeichnet worden ist und was man vielleicht besser als „hansische Kultur" bezeichnen könnte, wenn damit nicht sogleich das Missverständnis einherginge, im Folgenden über Backsteinarchitektur und Hallenkirchen zu lesen. Doch gemeint ist durchaus etwas anderes, ein umfassenderer Kulturbegriff, der die Wechselwirkungen zwischen Selbstverständnis und Selbstbild der handelnden Menschen sowie die kulturelle Gestaltung ihrer Lebenswelt zu erfassen sucht.

Ein im Selbstverständnis der hansischen Politiker und Händler besonders wichtiges Bindemittel wird gerade in Arbeiten sichtbar, deren Ansatz von „seriösen" Historikern oftmals belächelt worden ist. Gemeint sind Forschungen der genealogischen Hilfswissenschaft, in denen sich Verfasser intensiv

Hansische Identität

Verwandtschaftsnetze

um Stammtafeln und Verwandtschaftszusammenhänge bemühen. Tatsächlich ist jede einzelne Familienstudie in ihrer Aussage beschränkt, erst in der Gesamtschau wird aus diesen reichen personen- und familienbezogenen Daten eine hansetragende Familienverflechtung erkennbar.

Sie wurde begründet in der bereits beschriebenen gesamteuropäischen Aufbruchzeit, als ab dem 12. Jahrhundert die Überbrückung des Raumes für immer mehr Menschen möglich wurde. Während der Europäisierung des Ostseeraums entstanden zwischen Lübeck und Reval zahlreiche Dörfer und Städte. Alle diese neuen Siedlungen waren Ziele für Menschen, die sich im Osten bessere Lebenschancen erhofften. So kamen die ersten Siedler, die nach Lübeck zuzogen, aus dem Rheinland, aus Westfalen und aus Sachsen. Eine Zuwanderung über weite Strecken findet sich nicht nur in diesem Falle. In alle neuen Städte im Ostseeraum wanderten Menschen aus der Ferne zu, suchten sich zu etablieren und stießen zu der aus dem Umland zugezogenen Bevölkerung hinzu. Der Vorgang ist an den Herkunftsbezeichnungen vieler Familien ablesbar. Weil nämlich die Familiennamen noch nicht verfestigt waren, wurden viele Zuwanderer in ihrer neuen Heimat nach ihrem Herkunftsort benannt. So findet sich in Lübeck etwa eine bekannte Ratsherrenfamilie Warendorp, die nach dem westfälischen Warendorf heißt. In Thorn lebte eine ratsfähige Familie, die von Soest hieß.

Umgekehrt lässt sich beobachten, wohin überall eine Stadtbevölkerung des Altsiedellands verwandtschaftliche Kontakte unterhielt. Weil in Erbangelegenheiten oftmals die am Herkunftsort lebenden Verwandten bedacht wurden, erhielt beispielsweise der Rat von Soest wiederholt Schreiben aus anderen Städten, in denen Vermächtnisse zugunsten seiner Bürger mitgeteilt wurden. Die in ihnen genannten Verbindungen führen, wenn man sie grafisch fasst, strahlenförmig aus dem gesamten Ostseeraum auf das westfälische Soest zu. Grundsätzlich wichtig an diesen Wanderungsbewegungen war, dass es nicht bei der einmaligen Abwanderung und Niederlassung blieb. Vielmehr wurden im Laufe der Jahrzehnte weitere Verwandte nachgezogen, andere Personen hingegen kehrten in die alte Heimat zurück und in den folgenden Generationen zogen die Kinder der Einwanderer von ihrem neuen Wohnort genauso wie einst ihre Eltern weiter in Richtung Osten.

Recht gut untersucht sind solche Vorgänge für die Familie Plescow. Ihr Familienname ist nach der nordrussischen Stadt Pleskau/Pskov geformt. Die Familie könnte russischer Herkunft sein. Doch wahrscheinlicher ist, dass der Familienname ihrem Haupthandelsziel nachgebildet worden ist. Als hansische Fernhändler erscheinen Angehörige der Familie Plescow zunächst auf der schwedischen Insel Gotland in Visby. Von dort siedelte ein Zweig der Plescows am Ende des 13. Jahrhunderts nach Lübeck über. An beiden Lebensorten gehörten die Plescows zur politischen und sozialen Führungsschicht. In Visby wie in Lübeck versahen die männlichen Mitglieder wiederholt ein Amt als Ratsherr oder Bürgermeister, darunter war auch der 1425 verstorbene Lübecker Bürgermeister Jordan Plescow. Durch Heiraten entstanden zudem mit Einwohnern anderer Städte des Ostseeraums verwandtschaftliche Verbindungen, so etwa mit Stockholmer Ratsfamilien. Auch anderswo konnten hansische Fernhändler und Politiker von sich sagen, dass sie Seitenverwandte in vielen Städten des Handelsraumes besaßen. Pointiert hat daher Klaus Friedland fragen können, ob der Ostseeraum des Mittelalters nicht fast „ein Familienzimmer der westfälisch-deutschen Neusiedler und ihrer Nachkommen" gewesen sei.

Zu diesen verwandtschaftlichen dürften die (allerdings wesentlich schwieriger zu erkennenden) freundschaftlichen Verbindungen hinzugekommen sein. Dass sie entstehen konnten, wurde dadurch erleichtert, dass auch derjenige fremde Händler, der vor Ort keine Verwandten besaß, in der Lage sein konnte, mit den kaufmännischen Führungsgruppen ins Gespräch zu kommen. Bruderschaften und Gesellschaften waren für die Kommunikation von politischen und wirtschaftlichen Eliten in den hansischen Städten von hoher Bedeutung. In den preußischen Städten versammelten sich Ratsherren, Schöffen und Fernhändler in den Artushöfen und waren Mitglieder in deren Bruderschaften. Weil in die Artushöfe häufig Gäste mitgebracht wurden und Fremde zugangsberechtigt waren, konnten Beziehungen etabliert werden. Ein gutes Beispiel für die dauernde Wirksamkeit solcher Kontakte stammt aus dem Baltikum und fällt in die ersten Jahrzehnte des 15. Jahrhunderts. In Riga war die Schwarzhäuptergesellschaft der Sammelpunkt nicht nur der etablierten Fernhändler, sondern gerade auch der jungen Kaufgesellen, die zur Ausbildung nach Livland gesandt worden waren, um Waren und Verfahren des Russlandhandels zu erlernen. Der Danziger Hans Swaneke und der Lübecker Johann van dem Springe dürften sich im Jahre 1419 im Rigaer Schwarzhäupterhaus kennengelernt haben. Ebenfalls hier begegnet sein dürften sie dem Rigaer Bürger Gerd van Borcken. Weiß man davon, so gewinnt ihre dreiecksförmige Handelsverbindung des Jahres 1430 ein besonderes Relief, denn van Borcken versorgte damals den Lübecker mit Wachs, von dem ein Teil dem Danziger gehörte.

Die hansischen Städte waren verbunden durch ein Netz der Verwandtschaft und der Freundschaft ihrer Bewohner. Die Dichte dieser Verbindungen wird heute niemand mehr nachmessen können, doch erscheint sie im Vergleich zu den Städten Oberdeutschlands ausgeprägter gewesen zu sein. Dieses soziale Netzwerk leistete für das Funktionieren der Hanse recht Erstaunliches. Was die verwandtschaftliche Vernetzung für die Handelsorganisation im Hanseraum bedeutete, wird später noch zu zeigen sein. Genauso wichtig war sie für die politische Organisation der Hanse. Neuere Untersuchungen dieser informellen Verbindungen zwischen den politischen Führungsgruppen der Hansestädte, wie sie Dietrich W. Poeck betreibt, zeigen dies recht deutlich. Ein sprechendes Beispiel ist das Verwandtschaftsnetz des Dortmunder Bürgermeisters Arnd Sudermann († 1473). Wie viele andere, so besaß auch diese westfälische Familie im Gebiet der Ostsiedlung, nämlich im preußischen Thorn, einen Familienzweig, dessen Begründer in einer vorausgehenden Generation Westfalen verlassen hatte, mit dessen Nachkommen aber weiterhin ein Kommunikationszusammenhang und ein Gemeinschaftsbewusstsein bestand. Mit dem zusammen mit ihm amtierenden Dortmunder Bürgermeister Christoph Hengstenberg war Arnd Sudermann verschwägert; übrigens hatte auch dieser Bürgermeister aus Dortmund preußische Verwandte. Im westfälischen Umkreis war Sudermann über seine Tochter und seine Schwester zudem mit zwei Soester Bürgermeistern verwandt. Darüber hinaus war sein Vetter Heinrich zur selben Zeit in Köln wiederholt Ratsherr und Bürgermeister. Wurden diese Politiker also vom jeweiligen Rat ihrer Heimatstadt als Vertreter zu Hansetagen ge-

Verwandtschaft auf Hansetagen

sandt, begegneten sich Dortmunder, Kölner und Soester Familienange-
hörige, um über hansische Politik und Diplomatie zu verhandeln. Für die
Erfolgsaussichten hansischer Maßnahmen dürfte es wichtig, vielleicht entscheidend gewesen sein, dass auf Tagfahrten sich Ratssendeboten miteinander arrangierten, die oftmals vor dem Hintergrund von familiären Verbindungen agierten. Sie handelten überstädtisch. Sie verband das Interesse am
Erhalt ihrer ökonomischen und politischen Führungsposition. Das erklärt
auch, warum die Hansetage bei innerstädtischen Umsturzversuchen zumeist rigoros die Partei des alten Rates und mithin der bestehenden sozialen
Ordnung ergriffen.

Die Forschung nennt diese Personen „hansische Führungsgruppe". Ein
hansischer Politiker bezeichnete sie im 16. Jahrhundert als „die heren der
hanse". Der Bestand und das Funktionieren der Hanse dürften wesentlich
auf dem Zusammenhalt dieser „Herren der Hanse" beruht haben. Diese Personen aus Städten zwischen dem Rheinland, Westfalen, Niedersachsen und
der Ostseeküste verbanden gleichlaufende Interessen sowie verwandtschaftliche und freundschaftliche Beziehungen.

b) Sprache, Kunst und Kommunikation

Sprache   Zum Zusammenhalt der hansischen Führungsgruppe trugen weitere Bindekräfte bei. Wichtiger Bezugspunkt war dabei die Sprache. Wir erfuhren bereits, dass das Niederdeutsche die Geschäftssprache im Nord- und Ostseeraum war. Wenn es etwa darum ging, an den Kontorsplätzen über die Zulassung von unbekannten Kaufleuten zu entscheiden, dürfte die Sprache ein
wichtiges Kriterium gewesen sein. Stets war es nämlich so, dass bei Kaufleuten aus dem Kernraum der niederdeutschen Sprachlandschaft die Hansezugehörigkeit an den Kontoren kaum einmal als fraglich galt. Bei westfälischen, sächsischen, wendischen, pommerschen oder preußischen Her-
kunftsorten wurde die Angelegenheit unkompliziert gehandhabt und die
Hansezugehörigkeit als Selbstverständlichkeit betrachtet. Anders war dies
bei Kaufleuten aus den Niederlanden, dem Rheinland, aus Thüringen,
Schlesien, Polen und Livland. Freilich gab es durchaus Hansekaufleute anderer Mundart. Gerade für die zahlreichen Kölner galt dies im Besonderen.
Die Grenze der niederdeutschen Sprache war also keine bewehrte Grenzli-
nie hansischer Zugehörigkeit. Vor einem weiteren Missverständnis ist zudem zu warnen. Denn die den Ober- und Niederdeutschen gemeinsame
deutsche Sprache schuf beleibe keine kraftvolle deutsche Identität. Im Spätmittelalter war das Zusammengehörigkeitsgefühl von ober- und niederdeutschen Sprechern weder unter Kaufleuten, noch unter Söldnern, Handwerkern oder Studenten im Ausland stark ausgeprägt. Im Gegenteil, die Unterschiede zwischen Ober- und Niederdeutschen wurden während des
gesamten Mittelalters als recht scharf empfunden. Dies änderte sich lang-
sam, als das Niederdeutsche seit der Reformation nach und nach als Schriftsprache verdrängt wurde. Schrittweise wurde es seitdem in Niederdeutschland üblich, Hochdeutsch zunächst zu schreiben und dann auch zu sprechen. Im Mittelalter war jedoch, anders als im 19. und 20. Jahrhundert, das
„Plattdeutsche" niemals nur eine Sprache der kleinen Leute und des Alltags,
sondern seit dem 13. Jahrhundert eine übliche Schriftsprache gewesen. Die

städtischen und fürstlichen Kanzleien schrieben niederdeutsch. Es existiert Literatur in niederdeutscher Sprache. Schon 1494 wurde eine niederdeutsche Bibelübersetzung gedruckt. In Lübeck kam 1498 der „Reynke de Vos" heraus. Fast zu selben Zeit entstanden die Geschichten von „Til Ulenspegel" um 1500 in Braunschweig.

Die Werke der niederdeutschen Literatur wurden zweifellos von Hansekaufleuten gelesen. Handelt es sich deshalb aber um „hansische" Literatur? Die Frage lässt sich ausweiten, weil grundsätzlich zur Rede steht, ob es so etwas wie eine „Hansekunst" gegeben hat. Der Begriff hat es bis auf die Titelblätter von Büchern gebracht. Doch handelt es sich bei ihm um einen schillernden Begriff, der gänzlich unterschiedlich gebraucht werden kann. Je nachdem, wie er inhaltlich definiert wird, lassen sich mit ihm ganz unterschiedlich große Kreise schlagen. In einem engsten Kreis müsste hansische Kunst als das gelten, wozu die Hanse den Auftrag erteilt hat. Dies wäre ein recht sinnvoller Zugang, indes ist der Umfang des vorhandenen Materials extrem klein. Typische Gelegenheiten, zu denen mittelalterliche Gilden zu Auftraggebern wurden, etwa wenn sie ein Siegel schneiden ließen oder durch eine Altarstiftung für die Memoria der Gildegenossen sorgten, fielen bei der Hanse aus. Sichtbar sind Zeugnisse hansischer Auftraggeberschaft nur an den Orten, wo das hansische Bewusstsein ausgeprägter war, nämlich an den Kontorsplätzen. Dies ist eine Folge der Entstehungsgeschichte der Hanse, die von außen nach innen wuchs und starke Organisationselemente in den Kontoren besaß. So hat etwa die Brügger Kontorsgemeinschaft wiederholt an Kirchen der Stadt gestiftet. Besonders sprechend ist dabei das Bildprogramm, das sie bei der Stiftung von Glasfenstern wählte. Diese zeigten das Kontorswappen, den Kaiser und die sieben Kurfürsten, also die Wähler des römisch-deutschen Königs. Nicht ein Koggen oder ein Heiliger, sondern das Heilige Römische Reich wurde hier in der Außendarstellung zum Symbol für die Identität der Kontorsgemeinschaft der Niederdeutschen erhoben. Das Reich als Bezugspunkt kehrt gehäuft wieder: So zeigten Siegel und Wappen des Brügger Kontors den Reichsadler. Dieses Reich, dem der deutsche König als Kaiser vorstand, galt den mittelalterlichen Menschen als die Fortsetzung des römischen Weltreiches der Antike. Das Reich, in dem die spätmittelalterlichen Deutschen lebten, bestand mithin schon seit der Zeit, in der Jesus Christus geboren worden war. Es war verankert in der biblischen Weltordnung. Nicht die faktische Schwäche des vor 1495 als Gemeinschaft kaum handlungsfähigen Reiches schreckte ab, sondern der hohe Wert dieser allerbesten Legitimation, welche die Deutschen allen übrigen Königreichen in Europa voraus hatten, machte diesen Bezug wertvoll und ließ ihn zum hansischen Identitätsanker werden.

Ein zweiter Ansatz, der mit dem Begriff Hansekunst argumentiert, sucht eine inhaltliche Abgrenzung vorzunehmen, die nicht von der Auftraggeberschaft, sondern von der Formensprache der Kunstwerke ausgeht. Ihm folgend sind solche Produkte der hansischen Kunst zuzuweisen, in denen sich Normen und Werte spiegeln, die von der „Idee" oder dem „Geist der Hanse" zeugen. Die Auffassung basiert auf der Vorstellung von einem Stilwillen des mittelalterlichen Bürgertums, der sich gegen den adlig-höfischen Kunstgeschmack abgegrenzt habe. Bürgerliche Werte galten dabei als hohe Werte. Denn gemeint sind nicht Krämergeist, Rücksichtslosigkeit oder Hab-

Die Hanse als Auftraggeber

Kunst und ein bürgerlicher Geist der Hanse?

gier, sondern genannt werden Rationalität und Homogenität oder auch „maßvolle und kühle Nüchternheit" (Ahasver von Brandt). Gerechnet wird beispielsweise mit einem maßvollen Realismus, der sich aus einem nüchternen bürgerlichen Wirklichkeitssinn speise. Er bringe völlig andere Ergebnisse hervor als eine auf Effekte angelegte Kunst ornamentaler fürstlicher Repräsentation. Will man diesem Gedankengang folgen, so ließen sich die eben genannten literarischen Werke „Til Ulenspegel" und „Reynke de Vos" problemlos auf der bürgerlichen Seite unterbringen. König Artus und die Ritter der Tafelrunde stünden ihnen gegenüber.

Mit diesem Schema lassen sich grundsätzlich alle Kunstgattungen sortieren. Praktisch ergeben sich indes erhebliche Schwierigkeiten: Bereits ein ernstes Problem ist, dass die Zuweisung das Gesamtwerk einzelner Künstler zerschneidet. Ein Beispiel ist die Lübecker Bildschnitzerwerkstatt von Bernd Notke (um 1440–1509). Die aus seiner Werkstatt stammenden Holzbildwerke für Lübecker Kirchen scheinen zum bürgerlichen Geist trefflich zu passen. Die für den schwedischen Adligen Sten Sture gearbeitete und im Jahre 1489 in Stockholm aufgestellte St. Jürgen Gruppe müsste allerdings ausgesondert werden. Indes hätte man sie vielleicht doch mit einem hansischen Geist verbinden können, wenn man von der adligen Auftraggeberschaft nichts gewusst hätte und nur von der Formensprache ausgegangen wäre. Auch der umgekehrte Fall lässt sich in Augenschein nehmen: Betrachtet man etwa den um 1445 vom Kölner Stefan Lochner (um 1400–1451) gemalten Altar, der auf der Mitteltafel die Anbetung der Heiligen Drei Könige darstellt, so dürfte ein unbefangener Betrachter annehmen, dass die Art der Darstellung, etwa die prächtige Seidenkleidung der Könige, einem ornamental repräsentativen Stil zuzuweisen sei. Das Werk müsste mithin als der bürgerlichen Hanse fremd gelten, entspricht es doch recht genau dem, was zur selben Zeit von fürstlichen Kunstbesitzern in Westeuropa geschätzt wurde. Freilich ist der Lochneraltar, sobald die Entstehungszusammenhänge berücksichtig werden, in einem verfassungs- und sozialgeschichtlichen Sinne zweifellos höchste bürgerliche Kunst. Denn den Auftrag für die Arbeit erteilte der Kölner Rat, das oberste Organ der Bürgerschaft, der den Altar in der Rathauskapelle aufstellen ließ. Schwierig erscheint auch, wofür der Lübecker Greveradealtar in Anspruch genommen werden kann. Die realistische Malerei der Brügger Werkstatt von Hans Memling, der 1491 einen Auftrag für eine Familienkapelle im Lübecker Dom erledigte, mag man als bürgerlich angelegt empfinden. Berücksichtigt man außerdem, dass unter Umständen der Lübecker Kaufmann Hinrik Greverade, der nachweislich in Flandern handelte, den Auftrag vermittelte, könnte der Altar geradezu ein Prachtstück im imaginären Museum hansischer Kunst sein. Doch wird die Sache zweifelhaft, weil höchstwahrscheinlich nicht dieser kaufmännische, sondern eher das geistliche Mitglied der Familie, der Lübecker Domherr Adolf Greverade, den Altar wünschte und das Programm aufgrund seiner hohen theologischen Bildung zu planen half.

Damit ist die Problematik eines Ansatzes, der hansische Kunst als Spiegelung spezifischer Charakteristika anzugehen sucht, zumindest angedeutet. Hinzu kommt, dass Werte und Normen, die man gemeinhin als bürgerlich versteht, in akute Gefahr geraten, nicht mittelalterliche Haltungen zu zeigen, sondern solche Vorstellungen zu reproduzieren, die das Bürgertum seit

dem 19. Jahrhundert selbst schätzte und somit in den mittelalterlichen Städten wiederzufinden suchte. Entdeckte man dergleichen im ritterlichen Lebensstil der Kölner Patrizier, wie sie im Roman vom „Guten Gerhard" erscheint? Oder suchte man sich mit den Danziger Bürgersöhnen zu identifi-
zieren, die ins Turnier ritten und sich wie König Artus an eine Tafelrunde
setzten? Natürlich war dieser ritterliche Lebensstil nicht gemeint. Deshalb
gerät man in die Nähe eines Zirkelschlusses, wenn man das, was man für
hansisch-bürgerlich hält, festlegt oder stillschweigend voraussetzt, um es so-
dann in Kunstwerken wiederzuentdecken und damit sein Bild von typisch
hansisch-bürgerlichen Identitätsmustern bestätigt zu finden.

Schließlich existiert eine Definition von Hansekunst, die geografisch verankert ist und in ihrer äußersten Dehnung die gesamte künstlerische Produktion des Nord- und Ostseeraum einschließt. Der Ansatz ist also in Relation zum Bild der Hanse als „Staat der Städte" konstruiert. Er ist bereits
deshalb unhandlich, weil sich klare und dauerhafte Grenzen eines Hanseraums nicht angeben lassen. Problematisch ist zudem, dass sich innerhalb
eines solchen, wie auch immer begrenzten Raumes nicht nur Städte, sondern beispielsweise auch Fürstenhöfe befanden, die wichtige Kunstzentren
waren. Können Höfe mithin als zugehörig zu einer hansischen Kunstland-
schaft betrachtet werden? Und wenn ja, ist der Begriff dann nicht nur als ein
Synonym für die Gesamtheit oder den Teil einer norddeutsch-skandina-
visch-baltischen Kunstregion zu verstehen?

> Kunstlandschaft und
> Kommunikations-
> räume

Aus solchen Überlegungen heraus ist man heute weitgehend von Versuchen abgekommen, eine Hansekunst räumlich zu definieren. Allerdings lassen sich durchaus Eigenheiten untersuchen und geografisch zuweisen. Bau-
geschichtlich sind bestimmte Regionen dadurch herausgehoben, dass in
ihnen bestimmte Materialien bevorzugt benutzt wurden. Im Falle des so oft
mit hansischer Identität verbundenen Backsteins ist das so. Die Backsteinarchitektur der Küstenstädte erwuchs aus einem Mangel, den zu geringen
oder völlig fehlenden Natursteinvorkommen nördlich einer Linie von Bremen nach Riga. Südlich davon finden sich Steinbrüche, aus denen Haustein
gewonnen werden konnte. Wer etwa Städte wie Magdeburg, Braunschweig,
Soest oder Köln besucht und sich auf ihre hansische Kaufmannschaft be-
sinnt, wird keineswegs mehr an die Backsteinhomogenität der hansischen
Stadt glauben mögen. Aber auch in Lübeck und anderswo in der naturstein-
armen Zone ist während des Mittelalters immer wieder Haustein beim Bau
eingesetzt worden. Denn Handwerker und Künstler verarbeiteten ja nicht
nur Werkstoffe, die am Orte erzeugt oder gefunden wurden, sondern oftmals auch importierte Materialien.

Nicht nur Baustoffe, sondern auch Kunstwerke wurden über weite Entfer-
nungen befördert. Dies gilt für Werke höchster ästhetischer Qualität genauso wie für Kunst als Massenware. So gewendet, gelingt eine recht tref-
fende Verbindung von Hanseraum und Kunst, wenn man die Verbreitung
von Kunstwerken zu den hansischen Verkehrs- und Kommunikationsbedin-
gungen in Relation setzt. Dies ist geschehen und darüber ist einiges bekannt: Tatsächlich förderten die hansischen Kommunikations- und Verkehrswege die Ausbreitung von intellektuellen, literarischen, künstlerischen
und musikalischen Moden. Besonders plastisch zeigen dies Kartierungen.
Eine Karte, auf der die Verbreitung der Werke der Lübecker Werkstatt von

Bernd Notke eingezeichnet ist, erstreckt sich von Bergen bis Reval und von Hamburg bis Tromsö. Die Verbreitung von flämischen Messinggrabplatten des 14./15. Jahrhunderts reicht über Lübeck bis ins Preußenland. Auch Künstler folgten den hansischen Verkehrslinien. Der Maler Michel Sittow (um 1468 bis 1525/26) stammte aus Reval. Als junger Mann lernte er in der Werkstatt von Hans Memling in Brügge. Von dort aus führte ihn sein Weg als bedeutender Porträtmaler an die Höfe von Kastilien, England, Dänemark und demjenigen der burgundischen Niederlande. Im Jahre 1516 kehrte Sittow ins Baltikum zurück, er blieb dort für immer, heiratete die Tochter eines Hansekaufmanns und wurde Ältermann der Kanutigilde.

Dieser Lebensweg oder die skizzierten Entstehungshintergründe des Lübecker Greveradealtars verweisen darauf, dass über Kunst gesprochen wurde und sich die Kenntnis von bemerkenswerten Künstlern verbreitete. Dies aber geschah nicht willkürlich, sondern das Wissen wurde über die üblichen Kommunikationswege weitergegeben. Der überstädtische Zusammenhalt der hansischen Führungsschicht beruhte im hohen Maße auf diesen intakten Gesprächsverbindungen. Man hörte rund um die Ostsee viel voneinander, erfuhr rasch von Problemen und Entwicklungen an anderen Orten, wusste mehr voneinander als von anderen Nachbarn, fühlte sich wohl deshalb enger miteinander verbunden und verhielt sich solidarischer. Im Falle des kaufmännischen Greveradebruders wirkten hansische Kommunikationsverbindungen, im Falle des Lübecker Domherrn die Netzwerke von Geistlichen und Gelehrten. Denn natürlich lässt sich der Nord- und Ostseeraum auch als Bildungslandschaft verstehen. Bedeutende Fernhandelsplätze wie Bremen, Hamburg, Lübeck und Danzig waren allerdings bis ins 20. Jahrhundert hinein regelmäßig keine Universitätsstädte. Vielmehr waren die Gelehrten des Nordens vor den letzten Jahrzehnten des 14. Jahrhunderts in Italien oder Frankreich ausgebildet worden. Als 1389 in Köln und 1392 in Erfurt neue Universitäten entstanden, wurde vor allem Letztere für die hansischen Städte bedeutend. Etwas später kamen im Jahre 1419 Rostock und im Jahre 1456 Greifswald hinzu. Auch diese beiden waren zunächst keine rein norddeutschen Universitäten, weil beispielsweise vor den Gründungen von Uppsala 1477 und Kopenhagen 1478 stets Skandinavier dort studierten.

Doch nicht nur Ideen und Anregungen, sondern auch Kunstwerke wurden auf hansischen Schiffen transportiert. Die Revaler Zollregister der Jahre 1426 bis 1429 verzeichnen nicht weniger als acht Altartafeln und zwei Laden mit Skulpturen. Insgesamt hat die Forschung geschätzt, dass über 300 Altartafeln des Mittelalters über Lübeck in den Ostseeraum gelangt sein dürften. Über ein solches Geschäft ist durch einen Überlieferungszufall Näheres bekannt: Die Revaler Schwarzhäupter waren eine exklusive Bruderschaft der Oberschicht und sorgten sich um das Totengedenken für die Verstorbenen ihrer Gemeinschaft. Zum Zwecke der Memoria unterhielten sie in der Revaler Katharinenkirche eine Kapelle. Für die Herstellung der Altartafel gewannen sie den Hamburger Maler Meister Francke (um 1380 bis um 1436). Der von einem Revaler Tischler vorgefertigte Altarschrein wurde im Jahre 1429 vom Schiffer Johann Jacobson für Gotteslohn nach Lübeck befördert. Von dort wurde er weiter nach Hamburg gebracht, wo laut Abrechnung ihn ein Dominikanerbruder, mit dem Meister Francke gemeint sein muss, bemalte. Die Bezahlung der in einer ersten Rate fälligen 18 rigischen Mark organisierte der Revaler Kaufmann und Schwarzhäupterbruder Tideke Gelpin, der dafür seine Geschäftsverbindungen zum Lübecker Hermann Korbecke aktivierte. Später wurde reichlich Wachs aus dem Baltikum nach Lübeck geliefert, das im Wert 80 lübische Mark ausmachte. Der Erlös aus diesem Wachsverkauf war für die Herstellung des Altars bestimmt. Nachdem der Rücktransport des fertigen Altars über die Ostsee wiederum um Gotteslohn erfolgt war, konnten die Schwarzhäupter spätestens im Jahre 1436 die Bestellung in ihrer Kapelle in Reval aufstellen. Das Werk wurde in der Reformation zerstört.

4. Hansischer Handel

Der Kölner Johann Rinck war über Jahrzehnte ein erfolgreicher Kaufmann gewesen. Auf schwierigen Märkten und in wechselnden Konjunkturlagen hatte er erfolgreich Handel getrieben. Ein hübsches Vermögen war ihm dabei zugeflossen, dessen Vergabe er am 26. Februar 1512 testamentarisch regelte. In diesem Moment erinnerte er sich an die Gefährdungen seines Berufs, dachte an die Ängste, die einen Kaufmann bei jedem Geschäft plagen konnten, und war sich bewusst, dass manche seiner Geschäftsentscheidungen die Seele eines Christen schwer belasten mussten. Daher wollte er sein Handelshaus durch seine Kinder nicht fortgesetzt wissen, sondern in seinem Testament empfahl er ihnen den sichersten, gemächlichsten und friedlichsten unter allen Berufen zu ergreifen, die er kannte: Sie sollten Universitätsprofessoren werden.

Tatsächlich war der Beruf des Fernhandelskaufmanns mit einem Leben als Gelehrter nicht vergleichbar. Das galt um 1500 noch genauso wie um 1200. Die wandernden Händler des 12. und 13. Jahrhunderts, die auf gefahrvollen Reisen mit dem Schwert ihre Waren und sich selbst schützen mussten, lassen sich in ihrer Lebensführung geradezu als Gegenbild zum gelehrten Kleriker des Hochmittelalters verstehen. Für Kleriker war es zudem naheliegend, in jedem Geschäftsabschluss eines Kaufmanns einen Verstoß gegen kirchliche Moralvorschriften zu sehen und beispielsweise eine wucherische Zinsnahme zu vermuten. Kaufmännisches Arbeiten glich einer Gratwanderung zwischen schlechtem Gewissen und einem in Konkurrenz zu anderen kaufmännischen Sündern üblichen Verhalten. Nicht jeder, der diesen Beruf ausübte, zog allerdings so extreme Konsequenzen wie der Kaufmannssohn Franz von Assisi, der zum Fernhandelsberuf erzogen worden war, sich aber vom Reichtum ab- und den Armen zuwandte. Doch um ihr Seelenheil sorgten sich viele, nicht nur Johann Rinck. So fragte auch der Bremer Ratsherr Hinrik van der Hude († 1459) einen verwandten Hildesheimer Domherr um Rat. Dieser antwortete dem Bremer, dass er, um sein Seelenheil zu retten, dazu verpflichtet sei, all das zu erstatten, was er sich wider Gottes Gebote angeeignet habe.

Ebenso wie Seelenqualen konnte einen mittelalterlichen Kaufmann die Angst vor der kaufmännischen Unmoral seiner Berufskollegen umtreiben.

Kaufmännische Ängste und Seelennöte

Jeder hansische Händler musste sich ängstigen, seine Waren durch Unglücke zu verlieren, von Dieben gestohlen oder als Repressalie abgenommen zu bekommen. Er sorgte sich, die Marktlage wegen fehlender Informationen falsch einzuschätzen, und seine dauerhafte Angst konnte sich bei riskanten Termingeschäften bis zur Panik steigern. Er fürchtete von Geschäftspartnern hintergangen oder von Lieferanten betrogen zu werden: faule Heringe in der Mitte einer Tonne, zu einem Viertel mit Kirschkernen gefüllte Weinfässer, zur Gewichtserhöhung eingenässte Rohseide oder mit Mehl, Sand und Mäusedreck gemischter Ingwer sind nur einige Beispiele aus einer bedrückenden Liste hinterlistiger Betrugsmanöver. Diese Verfehlungen sind trotz ihrer Drastik gerade nicht als Einzelfälle zu verstehen. Das sei ausdrücklich unterstrichen, weil gerade und wiederholt der Hansekaufmann seit dem 19. Jahrhundert als wagemutig, ehrbar und durch und durch zuverlässig idealisiert worden ist. Franz Irsigler hat diesem Porträt im Goldrahmen ein kaufmännisches Bild entgegengestellt, das er bestimmt sieht von „Sorge, Angst, Streß, Kummer über Mißerfolge, Krankheiten, ungeratene Söhne, untreue Geschäftspartner und rücksichtslose Bankiers".

Warum wählte dann überhaupt ein Mensch den kaufmännischen Beruf und wurde nicht ehrbarer Universitätsprofessor? Seine Motive dürften nicht wesentlich anders gelagert gewesen sein, als sie es heute sind. Denn natürlich waren Ängste und Risiko mit Chancen auf einen hohen materiellen Gewinn verbunden. Im Roman vom „Guten Gerhard" lässt Rudolf von Ems diesen Kaufmann im Ostseeraum mit Pelzen und im Mittelmeerraum mit Seide handeln: Auf einer einzigen Fahrt verdoppelt er das eingesetzte Kapital. Diese Hoffnung hegten viele. Aus dem Wunsch, einmal einen solchen Gewinn zu erzielen, speiste sich ihre nicht nachlassende Bereitschaft zum Abenteuer. Ihr Glaube an die Machbarkeit des Erfolges ließ sie Strapazen und Sorgen akzeptieren.

Kaufleutetypen   Damit sind Menschen mit ihren Gewinnhoffnungen, Ängsten und Aktivitäten in den Blick geraten. Und das ist wichtig, weil eben nicht „die Hanse", sondern Kaufleute auf eigene Rechnung und in Konkurrenz miteinander im hansischen Wirtschaftsraum handelten. Will man den hansischen Kaufmann charakterisieren, so hat man vom seltsamen Umstand auszugehen, dass das Geschäftsvolumen eines typischen Hansekaufmanns von der Forschung im 19. Jahrhundert zu klein, im 20. Jahrhundert hingegen zu groß angesetzt worden ist. Daran waren die Hypothesen des Nationalökonomen Werner Sombart nicht schuldlos. In einem großen Werk über den modernen Kapitalismus hat Sombart kurz nach 1900 kühn behauptet, dass Gewinnstreben und Rationalität dem mittelalterlichen Kaufmann grundsätzlich fremd gewesen seien. Nicht Güterfernhandel und Gewinnmaximierung, sondern Nahrungsprinzip und Kleingeschäfte von Hökern, Krämern und Wanderhändlern seien die Regel gewesen. Selten hat eine falsche These die Forschung so befruchtet wie diese Behauptung. Für die hansische Welt war es Fritz Rörig, der antrat, die in der Sombartschen Sicht so enge Welt des hansischen Kaufmanns auszuweiten. Die Widerlegung der These gelang Rörig im Lübecker Archiv. Hier entdeckte er Beispiele für Großkaufleute und eine mittelalterliche „Weltwirtschaft".

Doch wäre es unsinnig, sich die hansische Handelswelt im Umkehrschluss als eine Ansammlung von Großhändlern vorzustellen. Keineswegs korrespondierte die Härte des Kaufmannslebens regelhaft mit der Größe des Geschäfts. Dagegen spricht bereits die Summe der gleichzeitig Handel treibenden Personen. Beispielsweise sind zwischen 1311 und 1361 im Lübecker Niederstadtbuch in einem gesonderten Abschnitt 249 Handelspartnerschaften von Kaufleuten verzeichnet, an denen über 400 Personen beteiligt waren. Dies sind bei Weitem noch nicht einmal alle damals am Handel beteiligten Personen, da es nicht notwendig war, eine solche Vereinbarung schriftlich niederzulegen. Ein weiteres Beispiel: In einem Danziger Zollbuch, das die Schiffsbewegungen von April bis Dezember 1409 verzeichnet, sind 352 Getreide- und 604 Holzexporteure genannt. Nur Großkaufleute waren sie keineswegs. Denn bei den Schiffsbewegungen des Jahres entfiel gerade einmal ein Anteil von 6,5 Prozent auf Schiffe der Größenklasse von 90 bis 150 Last (180 bis 300 Tonnen), die man laienhaft als Hansekoggen ansprechen würde. Der Rest entfiel demgegenüber auf wesentlich kleinere Einheiten. Und schließlich noch: In den Lübecker Pfundzollregistern der Jahre 1492 bis 1496 sind rund 80 Prozent der genannten Händler nur Einmalbefrachter.

Besser als einen Durchschnittskaufmann zu konstruieren, ist es daher, die konkrete Geschäftätigkeit einzelner Kaufleute zu betrachten. Die Geschäfte eines Dortmunders, eines Hamburgers und zweier Kölner Händler seien dafür exemplarisch vorgestellt: Tidemann Lemberg stammte aus Dortmund. In der westfälischen Stadt dürfte er um 1310 geboren worden sein. Er wuchs auf in wohlsituierten Verhältnissen, obwohl sein Vater nicht zur politischen und sozialen Spitzengruppe der Stadt gehörte. Über seine Ausbildung und seine ersten Geschäftsunternehmen weiß man rein gar nichts. Wie mit einem Paukenschlag ist er im Jahre 1339 erstmals und sofort auf einem ganz erstaunlichen Geschäftsniveau greifbar. Damals wurde ihm vom englischen König Eduard III. eine hohe Rente aus den Londoner Hafenzolleinnahmen verschrieben. Als Gegenleistung stellte der Dortmunder umfangreiche Kredite bereit, die vom englischen Monarchen für die Kriegführung gegen Frankreich dringend benötigt wurden. Der Hansekaufmann war also maßgeblicher Gläubiger der englischen Krone. Lemberg brachte diese Kredite allerdings nicht allein auf. Vielmehr organisierte er ein Konsortium, das in die Lücke hineinstieß, die durch den Rückzug italienischer Bankiers entstanden war. Sicherlich wird er schon zuvor nach England gehandelt haben, doch wurde nunmehr London endgültig zum Zentrum von Lembergs Geschäftätigkeit. Kredite, Woll- und Zinnhandel gehörten zu seinen Spezialitäten. Sogar ein eigenes Haus besaß er an der Themse. Seit etwa 1352 zog er sich aus dem Englandgeschäft zurück und siedelte zwei Jahre später nach Köln über. Wie zuvor in England so vergab er in der Rheinmetropole und kurzzeitig ebenfalls in Dortmund umfangreiche Kredite, handelte aber auch mit Wein und Tuchen. Tidemann Lemberg starb im Jahre 1386. Hat er sich überhaupt als Hansekaufmann verstanden? Obwohl er niemals als Dortmunder Ratsherr oder Ältermann des Londoner Kontors amtiert hat, ist davon auszugehen. Denn er verhandelte in London für die Hanse der Deutschen in einer Privilegiensache mit der englischen Krone.

Lembergs Spezialität waren Kreditgeschäfte, die hohe Renditen abwarfen, in denen aber leicht auch alles verloren gehen konnte. Ein Blick in das Handelsbuch des Hamburgers Vicko van Geldersen (1357–1391) zeigt demgegenüber einen anderen Geschäftsbetrieb. Das Hauptgeschäft dieses Hansekaufmanns war der Verkauf von westeuropäischen Wolltuchen, die er von Hamburg aus an Kunden abgab, die entlang von Elbe und Weser sowie in Holstein ansässig waren. Dies war das textile Basisgeschäft, auf das Vicko van Geldersen ein umfangreiches Warensortiment aufsattelte. Die zusätzlichen Lieferungen an seine Kunden bestanden aus Heringen, Butter, Gewürzen und Öl. Wollte er die Tuche absetzen, so konnte er wohl den Kunden diese Zusatzlieferungen nicht abschlagen. Vicko selbst blieb die längste Zeit in Hamburg. Keineswegs reiste er periodisch nach Brügge, um Tuche zu beschaffen. Er ließ sie kommen. Von Hamburg aus sorgten dann seine Handelsknechte in Norddeutschland für den Vertrieb. Das Geschäft warf offenbar ausreichend Gewinn ab. Seit 1367 gehörte Vicko van Geldersen dem Hamburger Rat an und war auch Gesandter auf zwei Hansetagen. Sein Aufstieg ist auch deshalb beachtlich, weil er selbst nach Hamburg wohl erst zugewandert war. Sein Familienname ist ein Herkunftsname, der auf ein kleines Dorf in der Nähe von Lüneburg verweist. In dieser Stadt besaß er freilich einflussreiche Verwandtschaft, vor allem einen Lüneburger Onkel, der wohl auch eine vorteilhafte Heirat für seinen Neffen einfädelte. Die engsten und wichtigsten Partner waren für Vicko van Geldersen, ohne dass er mit ihnen eine gemeinsame Firma gebildet hätte, eben dieser Albert Luneborch sowie Albert Soltow, der ebenfalls aus Lüneburg stammte.

Handlungsbuch des Hamburger Händlers Vicko van Geldersen
Das Handlungsbuch Vickos von Geldersen, hg. v. Hans Nirrnheim, Hamburg 1895, S. 11–13.

Herr Jakob van der Brugge, Ratsherr in Lüneburg, hat drei Brügger Tuche erhalten, jedes für 17$\frac{1}{2}$ Mark, es ist eine Elle zu kurz. Gekauft am Sonntag, an dem Oculi gesungen wird [3. Fastensonntag: 12. März 1368]. Er soll nach meiner Aufforderung bezahlen. Zeugen waren Albert Elebeke und Henneke van Wedel. – [mit anderer Tinte] Bezahlte 34 Mark, die er Heyno Peyneke auf dem Michaelismarkt aushändigte. Dann bezahlte er 18$\frac{1}{2}$ Mark, die er Nicolaus van Geldersen aushändigte.
…
Peter Meyge, Stader Bürger, schuldet 40 Mark für zwei Brügger Tuche. Er kaufte diese am Martinstag [11. November 1368]; er soll sie zu Pfingsten bezahlen [1. April 1369]. – [mit anderer Tinte] Bezahlte 40 Mark, die er Holste zu Pfingsten aushändigte.

Der Kölner Johann von Nuyss (†1453) besaß in seinem Schwager Dietmar Bungart einen Partner, der mit ihm ein besonderes Geschäft betrieb. Gemeinsam organisierten sie zwischen 1427/28 und 1430 einen Handelsbetrieb zwischen Flandern und dem Rheinland. Dafür waren sie in der Geschäftsform einer „Widerlegung" miteinander verbunden, in die sie das Kapital zu gleichen Teilen eingebracht hatten. Weil sie sich später zerstritten, kennen wir ihre Geschäftsunterlagen aus dem Archiv des Kölner Rates. Aus diesen Unterlagen ergibt sich, dass sie nicht, wie man beim flandrischen Handelsplatz vermuten könnte, hochwertige westeuropäische Wolltuche umschlugen. Vielmehr suchten sie mit Pferden ein Geschäft zu machen. Insgesamt 91 Tiere, davon 87 aus Flandern, verkauften sie an ihre Kundschaft im Rheinland. Zum Einkauf reiste Johann von Nuyss mehrfach nach Flandern, wohingegen Bungart in Köln agierte. Zusätzliches Personal waren nur wenige Knechte, die sie in Diensten hatten. Das war schon die gesamte Firma, die vor allem adlige Kunden bediente. Der Erzbischof von Köln war darunter und viele der gräflichen Höfe entlang des Mittelrheins. Wohl nur weil diese Kunden auch Tuche von ihnen wünschten, nahmen die Kölner Händler diese Ware in ihr Sortiment auf. Dabei handelte es sich offenbar um süddeutschen Barchent, ein Baumwoll-Leinen-Gewebe, das sie in Köln hinzukauften. Ihr Geschäftserfolg aber hing an den Pferden. Die Tiere machten wertmäßig 80 Prozent ihres Umsatzes aus. Um mit dieser lebenden Ware erfolgreich zu agieren, bedurfte es genauer Produktkenntnisse. Mittelalterliche Pferde wiesen deutliche Qualitätsunterschiede auf. Das teuerste Pferd im Handel der beiden Kölner war dreimal soviel Wert wie das billigste Tier. Der Durchschnittspreis eines Pferds entsprach dem Wert von 15 Ochsen. Als besonderes Problem kam beim Pferdehandel hinzu, dass für die Fütterung der Tiere fortlaufend Kosten entstanden, sodass die Gewinnmarge im wörtlichen Sinne aufgefressen werden konnte. Völlig normal war hingegen der Umstand, dass die Kunden nur auf Kredit kauften. Die beiden Kölner mussten also zwischen dem Ankauf in Flandern und der Zahlung der letzten Rate durch die Käufer das Kapital vorschießen, wobei sie sich teilweise damit behalfen, dass sie ihre flandrischen Lieferanten ebenfalls nicht sofort und in bar befriedigten. Nuyss und Bungart haben dies ausgehalten und zu kalkulieren verstanden. Ihr Handelsgewinn ist auf immerhin 11 Prozent des eingesetzten Kapitals berechnet worden.

Ist aber dieser Verkauf von Pferden überhaupt hansischer Handel gewesen? Darauf können die Antworten unterschiedlich ausfallen. Die naivste und vielleicht häufigste Haltung zu dieser Problemstellung dürfte sein, über diese Frage nicht langwierig nachzudenken, sondern jede wirtschaftliche Aktivität im geografischen Raum zwischen Brügge und Novgorod als hansisches Wirtschaften zu verstehen. Damit ist der denkbar weiteste Umfang hansischen Handels beschrieben. Eine andere Haltung wird in einem engsten Sinne hansischen Handel nur dort erkennen wollen, wo Waren unter Nutzung der hansischen Privilegien im Ausland umgeschlagen worden sind. Darunter fallen also in der Hauptsache die An- und Verkäufe von Waren an den Hauptniederlassungen in Brügge, London, Bergen und Novgorod. In Flandern produzierte Tuche, die über den Stapel von Brügge bezogen und beispielsweise nach Riga verkauft wurden, wären in diesem Sinne hansischer Handel gewesen. Hingegen nicht darunter fielen der Weiterverkauf von blauen Göttinger Laken vom Produktionsort nach Hamburg. Eine vermittelnde Position könnte darauf verweisen, dass die Hansetage nicht nur für den Erhalt der Privilegien und damit für geldwerte Einkaufsvorteile an den Kontoren sorgte, sondern auch Entscheidungen trafen, die Unsicherheiten und Schwierigkeiten bei Geschäftsanbahnung, -abschluss und -durchsetzung reduzierten. Diese Aufwendungen, die von Wirtschaftswissenschaftlern als Transaktionskosten bezeichnet werden, reduzierten sich etwa dadurch, dass für Rechtssicherheit gesorgt, normierte Maße und Gewichte vorgeschrieben, Vereinbarungen über Produktionsnormen im Gewerbe getroffen oder Qualitätskontrollen etwa für über Danzig ausgeführtes Holz, für Rostocker Tonnen oder für über Köln verkaufte Heringe vorgeschrieben wurden. Solche Maßnahmen reduzierten die Geschäftskosten,

Was ist hansischer Handel?

93

weil nicht jeder Kaufmann mit eigenen Mitteln für Prüfungen und andere Grundnotwendigkeiten sorgen musste.

Wie man sich letztlich auch dazu stellen mag, das Nachdenken über die Abgrenzungsfrage hansischen Handels hilft dabei, andere fehlerhafte Vorstellungen gar nicht erst aufkommen zu lassen. Unsere Kurzbesuche bei Hansekaufleuten zeigten bereits, dass Hansehandel missverstanden wäre, wollte man ihn als reinen Warenverkehr zwischen Ost- und Westeuropa denken. Hier täuschen die üblichen Karten zu wirtschaftlichen Verhältnissen den Betrachter zumeist. Hansischer Handel war nicht nur eine schnelle Direktverbindung von Novgorod nach Brügge, sondern der Handel vollzog sich in Stufen mit zahlreichen Zwischenstopps in Handelsketten, die von Stadt zu Stadt verliefen. Dabei ist nicht nur an den Austausch zwischen Gewerbeprodukten, wie Tuchen und Metallwaren, und Rohstoffen, wie Fellen, Wachs und Getreide, zu denken. Nicht ausschließlich diese, sondern weitaus mehr Waren wurden durch den Hanseraum durchgeführt, aber eben auch dort verteilt. Dabei suchte jeder Kaufmann, billig einzukaufen und teuer zu verkaufen. Jeder Händler versuchte selbstverständlich, Preisdifferenzen findiger auszunutzen als seine Mitkonkurrenten. Solche gewinnträchtigen Unterschiede waren (wie heute noch immer) die Folge von Abweichungen in Klima, Bevölkerungsdichte, Ressourcen und Talent. Die Linie Novgorod-Lübeck-Hamburg-Brügge überbrückte (auf heutigen Straßen) eine Entfernung von rund 3500 Kilometern und verkoppelte sehr unterschiedlich beschaffene Wirtschaftsräume miteinander. Der ungleiche Entwicklungsstand der von dieser Handelslinie durchquerten Regionen stellte sich als eine von West nach Ost urtümlicher werdende Struktur dar. Dieses Gefälle ist für den abnehmenden Einsatz moderner Kreditinstrumente recht gut erforscht, galt aber ebenfalls hinsichtlich Bevölkerungszahl, Urbanisierung, Marktintegration, Produktivität und Gewerbedichte.

Ein Kaufmann musste Waren aufkaufen, für die er anderswo zahlungswillige Konsumenten vermutete. Dabei konnte er erwarten, dass die Produkte umso billiger wurden, je näher er an ihren Produktionsort heranrückte. Was er dabei ankaufte, dürfte ihm bei guten Gewinnaussichten egal gewesen sein. Sich nicht auf eine Handelssparte zu beschränken, sondern mit einem umfangreichen Warensortiment zu agieren sowie Groß- und Detailhandel zu betreiben, galt nicht nur für Vicko van Geldersen, sondern war im hansischen Handel allgemeiner üblich. Bis weit ins 16. Jahrhundert hinein konnte ein Hansekaufmann der Kenner fast aller Waren der hansischen Welt sein: Die zwischen Oslo und Rostock kooperierenden Bertram Bene und Bernt Kron etwa sandten sich rund 30 verschiedene Produkte zu. Kenntnisse über Hüte, Gürtel und Felle waren genauso wichtig wie über die Frische von Äpfeln und Lachsen, die Qualität von Bier und Met oder ein sicheres Urteil beim Pferdekauf. Der im Jahre 1533 versteckte „Große Lübecker Münzschatz", der im Jahre 1984 spektakulär von einem Baggerfahrer entdeckt wurde, besaß bei seiner Verbergung einen zeitgenössischen Wert von 1780 lübischen Mark. Er galt bei seiner Entdeckung in der Presse als „Kasse" eines hansischen Großhändlers. Doch sind dafür Kleinsilbermünzen zu massiv in dem Fund vertreten: Sie machen 98 Prozent der Münzen und 40 Prozent des Wertes aus. Sie hatten sich nicht durch Großhandel, sondern durch geringwertige Verkaufstransaktionen, die in Lübeck und dem städtischen Umland ausgeführt wurden, in der Kasse des unbekannten Besitzers angesammelt.

Schließlich ist zu bedenken, dass die bisher und auf Übersichtskarten zum hansischen Wirtschaftsraum durchgängig benutzten Produktbezeichnungen bloße Oberbegriffe bilden, die unterschiedlich beschaffene Waren zusammenfassen. Holz aus Polen und Litauen etwa wies in der Praxis des Danziger Handels von 1409 gleich 41 differenzierte Beschaffenheiten auf. Tuch war unterschiedlich groß, dicht, eingefärbt und aus unterschiedlicher Wolle an verschiedenen Produktionsstätten gewebt. Die zur Produktion von Glas, Seife und Salpeter benötigte Pottasche wurde danach unterschieden, aus welcher Pflanzenart sie hergestellt und ob und wie sie veredelt worden war. Über Bergen bezogener Trockenfisch konnte von der Sorte Stockfisch, Rotscher, Rundfisch, Schraubfisch, Schorden, Königslobben, Rackfisch, Lotfisch, Rekeling, Kropeling, Raff usw. sein. Ein aus dem 16. Jahrhundert stammendes Buch des Münsteraner Kaufgesellen Jakob Stöve zeigt recht schön, was bei verschieden gelagerten Geschäften auf einen hansischen Händler zukommen konnte. Der 15-jährige Westfale, der in Danzig lernte, notierte sich Gewichtsverhältnisse, Münzen, Handelsmarken, Zollsätze, typische Produkte von Handelszentren und Straßenverbindungen. Das alles und noch viel mehr musste er wissen, wollte er ein erfolgreicher Hansekaufmann werden.

Für einen geschäftstüchtigen Unternehmer konnte also alles und alles überall gewinnträchtig sein. Doch machten die strukturellen Verhältnisse im Ostseeraum bestimmte Produkte über eine längeren Zeitraum und in größeren Mengen für Handelsgeschäfte interessant. Für die Lübecker Kaufmannschaft der Zeit um 1400 beispielsweise ist recht gut zu erkennen, womit sie ein gutes Geschäft zu machen hoffte. Um ihr Sortiment zu differenzieren, ist es nützlich, Handelsgüter, die im engeren Ostseeraum produziert wurden, von solchen abzusetzen, die durch die Region nur hindurch geführt wurden. In der Antike hatte der Ostseeraum vor allem ein Produkt von europäischem Interesse zu bieten: Bernstein. Im Mittelalter kamen (in dieser Reihenfolge) hinzu: Salzhering aus Schonen, Kupfer und Blei aus Schweden, Getreide und Bier aus den Küstenregionen und ihren Städten. Allerdings verbanden sich darüberhinaus die Namen etwa der Städte Riga und Danzig mit Produkten, die nicht direkt aus den Küstenländern stammten, sondern aus einem großen osteuropäischen Hinterland herangeführt wurden, das die heutigen Staaten Polen, Litauen, Weißrussland, Russland, Ukraine und Slowakei ganz oder teilweise umfasste. Die typischen Handelsgüter stammten aus den großen Waldregionen. An erster Stelle standen Pelze, die in hoher Qualität ein stark nachgefragtes Luxusprodukt waren. Der um 1070 schreibende Kleriker Adam von Bremen meinte gar, mit diesen Pelzen sei das tödliche Gift der Prunksucht in die Welt gekommen und die Begierde nach einem Mantel aus Marderfell sei ebenso stark entwickelt wie die Sehnsucht nach dem ewigen Seelenheil. Die hochwertigen Pelze wurden von den Lübeckern und anderen Hansekaufleuten in Novgorod angekauft oder in den livländischen Städten übernommen. Wachs kam ebenfalls über Novgorod, aber verstärkt auch über Livland und Preußen in den Handel. Im sakralen Bereich war der Wachsverbrauch hoch. Jede Messfeier verbrannte diesen Schatz. Zu der für Westeuropa interessanten Produkt-

Handelssortimente

gruppe aus der Waldwirtschaft gehörten zudem Holz, Honig und Ascheprodukte. Aus Dänemark stammten landwirtschaftliche Waren, aber vor allem der Hering. Schweden steuerte das wertvolle Kupfer von Falun und Eisen bei. Kupfer und Blei kamen zudem aus der Slowakei über die Weichsel in den Ostseehandel.

Im Gegenzug lieferten die Lübecker in den Ostseeraum für den russischen, livländischen, preußischen und skandinavischen Markt hochwertige Stoffe, Salz, Gewürze sowie Metalle und andere Gewerbeprodukte. Das als Gegenladung von den Lübeckern in den Osten und Norden geschaffte Salz stammte aus der Saline von Lüneburg. Die Stellung Lübecks beruhte ganz ausgeprägt auf dieser Salzzufuhr aus Lüneburg. Dieses Geschäft erlebte Einbußen, als im Laufe des 15. Jahrhunderts das sogenannte Baiensalz immer größere Marktanteile errang. Es wurde von den französischen Produktionsorten Bourgneuf und Brouage bezogen. Dabei handelte es sich um Meersalz, das billiger, wenn auch unreiner war als das als Sole aus Sodbrunnen gehobene und dann durch Erhitzen gewonnene Salz. Die immer wieder genannten Wolltuche stammten ebenfalls aus Westeuropa. Sie wurden von den Lübeckern bis weit ins 15. Jahrhundert hinein hauptsächlich über Brügge bezogen. Erst ab 1420 gelangten auch solche Qualitäten in den Ostseeraum, die in Brabant und England produziert und über die Messen von Antwerpen und Bergen-op-Zoom verteilt wurden. Noch später tauchten holländische Tuche im Lübecker Warenhandel auf. Gleichzeitig beteiligten sich Lübecker an der Zufuhr von englischer Wolle nach Flandern. Nach England wurden ähnliche Produkte wie nach Flandern eingeführt. Hinzu kam noch Stockfisch aus Norwegen. Das war das Hauptprodukt, das die Lübecker den Norwegern abnahmen. Dorthin brachten sie Getreide, Bier, Salz und Wein. Früher weitgehend unterschätzt, aber inzwischen in seiner Wichtigkeit erkannt, ist der Südhandel der Lübecker. Dieser Handel fand nicht zu Schiff, sondern per Wagen statt: Heringe, Stockfisch, aber auch Pelze, Bernstein, Asche, Wachs und Getreide wurden zu den Frankfurter Messen und von dort weiter nach Süddeutschland gebracht, wo allerdings die Hanse keine Privilegien erworben hatte und daher als Organisation nicht in Erscheinung trat. Als Rückfracht sind zumeist Wein, Metallprodukte, Gewürze und Tuche auf die Wagen verladen worden.

So sieht das klassische Panorama für den Lübecker Handelsverkehr aus. Doch weiß der Leser bereits, dass Lübeck weder die Hanse noch der Ostseeraum der Hanseraum war. Die für Prüfungssituationen an Universitäten und Schulen formulierte Regel, von Hansekaufleuten seien Gewerbeprodukte von West nach Ost sowie Rohstoffe von Ost nach West befördert worden, nimmt ganz diesen traveperspektivischen Blickpunkt ein. So hilfreich eine solche Sicht vielleicht sein mag, um eine erste Verständnisbrücke zu schlagen, darf darüber nicht vergessen werden, dass nicht jeder Lübecker so agierte. Und keineswegs sollte verkannt werden, dass Kaufleute aus anderen hansischen Städten ganz anders handelten, zumal wenn sie aus solchen Orten stammten, die wie beispielsweise Göttingen, Einbeck oder Goslar in ihren Mauern ein wertvolles Handelsgut produzierten.

Schließlich ist es wichtig, die Lübecker Umsätze zum gesamteuropäischen Handelsvolumen in Beziehung zu setzen. Gegenüber den Handelsumsätzen des 19. und 20. Jahrhunderts gerät dabei jede ältere Epoche aussichtslos ins

Hintertreffen. Im Vergleich zum 17. Jahrhundert indes wirkt der mittelalterliche Fernhandel kleiner und größer zugleich. Er ist kleiner anzusetzen, wenn man das 15. Jahrhundert heranzieht, doch größer, wenn das 13. Jahrhundert den mittelalterlichen Vergleichszeitraum bildet. Allerdings fehlen vor dem 14. Jahrhundert alle Quellenzeugnisse, die es erlaubten, hierüber quantifizierende Aussagen zu machen. Das ändert sich erst mit dem Einsetzen der Hafenzollregister des Ostseeraums. Für Lübeck zeigen die Pfundzolleinnahmen des Jahres 1368, dass es damals mehr als 1800 Schiffe waren, die den Lübecker Hafen anliefen oder verließen. Der Lübecker Seehandel (der Landhandel, der nicht erfasst ist, kommt noch hinzu) erreichte eine Höhe von rund 540000 lübischen Mark, wofür man den gesamten Häuserbestand der Stadt auf dem Immobilienmarkt hätte kaufen können. Gut 100 Jahre später lagen die Zahlen für die Jahre 1492 bis 1496 bei nur noch 760 An- und Abfahrten jährlich bei allerdings angestiegener Schiffsgröße. Wer sehr mutig ist, kann diese Ausgangswerte in europäische Maßstäbe einordnen. So hat es Peter Spufford getan und überschlagen, dass im Vergleich zu den Lübecker Verhältnissen des 14. Jahrhunderts der wertmäßige Umsatz im Hafen von Genua fünf- bis sechsmal größer gewesen sein dürfte. Venedigs Handel war in den 1490er-Jahren mehr als doppelt so groß wie derjenige von Lübeck. So könnte der Mittelmeerhandel in den 1380er-Jahren zehnmal so groß wie der Handel auf der Ostsee gewesen sein.

Doch nicht der Umsatz, sondern der Gewinn war der entscheidende Faktor für ein erfolgreiches Fernhandelsgeschäft. Um ihn in möglichst erklecklicher Höhe zu erzielen, galt es für den Geschäftsmann, zum günstigen Zeitpunkt am richtigen Ort mit begehrten Waren zu erscheinen, dort auf kaufwillige, kaufkräftige und vertrauenerweckende Abnehmer zu treffen und am selben Handelsplatz zugleich Verkäufern solcher Güter zu begegnen, die als Rückfracht interessant sein konnten. Das Lehrbuchbild vom direkten Handel mit Rohstoffen des Ostens gegen Gewerbewaren des Westens verdeckt nicht nur die Vielfalt hansischer Handelsgeschäfte, sondern spiegelt zudem eine Sicherheit vor, die niemals bestand. Denn auch für einen Hansekaufmann war jedes Geschäft durch Unsicherheiten geprägt. Risikobewusstsein und Risikofurcht, Abenteuer und Angst waren die Pole kaufmännischen Agierens. Ein erfolgreiches Geschäft war abhängig von den Preisen, den Transportkosten, der zu Land und mehr noch auf See unberechenbaren Transportdauer, den Quantitäten der Güter, den Kosten der Lagerung, dem Informationszufluss und den Aktivitäten der Mitbewerber. Wer mit diesen Unsicherheiten umzugehen verstand und den psychischen Druck aushielt, der machte keineswegs exorbitante Gewinne. Zwar haben schon Hansekaufleute des Spätmittelalters von den unglaublichen Reichtümern geträumt, die sich in einem einzigen Geschäft gewinnen ließen, aber die Zahlen sprechen eine eher nüchterne Sprache. Walter Stark ist es gelungen, die Profitraten im Seehandelsgeschäft zwischen Brügge und Novgorod zu beziffern. Bei schwankenden Gewinnen lässt sich, gemessen am Warenumsatz, eine durchschnittliche Profitrate von 15 Prozent nach Hin- und Rückkauf ermitteln. Zwar ließen sich in Sonderkonjunkturen zuweilen höhere Gewinne machen, doch genauso oft liefen die Waren zwischen Ost und West hin und her und das Geschäft schloss nach vielleicht zwei Jahren mit einer wesentlich niedrigeren Rendite ab.

Der Typus der hansischen Handelsfirma

Erfolgreich zu sein, konnte also auch bedeuten, die Geschäftskosten möglichst niedrig zu halten. Die Besuche bei Dortmunder, Hamburger und Kölner Händlern haben bereits einen Geschäftsbetrieb erkennen lassen, in dem kleine personengebundene Firmen typisch waren. Es fehlten im Hansehandel große, zentral organisierte und generationenbeständige Handelshäuser wie dasjenige der oberdeutschen Fugger oder der italienischen Medici. Deren Firmenaufbau ist als hierarchische und bürokratische Organisationsform zu beschreiben. Diese ist charakterisiert durch die geschäftliche Ausdehnung von einem zentralen Firmensitz aus, von dem auswärtige Geschäfte mittels angestellter Mitarbeiter, Knechte und Faktoren abgewickelt werden. Solche Firmen setzten auf Regelgebundenheit, Kompetenz- und Aufgabengliederung, Hierarchie und Aktenmäßigkeit. Mancher Forscher ist gleichsam in die Rolle eines verspäteten Unternehmensberaters geschlüpft und hat den Hansekaufleuten einen solchen Geschäftsaufbau spätestens seit dem Zeitpunkt angeraten, als ab der Mitte des 13. Jahrhunderts die warenbegleitenden Kaufleute immer häufiger in ihren Heimatstädten blieben und ihre Geschäfte aus ihren Kontoren regelten. Doch alle hansischen Fernhändler, deren Geschäftsbetrieb durch Handlungsbücher genauer zu erkennen ist, arbeiteten anders. Sie waren Hauptbuchhalter, Faktoren, Buchhalter, Kassierer, Schreiber und Kopisten in einer Person. Sie ähnelten also Vicko van Geldersen und der Firma Nuyss & Bungart, die den Geschäftsbetrieb nur auf wenige Knechte stützten.

Bei dieser Struktur hansischer Firmen handelt es sich um einen grundsätzlichen Tatbestand, den Jakob Strieder so auf den Punkt gebracht hat: Der hansische Kaufmann trieb Geschäfte, der süddeutsche Kaufmann hatte ein Geschäft. Tatsächlich betrieb der hansische Kaufmann sein Unternehmen weitestgehend für sich allein als eine Art „Ich-AG", was nicht heißt, dass er sich nicht für einzelne Geschäfte kurzzeitig mit anderen Kaufleuten zusammenschloss. Trotz gleicher Grundproblematik wählten die Hansekaufleute andere Strukturen als die Oberdeutschen und Italiener.

Natürlich wollten Hansekaufleute ihr Geschäft ebenfalls finanziell und räumlich ausdehnen. Und selbstverständlich konnte auch ein Hansekaufmann nicht auf allen Schiffen, an allen Handelsplätzen und bei allen Geschäftsabschlüssen persönlich anwesend sein. Wer die individuelle Begrenztheit der Handelsmöglichkeiten hinter sich lassen wollte, musste sich daher stets der Mithilfe anderer Personen versichern. Man kann sie als Agenten bezeichnen, ohne dass damit über ihren Rechtsstatus bereits etwas ausgesagt ist. Der einzelne Händler wollte, dass diese Agenten an auswärtigen Handelsplätzen die notwendigen Serviceleistungen erbrachten. Sie hatten beispielsweise das Be- und Entladen der Waren zu überwachen, die Zollzahlungen zu leisten, die Transporttarife auszuhandeln, die Handelsgüter zwischenzulagern und zu verpacken sowie zu entscheiden, wann, an wen und zu welchem Preis verkauft werden sollte. Damals wie heute ist eine solche Konstellation nicht risikolos, gibt man doch sein Vermögen in fremde Hände. Dieses Problem, das mit dem Rückzug des Kaufmanns von der persönlichen Warenbegleitung aufkam, war den Zeitgenossen nur zu gut bekannt. Ein Klagelied wussten Hansekaufleute davon zu singen, dass der Geschäftserfolg darunter litt, wenn man die eigenen Waren, seine Lieferanten und Käufer nicht selbst vor Augen habe. Sivert Veckinchusen, Mitglied der bekannten hansischen Kaufmannsfamilie, hat darüber reflektiert. Etwas verzweifelt schrieb er 1411, dass das Geschäft einer Gesellschaft nicht gelänge, „wan eyn man dar nicht sulven vor ogen wesen mach". Daher waren mit der beginnenden Residenznahme im heimischen Kontor passende Lösungen zu entwickeln, die es ermöglichten, die Leistung des Handelspartners zu beurteilen, sich gegen einen möglichen Betrug abzusichern und den Verlust der von Dritten beförderten Waren zu vermeiden.

Man könnte in Analogie zu modernen Geschäftsvereinbarungen erwarten, dass eine solche Situation zu umfangreichen Vertragsabschlüssen habe führen müssen, um bei Unstimmigkeiten die zuständigen Gerichte bemühen zu können. Kooperationsvereinbarungen in Vertragsform gab es zwischen Hansekaufleuten tatsächlich. Besonders häufig war die sogenannte Widerlegung (*wedderleeginge*). In ihr schlossen sich für ein konkretes Handelsunternehmen zwei Personen, ein Kapitalgeber und ein Kapitalführer, zusammen. Der Gewinn des Handelsgeschäfts wurde zumeist geteilt. Die Geschäftsentscheidungen traf einzig der Kapitalführer. Nur er trat im Außenverhältnis zu Zollbehörden, Käufern und Verkäufern in Erscheinung. Die Widerlegung besitzt einen recht sprechenden Namen, denn man darf sich den Vorgang der Vertragsschließung so vorstellen, dass zwei Personen zusammensaßen, der eine Partner seinen Geschäftsanteil von vielleicht 50 Mark auf eine Heringstonne legte, sein Gegenüber dann genau denselben Betrag in Münzen „gegen"legte (=widerlegte) und der Kapitalführer schließlich die 100 Mark Geschäftskapital zu beider Besten an sich nahm. Die Widerlegung ist schon in der zweiten Hälfte des 13. Jahrhunderts nachzuweisen. Doch war sie damals gewiss keine Neuerung, denn das Ritual der Vertragsschließung in seiner konkreten und gedächtnisstützenden Form stammt aus der Welt des schriftlosen Handels. Durch wechselseitige Widerlegungen eine Verschachtelung von Kaufleuten zu erreichen, ist zwar belegt, dürfte aber eine nachrangige Funktion gewesen sein. Hauptfunktion der Widerlegung war aus Sicht eines aktiven Kaufmanns nicht Firmenbau, sondern die Beschaffung von frischem Geschäftskapital. Für den Geldgeber handelte es sich um ein Investment.

Einträge von Widerlegungen im Lübecker Niederstadtbuch aus dem Jahre 1311
Sprandel (Hrsg.), Quellen zur Hansegeschichte, S. 474f. Nr. 4.

Bekannt sei, daß Conrad von Heide eingelegt hat 80 Mark reinen Silbers, zu denen Dietrich Repere 40 Mark reinen Silbers gelegt hat, so daß von dem Gewinn, den Gott darin geben wird, Conrad zwei Teile und Dietrich den dritten haben soll …
Wasmod, Sohn des Wasmod von Wismar, hatte 130 Mark Silber, zu denen ihm Konrad von Attendorn 130 Mark Silber in Gesellschaft legte; Wasmod sagte, er habe keine anderen Kaufmannsgüter.

Vor etwa 1340 ist unter Hansekaufleuten nur mit der Vertragsform der Widerlegung zu rechnen. Erst ab etwa 1400, dann allerdings sehr rasch und sofort recht deutlich, traten neben die Widerlegung auch rechtliche Zusammenschlüsse, die unseren Vorstellungen von einer Handelsgesellschaft recht gut entsprechen. Gemeint sind Verbindungen, in die nicht nur zwei, sondern mehrere Personen sowohl Kapitalanteile einbrachten als sich auch im aktiven Handelsgeschäft engagierten. Alle Personen hatten Zugriff auf das Kapital, standen gemeinsam in der Haftung und besaßen das Recht, für die Gesellschaft zu kaufen und zu verkaufen. Doch diese Form der Verbindung war im 15. Jahrhundert noch so selten, dass damit unmöglich der gesamte Hansehandel abgewickelt worden sein kann. Die Hansekaufleute lösten das Problem, einen auswärtigen Agenten zu finden, also weder durch die Bezahlung von Angestellten noch durch einen Kommissionsvertrag. Vielmehr verlief ein erstaunlich großes Volumen des Gütertransfers zwischen Hansekaufleuten in einer Form, die man als „Handel auf Gegenseitigkeit" bezeichnet hat. Dabei übernahmen es Kaufleute, die an unterschiedlichen Handelsplätzen ansässig waren, die ihnen zugesandten Handelswaren des jeweiligen Gegenübers im eigenen Namen zu verkaufen. Darüber gab es weder schriftliche Abmachungen, noch erhielten die Akteure einen Lohn, eine Entschädigung oder eine Gewinnbeteiligung. Sie erbrachten die Leistungen ausschließlich auf Gegenseitigkeit. Zeitlich konnte sich dieser reziproke Handel über Jahrzehnte erstrecken. Eine auf Gegenseitigkeit beruhende Handelsbeziehung zweier Kaufleute schloss keineswegs Handelsbeziehungen zu dritten Personen aus. Ganz im Gegenteil, in der Regel scheinen Hansekaufleute solche Handelskontakte auf Gegenseitigkeit mit teilweise bis zu mehreren Dutzend anderer Kaufleute unterhalten zu haben, wie das Beispiel des Danziger Kaufmanns Johann Pisz zeigt, für den sich aus seinem Handelsbuch für den Zeitraum von 1421 bis 1454 etwa 40 solcher Handelspartner feststellen lassen.

Derartige Verbindungen von rechtlich selbständigen Einpersonenfirmen, die sich trotz fehlender vertraglicher Regelungen gegenseitig als Agenten einsetzten und dabei nicht ausschließlich an einen Auftraggeber gebunden waren, lassen sich bildhaft wohl am besten und am treffendsten als ein Netzwerk vorstellen. Diese Begriffsfindung ist keine bloß bildhafte Assoziation, sondern wird von der betriebswirtschaftlichen Organisationstheorie benutzt. Im Zeichen von Internet und virtuellen Unternehmen gilt die Netzwerkorganisation mittlerweile als Organisationstyp, der als gleichwertig mit einer bürokratisch-hierarchischen Firma angesehen wird. Weiß man von diesen aktuellen Entwicklungen in Firmenlandschaft und Theoriebildung, so wird man den Fehler nicht machen, die oberdeutschen Handelshäuser für modern, hingegen die nur vernetzt kooperierenden hansischen Fernhändler für hoffnungslos rückständig zu halten. Hingegen ist von der Einsicht auszugehen, dass jede Organisationsform spezifische Nach- und Vorteile besaß und besitzt. Wodurch bei schlanken Strukturen und beim Verzicht auf umfangreiche Kontrollen eine Reihe von ökonomischen Vorteilen entstanden, ist leicht zu erkennen: Um eine breit gefächerte Produktpalette in einer bürokratisch-hierarchischen Organisation seinen Kunden anbieten zu können, bedurfte es erheblicher Aufwendungen. An den Produktionsorten der Waren mussten auswärtige Niederlassungen mit qualifizierten und festen Mitarbeitern errichtet werden; und diese Infrastruktur war dauerhaft vorzuhalten. Die Mitarbeiter ließen sich nur durch Leistungsanreize motivieren; und für ihre umfassende und anspruchsvolle Tätigkeit waren sie angemessen zu entlohnen. Außerdem war ein erheblicher Kommunikationsaufwand notwendig, um Marktinformationen für die einzelnen Produkte zu beschaffen, um an die Zentrale zu berichten und um die nachgeordneten Mitarbeiter anzuweisen und zu kontrollieren. Transportkosten kamen hinzu, und um die Übersicht über alle Aktivitäten zu behalten, war eine umfangreiche und komplizierte Buchführung in der Zentrale notwendig. Hansische Händler konnten in ihrem Netzwerk auf Gegenseitigkeit die gleichen Leistungen bei einem wesentlich geringeren Organisationsbedarf und kleineren Informations- und Zeitaufwand erbringen. Die Tätigkeit vor Ort erledigten befreundete Händler, die ihre qualifizierten Leistungen auf Gegenseitigkeit erbrachten. Dazu gehörte auch, dass sie die Infrastruktur ihres eigenen Geschäftsbetriebes zugunsten ihres Partners aktivierten, der dergleichen also auswärts nicht vorhalten musste. Entsprechend einfach konnte auch die Abrechnung über das Geschäft sein.

Ein schwerwiegender, in modernen Augen lange Zeit geradezu inakzeptabler Nachteil der Netzwerkorganisation ist indes ebenfalls offensichtlich. Denn die Kooperation mit einem Netzwerkpartner war ohne schriftlich fixierte Vereinbarung und damit ohne weitreichende gerichtliche Sanktionsmöglichkeit organisiert. Kam es nämlich im Geschäft auf Gegenseitigkeit zum Rechtsstreit, dann entschied beispielsweise der Lübecker Rat regelmäßig so, dass die Haftung vom Maß der Sorgfalt des Partners abhängig gemacht wurde, die, um schuldlos zu bleiben, derjenigen entsprechen musste, die der Betreffende in seinen eigenen kaufmännischen Angelegenheiten anwandte. Ist aber damit nicht die Unzulänglichkeit der Netzwerkorganisation offenkundig? Drohte nicht bei der unzureichenden rechtlichen Lage der Verlust des eingesetzten Geldes? Wieso nahm ein Hansekaufmann dieses Risiko in Kauf? Warum war er so naiv zu erwarten, dass seine Partner „ihr Bestes bei seinem Gute" taten? Es ist in der Tat erstaunlich, dass Geschäfte zustande kamen, obwohl das System nicht auf vertragliche Fixierungen und rechtliche Sanktionsmöglichkeiten abgestützt war. Niemand wird erwarten, dass nicht bereits die Hansekaufleute misstrauisch waren, von ihrem Gegenüber übervorteilt zu werden. Wenn also Geschäfte trotzdem zustande kommen sollten, bedurfte es eines anders strukturierten Anreizsystems, das dafür sorgte, dass sich die Teilnehmer fair verhielten. Dessen erster Pfeiler war das berechtigte und zumeist auch bestätigte Vertrauen, der Handelspartner werde mit der eigenen Ware zukünftig ebenso sorgfältig verfahren. Diese gegenseitige Angewiesenheit hätte aber nicht ausgereicht, um die Barriere zu überwinden, aus Angst vor Enttäuschung nicht besser ganz von vertrauensbasierter Kooperation abzulassen. Daher kam als zweiter Pfeiler hinzu, dass enttäuschtes Vertrauen nicht nur zweiseitig durch Abbruch der Handelsbeziehungen zwischen den beiden betroffenen Kaufleuten, sondern durch kollektive Bestrafung, durch Ausschluss aus dem gesamten Netzwerk, sanktioniert werden konnte. Nicht blindes Vertrauen, sondern ein institutionell abgestütztes Anreizsystem wirkte dahin, dem Gegenüber vertrauen zu können, weil kurzfristiger Gewinn durch unredliches Verhalten mit den langfristigen Verlusten durch Netzwerkausschluss in einem ungünstigen Verhältnis stand. Daher war es nicht vorrangig tugendhaft, sondern ökonomisch rational, sein Bestes in einem Geschäft auf Gegenseitigkeit zu geben. Denn der aus dem Kontakt zu allen Händlern des Netzwerks zu erwartende ökonomische Gewinn war deutlich höher als ein kurzfristiger Profit durch betrügerisches Handeln.

101

Schreiben des Rigaer Kaufmanns Hinrik Gendena an seinen Handelspartner Philipp Bischof in Brügge (4. Juni 1458)
Sprandel (Hrsg.), Quellen zur Hansegeschichte, S. 514f. Nr. 7.

Dem ersamen Fylypes Bysschope in Brügge met ersamhet.
Minen willighen denst myt alle mynem vormoghe. Ersame leve Fylippes. Ik hebbe juwe breve wol vorstan, dat gii my senden unde sant hebben bet to Hamborch 9 terlink laken. De leve God sy ghelavet, dat se dar myt leve kamen sin. Ersame leve Fylippes, ik hebbe juw in den nawen Jhesus van Revele ut en tunnen werkes unde van Ryghe ut 2 tunnen werkes [ghesant]. Wes darinne is, dat hebbe ik juw wol ghescreven. Ik bidde juw, in dat vorkopen dat beste to donde, so ik wol wet, dat gii gerne don ... Darmede bevele ik juw deme leve Gode.
Ghescreven in Ryghe up den sundach na des hilghen lichammes dach in den 58 jare.
Item leve Fylippes, de Hamborgher unde 3 oft 4 ander schepe, de myt en sin ghevrachtet, de sin vor de Dune komen; God siy ghelovet. De leve God geve, dat de anderen ok kamen. Wii willen juw dusse, wiil God, up en kort wedder senden: God geve beholden reyse, amen.
Hinryk Gendena

Besonderes Vertrauen wurde oftmals Verwandten und Freunden entgegengebracht, die in der Tat unter den Handelspartnern von Hansekaufleuten gehäuft und in besonders enger Kooperation erscheinen. Als Beispiel hierfür mag Hildebrand Veckinchusen dienen, der nicht nur zahlreiche Verbindungen zu Kaufleuten in Danzig, Riga, Dorpat und Rostock unterhielt, sondern insbesondere mit seinem Bruder Sivert Veckinchusen und seinem Schwiegervater Engelbrecht Witte kooperierte. Da es jedoch schlechterdings unmöglich war, mit jedem potenziellen Handelspartner innerhalb eines Handelsnetzes ein Verwandtschafts- oder Freundschaftsverhältnis aufzubauen, bedurfte es eines Zeichens, welches die Vertrauenswürdigkeit jedes Handelspartners anzeigte. Dies geschah mittels Reputation. Reputation musste gewonnen und erhalten werden, um mit anderen Kaufleuten des Netzwerkes vertrauensbasierte Geschäfte abwickeln zu können. Dafür waren Treffpunkte der ökonomischen Führungsschicht wichtige Nachrichtenbörsen. Die Artushofbruderschaften in Preußen oder die Lübecker Zirkelgesellschaft waren solche Institutionen. Bei den geselligen Zusammenkünften in diesen Gesellschaften konnten soziale Ehre und wirtschaftliche Reputation eines Kaufmanns bekannt werden. So wurden etwa die Namen von Kaufleuten, die nicht länger zu den hansischen Privilegien in Brügge zugelassen waren, in den Artushöfen bekannt gemacht.

Durch vielfältige Verbindungen zu anderen Kaufleuten, die zudem oftmals Verwandte und Freunde waren, bestand ein weit verzweigtes, über den gesamten Hanseraum gespanntes Netzwerk von Geschäftsbeziehungen, Verwandtschafts- und Freundschaftsverhältnissen. Die Netzwerkstruktur des hansischen Handels stand dabei in Wechselwirkung zu sozialen Grundbedingungen. Die sozialen Verflechtungen der hansischen Führungsschichten, die der wirtschaftlichen Aktivität vorausgingen, sind dafür sicherlich entscheidend. Der bereits beschriebene Umstand, dass es durch geografische Mobilität enge Verwandtschaftsbeziehungen zwischen den Führungsschichten der einzelnen Städte gab, festigte also nicht nur die politische Kooperation im hansischen Verband, sondern ebenfalls die wirtschaftliche Kooperation in der ökonomischen Hanse. Ein solches Erscheinungsbild wird in der Soziologie als *small world* bezeichnet, weil jede Person über Brückenpersonen andere Netzwerkteilnehmer in sehr wenigen Schritten erreichen kann. Es ist zu vermuten, dass dieses hansische Beziehungsgeflecht vielleicht eine höhere Gesamtdichte aufwies als etwa in Oberdeutschland; doch fehlen dazu noch einschlägige Forschungen.

Für den einzelnen Geschäftsmann bedeutete die Netzwerkstruktur des hansischen Handels, dass er sich ohne umfangreiche Kapitalien und hohe Anfangsinvestitionen am Fernhandel beteiligen konnte. Infrastruktur-, Informations-, Organisations- und Kontrollkosten waren gering oder nicht vorhanden. Was jeder Händler allerdings benötigte, war Vertrauenskapital, um durch Reputation die Verbindung zu hansischen Netzwerken zu knüpfen. Ein solches Kapital erwarb man am leichtesten als Handelsdiener eines vernetzten Fernhändlers und vermehrte es dann durch frühzeitig eigenständige Geschäfte. Tatsächlich war es so, dass der Übergang in die Selbständigkeit von Lehrlingen und Söhnen eines Firmeninhabers recht früh vollzogen wurde. Obwohl im hansischen Handel des Spätmittelalters geringere Gewinnmargen als im 13. Jahrhundert erreicht wurden, zeigen alle punktuellen Informationen, dass im Hanseraum auffällig viele kleine unabhängige Kaufleute ihr Auskommen fanden. Dieser Umstand beeinflusste die Vermögensverteilung der durch Fernhandel geprägten Seestädte. Für das spätmittelalterliche Lübeck ist nach einer Steuerliste von 1460 ein Gegensatz zur Stadt Augsburg ermittelt worden, für die Ahasver von Brandt die Steuerzahlungen von 1475 vergleichend herangezogen hat: Trotz aller Schwierigkeiten bei punktuellen Analysen städtischer Sozialstruktur wird man mit ihm sagen können, dass im spätmittelalterlichen Lübeck eine umfangreichere und breiter gelagerte Oberschicht lebte, während das oberdeutsche Augsburg eine außerordentliche Vermögenskonzentration auf einen sehr kleinen Personenkreis aufwies.

IV. Auf dem Weg zu einem nachmittelalterlichen Hanse-bund (ca. 1500 bis 1600)

1470–1474	Hansisch-englischer Konflikt
1471/1476	Ausschluss und Wiederaufnahme der Kölner Kaufleute
1474	(28. Februar) Friede von Utrecht
1494	Schließung des Kontors in Novgorod durch Großfürst Ivan III. (1514 wiedereröffnet)
1510–1512	Lübecker Krieg mit Dänemark. Friede von Malmö
ab 1521	Lutherische Predigt in den Hansestädten
1522–1525	Lübecker Krieg gegen König Christian II. von Dänemark
1534–1536	Grafenfehde
1554/1557	Neuorganisation der Hanse als Städtebündnis
1555	Augsburger Religionsfrieden
1556–1591	Dr. Heinrich Sudermann. Erster Syndikus der Hanse
1563–1570	Nordischer Siebenjähriger Krieg
1564–1568	Bau des Hansehauses in Antwerpen
1598	Schließung des Londoner Stalhofes durch Königin Elisabeth I.
1618–1648	Dreißigjähriger Krieg. Die Hanse wird in den Osnabrücker Friedensvertrag einbezogen.
1629	Lübeck, Hamburg und Bremen übernehmen hansische Angelegenheiten
1669	Letzter Hansetag
1678 und 1697	Friedenskongresse zu Nijmwegen und Rijswijk
1803/6	Ende des Heiligen Römischen Reiches
1815	Lübeck, Hamburg und Bremen als souveräne Staaten Mitglieder im Deutschen Bund, dann im Deutschen Reich und in der Weimarer Republik
1920	Ende der gemeinsamen Vertretung der drei Städte (Hanseatische Gesandtschaft) in Berlin
1937	Groß-Hamburg-Gesetz: Lübeck wird Teil Preußens. Hamburg und Bremen bestehen nach 1945 als Bundesländer fort.

1. Veränderungen der Rahmenbedingungen

a) Staatliche Verdichtung

Absterben, Niedergang oder Übergang der Hanse?

Die Hanse besaß kein festes Gründungsdatum; eine Gründungsurkunde hat niemals existiert. Genauso wenig wie einen taggenauen Anfang gibt es ein fest datierbares Ende der Hanse. Förmlich aufgelöst wurde sie niemals.

Nicht nur Anfangs- und Endpunkte der Hanse sind von unterschiedlichen Forschern zu verschiedenen Zeiten abweichend angesetzt worden. Auch die dazwischen liegenden Hoch- und Tiefpunkte einer Geschichte der Hanse sind recht verschiedenartig eingeschätzt worden. Früher konnte man von der Hanse wie von einem Lebewesen erzählen. In einer solchen biologischen Erzählweise folgten auf die stürmischen Jugendjahre eine heroische Manneszeit und schließlich das Nachlassen der Kräfte und der Tod. In anderen Entwürfen glich die Geschichte der Hanse den Wachstumsphasen einer Pflanze. Beide Metaphoriken stammen aus dem 19. Jahrhundert, mithin aus der Epoche der Geschichtswissenschaft, die ihre Periodisierungen bevorzugt aus der politischen Ereignisgeschichte ableitete. Das war im Falle der Hanse nicht anders: Egal welchen Bildes sie sich bediente, stets periodisierte die Hanseforschung nach politischen Maßstäben und erkannte dann die „Blütezeit" der Hanse zwischen den Jahren 1370 und 1474. Der Stralsunder Friedensvertrag von 1370, der den Krieg einer hansischen Allianz gegen Dänemark beendete, korrespondierte in dieser Sicht der Dinge mit dem Friedensschluss von Utrecht im Jahre 1474. Damals kam ein Friedensvertrag zustande, der zwischen dem englischen König Eduard IV. und einer hansischen Koalition unter Führung der wendischen und preußischen Städte abgeschlossen wurde. Der Vertrag beendete eine Auseinandersetzung, die 1470 begonnen hatte und vor allem als Krieg der Nadelstiche zur See ausgetragen worden war. Lag zwischen 1370 und 1474 die „Blütezeit", dann ließen sich in derselben Metaphorik die Jahrhunderte vor 1370 als Wachstumsphase begreifen, die Jahrzehnte nach 1474 aber als Zeit des Verblühens und Verwelkens ansetzen. Diese Periodisierung ist lange akzeptiert worden. Kleinere Modifizierungen änderten daran wenig, so etwa die Argumentation von Konrad Fritze, der mit dem Jahre 1370 nicht den Beginn einer Hochphase, sondern einen Wendepunkt markiert sah.

Recht einig war sich die Hanseforschung zudem, dass um 1500 die Geschichte der Hanse in eine Niedergangsbewegung einmündete, die durch äußere Faktoren verursacht worden sei: Die Hanse wurde schwächer. Politische und wirtschaftliche Konkurrenten zogen als Stärkere an ihr vorbei. Von diesem Bild jedoch ist die Hanseforschung in den letzten Jahren abgerückt. Zum einen wurden Modifikationen notwendig, weil an eine Beurteilung der Hansegeschichte nicht mehr ausschließlich ein politisch-militärischer Maßstab angelegt wird. Zum anderen wurde eine Neuformulierung durch die simple Tatsache befördert, dass die frühneuzeitliche Geschichte der Hanse überhaupt erst seit Kurzem intensiv zu erforschen begonnen worden ist; und auf diesem Forschungsfeld besteht immer noch Nachholbedarf. Doch deutlich geworden ist bereits, dass es angemessener sein dürfte, von einem Übergang der mittelalterlichen Hanse in veränderte politische, wirtschaftliche und religiöse Rahmenbedingungen auszugehen als von einem Niedergang zu sprechen. Offensichtlich sind nämlich die Jahrzehnte um 1500 von einem Veränderungsschwung geprägt, der wohl die letzte Generation des Spätmittelalters vor weitreichendere politische, wirtschaftliche und kulturelle Herausforderungen stellte als jede andere zuvor. Stichworte wie Entstehung frühmoderner Staaten, Reformation und überseeische Entdeckungen mögen diese Dynamiken andeuten.

Die Vorstellung, der Niedergang der Hanse habe sich durch ihre Überwältigung durch stärkere politische Kräfte vollzogen, konnte auf ein Phänomen verweisen, das in der Forschung als Aufstieg der Territorialstaaten be-

Territorialisierung

schrieben wird. Dazu muss man wissen, dass Staaten als flächenhafte Institutionen mit klaren Außengrenzen, einem Untertanenverband und einem umfassenden Gewaltmonopol nach Innen keineswegs geschichtliche Konstanten darstellen. Staatliche Strukturen haben vielmehr eine Geschichte, in der sich eine entscheidende Ausformung hin zu den in der Moderne typischen Gegebenheiten im Spätmittelalter vollzog. Die hansische Organisation war nach außen von dieser Entwicklung dadurch betroffen, dass ihr im Laufe des 15. und 16. Jahrhunderts mächtigere Staaten mit angewachsenen Machtmitteln gegenüberstanden, beispielsweise die Königreiche England, Frankreich, Polen sowie die nordischen Monarchien und Russland. Deren Monarchen begannen staatswirtschaftlich zu denken, bevorzugten es also, lieber schwache einheimische Kräfte zu fördern als sich auf starke auswärtige Kräfte zu stützen.

Wichtiger war noch, dass die Städte in ihrem regionalen Umfeld in diesen Prozess einbezogen worden sind. Vereinfachend kann man sagen, dass im 13. Jahrhundert große Städte den umliegenden Adel in die Defensive drängen konnten. Gegenüber ihren fürstlichen Stadtherren gewannen solche Städte häufig eine weitgehende Autonomie, was sich etwa an der Zerstörung von stadtherrlichen Burgen ablesen lässt, die zuvor im Stadtraum lagen und ihn kontrollierten. So ließen beispielsweise im Jahre 1371 die Lüneburger die welfische Burg auf dem Kalkberg schleifen. 1454 zerstörten die preußischen Städte die Ordensburgen in ihren Mauern. Systematisch gewendet, war diese Entwicklung die Folge eines Vorsprungs an Modernität der Städte gegenüber der umliegenden Welt. Doch haben viele Fürsten nach 1400 diesen wirtschaftlichen und finanziellen Intensitätsvorsprung zunächst aufgeholt; und bis um 1500 sind die Städte von einigen Fürsten sogar überholt worden. Die entscheidenden Jahrzehnte, in denen fürstliche Macht gegenüber den Städten geradezu sprunghaft zunahm, lagen im Reich in der zweiten Hälfte des 15. Jahrhunderts. Schon im Jahre 1442 hatte Kurfürst Friedrich II. von Brandenburg die Doppelstadt Berlin-Cölln unter seine gesteigerte Kontrolle gebracht und die Unabhängigkeit der Kommune durch den Bau einer Stadtburg gezügelt. Als Bauplatz wählte der Stadtherr den dadurch zum Berliner Schlossplatz gewordenen Ort. Der Hamburger Chronist Albert Krantz sah in dem Bau einen Zügel der alten städtischen Freiheit: *Fraenum antiquae libertatis – Zaum irer alten freyheit.* Wie zuvor Berlin unterwarfen die Brandenburger im Jahre 1488 die Städte der Altmark, unter denen Stendal und Salzwedel eine weitgehende Autonomie besessen hatten. Die Wettiner wurden in den geistlichen Territorien, die ihr Kernland umgaben, in den Jahren zwischen 1477 und 1486 gegen die Städte Quedlinburg, Halle und Halberstadt aktiv. Herzog Bogislaw X. von Pommern war ähnlich erfolgreich wie Wettiner und Brandenburger. Auch ihm gelang es, städtische Macht zu brechen. Im Jahre 1507 errichtete er in Stolp eine Burg. Schon zuvor hatte er 1503 in Stettin den Ausbau der Burganlage erzwungen. Die Kaufmannschaften dieser Städte waren am hansischen Handel beteiligt gewesen.

Somit war zu Anfang des 16. Jahrhunderts das Erstarken der Landesherren in Niederdeutschland unübersehbar. Auch an den Küsten der Ostsee hob sich damit die Mindestschwelle der finanziellen Ausstattung, die für die Behauptung als autonome Kommune notwendig war, zwischen 1400 und

1700 ständig an, sodass immer weniger Städte dieser Anforderung genügen konnten. Der russische Zar Ivan IV. eroberte im Jahre 1558 Dorpat. Die livländischen Städten gerieten bzw. begaben sich in der zweiten Hälfte des 16. Jahrhunderts unter schwedische bzw. polnisch-litauische Herrschaft. Im Norden des Reiches waren schließlich nur noch Lübeck, seit 1226 Reichsstadt, sowie Hamburg und Bremen als autonome Städte übrig. Das endgültige Ende für die übrigen unabhängigen Kommunen brachte direkt oder indirekt der Dreißigjährige Krieg. Selbst die Mächtigsten unter ihnen wie Lüneburg (1637), Erfurt (1664), Magdeburg (1666) und Braunschweig (1671) fielen dem fürstlichen Machtzuwachs zum Opfer.

Die neue Stärke der Fürsten war auch eine Folge der Reformation. Den norddeutschen Territorialherren und den nordischen Monarchen wuchsen durch den Einzug der Kirchengüter ganz erhebliche finanzielle Ressourcen zu. Die erste Hansestadt, die sich für das neue Bekenntnis entschied, war im Jahre 1521 Osnabrück. Es folgten Bremen und Magdeburg. In Hamburg hatte sich die Reformation bis 1528 und in Lübeck bis 1530 durchgesetzt. Oftmals kam es in den Städten bei der Durchsetzung der Reformation zu gewalttätigen Unruhen, in denen religiöse sich mit politischen, sozialen und wirtschaftlichen Forderungen verbanden. Daher suchte der Hansetag von 1525 gegen die Lehren Martin Luthers und seine Anhänger vorzugehen. Für die hansischen Netzwerke war das zeitlich gestaffelte Vordringen der reformatorischen Bewegung problematisch. Heiratsbeziehungen als Kitt zwischen den hansischen Herren waren über Konfessionsgrenzen hinweg nicht möglich. Beim alten Glauben blieben Köln und nach der Episode des Täuferreichs im Jahre 1534/35 auch Münster. Man sollte zukünftig prüfen, inwieweit dadurch die Verbindungen des rheinisch-westfälischen Raumes zu den Seestädten zerschnitten worden sind. Anderswo festigte die Reformation die kulturelle Homogenität. So verfasste der Reformator Johannes Bugenhagen (1485–1558) die Kirchenordnungen für Braunschweig, Hamburg, Lübeck, Pommern und Hildesheim gleichermaßen.

Reformation

b) Neue Chancen in einer sich wandelnden Wirtschaft

Für die Hanse als wirtschaftliche Interessengemeinschaft dürften allerdings zentraler als die Veränderungen der politischen Rahmenbedingungen die Verschiebungen in den ökonomischen Strukturverhältnissen gewesen sein. Tatsächlich veränderte sich die europäische Wirtschaft zwischen 1470 und 1620 in einem erheblichen Umfang: Entdeckungsfahrten und europäische Expansion, Preisrevolution, Bankwesen und Frühmerkantilismus deuten stichwortartig fundamentale Umbrüche an. Wie im politischen, so haben die Historiker ebenfalls im wirtschaftlichen Feld äußere Einwirkungen als für die mittelalterliche Hanse zerstörerisch dargestellt.

Konjunkturlagen

Doch muss gegen diese gängige Erzählung vom unaufhaltsamen Niedergang abwägend gefragt werden, warum diese wirtschaftlichen Faktoren die hansische Gemeinschaft überhaupt ruinieren mussten. Denn die europäische Wirtschaft dehnte sich seit Ende des 15. Jahrhunderts immens aus. Um 1470 begann in Europa ein langfristiger Wiederanstieg der Wirtschaftsleistung, mit dem die seit Mitte des 14. Jahrhunderts anhaltende Stagnation überwunden wurde. Diese Welle günstiger Konjunktur hielt lange, bis um

1600, an. Wie schon zwischen dem 11. und 14. Jahrhundert wird diese günstige Entwicklung ablesbar an einem deutlichen Bevölkerungswachstum. Punktuell vorhandenes statistisches Material ist für das frühneuzeitliche Reich so hochgerechnet worden, dass man von einem Sprung von vielleicht 18 Millionen Einwohnern zu Beginn, auf 21 Millionen zur Mitte bis hin zu 25 Millionen zu Ende des 16. Jahrhunderts ausgehen darf. Die Zahl der Großstädte erhöhte sich. Unter den Hansestädten hatte um 1470 nur Köln die Schwelle von 40000 Einwohnern erreicht. Um 1600 waren zwei neue Städte in diese Größenordnung hineingewachsen: Hamburg und Danzig. Die Zahl der Hamburger nahm von vielleicht 16000 um 1500 auf 40000 Einwohner um 1600 zu. Danzigs Bevölkerung stieg bis zur Mitte des 17. Jahrhunderts wohl sogar auf ca. 75000 Menschen an. Im Westen des hansischen Wirtschaftgebiets war vor allem die Entwicklung von Amsterdam atemberaubend, das bis zum 17. Jahrhundert in die Kategorie derjenigen europäischen Städte aufstieg, in denen mehr als 100000 Menschen lebten.

Von diesem Zugewinn an Menschen profitierte die Wirtschaft des Hanseraums durchaus. Wichtige Basisdaten sprechen für eine konjunkturelle Aufwärtstendenz. So vermehrte sich die Zahl der hansischen Schiffe vom Ende des 15. bis zum Ende des 16. Jahrhunderts wohl um 50 Prozent. Die Zahl der Schiffspassagen im dänischen Sund versechsfachte sich zwischen 1500 und 1600. Im Danziger Hafen liefen im Jahre 1476 insgesamt 666 Schiffe ein oder aus. Im Jahre 1583 hatte sich diese Zahl der Schiffspassagen auf 2230 Bewegungen erhöht. Im Englandhandel exportierten die Hansekaufleute am Anfang des 15. Jahrhunderts vielleicht 6000 Tuche jährlich. Nach 1474 dürften es doppelt so viele gewesen sein. Doch 1513/14 waren es schon 20000 und 1543/44 gar 31000 Stück. Allerdings muss man bedenken, dass die Phase lang anhaltender Depression im Hanseraum später überwunden wurde als anderswo. Zumindest für Lübeck weiß man, dass der Konjunkturmotor hier erst nach 1511 anzuspringen begann.

Innovatorischer Rückstand?

Die Zugewinne im hansischen Handel sind indes zu relativieren. Zwar stiegen die hansischen Schiffsbewegungen und Handelsumsätze absolut, aber die relativen Anteile der Hansekaufleute gingen zurück. Das bedeutete, dass die Hansekaufleute gegenüber Mitbewerbern erheblich an Marktanteilen verloren. Vielleicht mag man sich an moderne Verhältnisse erinnert fühlen, in denen sogenannte „Tigerstaaten" im Vergleich zu den alten europäischen Volkswirtschaften höhere Wachstumsraten erzielen können und Marktanteile hinzugewinnen. Ein solcher Vergleich braucht nicht überstrapaziert zu werden, denn sicher ist, dass die Mitwerber der Hansekaufleute es verstanden, aus der günstigen Konjunktur ein weitaus größeres Wachstum zu erwirtschaften: Oberdeutsche Handelshäuser, an ihrer Spitze die Augsburger Fugger und Welser, engagierten sich intensiv in Bergbau, Textilverlag, Kreditgeschäften und im Überseehandel. Seit dem 15. Jahrhundert drangen die Oberdeutschen in den Ostseeraum vor. Die Fugger übernahmen den Transport des slowakischen Kupfers über Weichsel, Ost- und Nordsee nach Antwerpen. Das war einst ein hansisches Geschäft gewesen. Die englischen Merchant Adventurers zogen den lukrativen Handel mit englischen Tuchen immer mehr an sich. Gleichzeitig durchbrachen holländische und seeländische Schiffe die hansische Marktdominanz im Ostseeraum. Sie übernahmen im Laufe des 16. Jahrhunderts einen immer größeren Anteil des Warenumschlags im Ost-West-Transfer in eigene Regie.

Deshalb hat sich die Aufmerksamkeit der Forschung darauf gerichtet, warum die Mehrzahl der hansischen Kaufleute die Transformationen des 16. Jahrhunderts eher ausgehalten als zu ihren Gunsten genutzt haben. Bestand ein grundsätzlicher innovatorischer Rückstand der hansischen Wirtschaft? Wirkten verkrustete Strukturen, eine Mentalität des Beharrens und eine Risikoscheu dahingehend zusammen, dass die Hansekaufleute als Fußkranke der europäischen Wirtschaftsexpansion zurückblieben? Wolfgang von Stromer, berühmter Erforscher des oberdeutschen Handels, hat es so gesehen. Einen Mängelkatalog vernichtender Art hielt er den hansischen Händlern vor: Sie seien gegenüber den Oberdeutschen rückständig gewesen, weil sie kredit- und fremdenfeindlich waren, eine dem Stand der Zeit nicht mehr angemessene Buchführung praktizierten und die Netzwerkstruktur ihrer Unternehmenskooperation gegenüber den hierarchisch-bürokratischen Handelshäusern hoffnungslos unterlegen gewesen sei.

Eine pauschale Zuspitzung auf fortschrittliche Oberdeutsche und strukturkonservative Hansen trifft sicherlich nicht zu. Doch ist nicht zu übersehen, dass die Struktur des hansischen Handels zwar an die Rahmenbedingungen im mittelalterlichen Nord- und Ostseeraum gut angepasst war, dadurch aber Elemente aufwies, die eine räumliche und mengenmäßige Ausdehnung erschwerten. So stellte die auf Gegenseitigkeit beruhende, weitgehend informelle Kooperationen zwischen verwandtschaftlich oder freundschaftlich verbundenen Hansekaufleuten zwar eine ideale Ergänzung zu den mittels Privilegierung an den Kontorsplätzen gewonnenen Wettbewerbsvorteilen dar; denn ihre Netzwerkorganisation ermöglichte es den Hansekaufleuten, von den Hansekontoren ausgehend, die Handelsrouten in Nordeuropa mit einer Art Handelsstafette kostengünstig zu überbrücken. Doch weil diese Kooperation auf Vertrauen basierte und sich auf Verwandtschafts- und Freundschaftsverbindungen stützte, bestand eine kulturelle Barriere, über die hinweg eine Ausdehnung des Handelsnetzes nicht möglich war. Die für die vertrauensbasierte Kooperation unabdingbare Geschlossenheit behinderte also die Ausdehnung des hansischen Handels in Räume hinein, in denen Verwandte und Freunde fehlten, und dies hieß zumal schon nach Oberdeutschland und über die Alpen nach Italien. Wer jenseits dieser Barriere ökonomische Gewinne witterte, musste andere Kooperationsformen anwenden und zögerte offenbar oftmals damit. Das war für das hansische Wirtschaftswachstum weitgehend unproblematisch, solange die europäischen Handelsräume stärker nebeneinander existierten. Mit der im neuen Wirtschaftsaufschwung einsetzenden Verflechtung zu einem gesamteuropäischen und alsbald transatlantischen Wirtschaftsraum wäre es indes geboten gewesen, die neuen Marktchancen außerhalb des Hanseraums zu nutzen. Dies ist den Hansekaufleuten nicht in gleichem Maße gelungen, wie ihre Konkurrenten es verstanden, in die hansische Wirtschaftszone einzudringen.

Weiterhin war das Fernhandelsnetzwerk der Hansekaufleute gut an die spätmittelalterliche Bargeldknappheit im Hanseraum angepasst. Weil mit wenig Kapital operiert wurde, war die Einführung einer leistungsfähigen Buchführung gar nicht zweckmäßig. Nachteilig daran wurde aber, dass sich hohe Kapitalsummen nicht ansammeln ließen, die beispielsweise zum Einstieg in Produktionsbetriebe oder Verlagsbeziehungen benötigt wurden. Zudem entwickelte sich im Hanseraum kein nennenswerter Kapitalmarkt. Dies war in dem Moment nachteilig, als am Beginn des 16. Jahrhunderts sich die Hansekaufleute solchen Unternehmen gegenübersahen, die wesentlich kapitalstärker waren, leichten Zugang zu Risikokapital besaßen und ihre Kapitalressourcen durch zirkulierende Kreditinstrumente besser nutzten. So erklärt sich, dass hansische Firmen in Bereichen, in denen hohe Investitionskosten notwendig waren, aber eben auch gute Renditen winkten, kaum aktiv wurden. Hansische Anteile an Bergbauunternehmungen im Erzgebirge etwa beschränkten sich auf wenige Kölner Einlagen.

In einer modifizierten Sicht wird man davon ausgehen müssen, dass keine allgemeine Rückständigkeit oder Innovationsverweigerung der Hansekaufleute bestand. Doch konservierte der von ihnen bevorzugte Handel auf Gegenseitigkeit nachteilige Elemente wie geringes Handelsvolumen, geringe Kapitalausstattung und geringe Produktspezialisierung. Mit der Veränderung der Märkte gerieten diese Merkmale zum Wachstumshemmnis. Freilich bedeutete das weder, dass die Hanse scheitern musste, denn nicht die Hanse, sondern nur einzelne Kaufleute der Hanse kauften und verkauften. Ebenso wenig folgt daraus, dass der Weg in andere Unternehmensformen grundsätzlich verriegelt war. So finden sich durchaus Beispiele für hansische Handelsgesellschaften, die in Form oberdeutscher Handelshäuser organisiert waren. Das bekannteste unter ihnen ist das Stettiner Handelshaus Loitz.

Profiteure der Atlantikwirtschaft: Hamburg, Bremen, Danzig

Aus den bisher skizzierten Überlegungen dürfte bereits abzulesen sein, dass die Anpassung an neue Marktbedingungen gegen die traditionell erfolgreichen hansischen Handelsformen und -wege sehr wohl gelingen konnte. Doch waren darin nicht alle gleichermaßen erfolgreich. Bezogen auf einzelne Städte und ihre Kaufmannschaften kann man die Erfolgreichen sehr gut erkennen. Die neuen wirtschaftlichen Grundgegebenheiten stärkten den atlantischen Flügel Europas. Die Atlantikhäfen, westlich von denen zuvor das Ende der bekannten Welt lag, wurden zu Sprungbrettern zu neuen Märkten in Amerika, Indien und Asien. Das wirtschaftliche und finanzielle Herz Europas schlug erstmals nicht mehr am Mittelmeer. Der große Gewinner war zunächst Antwerpen. Die Rolle der Stadt als Wirtschaftsmetropole im atlantischen Raum übernahmen um 1600 Amsterdam, um 1700 London und um 1900 New York. Nicht nur diesen, sondern allen Handelsplätzen, denen es gelang, die eigenen Ressourcen für den Atlantikmarkt zu mobilisieren, konnten enorm profitieren. Von den Produkten der hansischen Händler waren es nunmehr die Rohstoffe, die in westeuropäischen Ballungszentren nachgefragt wurden. Im Zuge einer rasanten Agrarkonjunktur ließen sich vor allem mit Getreide lukrative Geschäfte machen. Holz, Asche und Getreide musste man allerdings massenhaft anbieten können.

Eine Stadt, die es sehr erfolgreich verstand, ein großflächiges Hinterland als Abnahme- und Produktionsraum in die atlantische Wirtschaft zu integrieren, war Danzig. Um 1500 ging die Stadt den Weg von einer aktiven Fernhandelsstadt zum reinen Mittlerzentrum mit ausgebauter logistischer Infrastruktur. Die Danziger vermittelten Zulieferungen von Getreide und

Waldprodukten weiter, die nicht nur aus Preußen, sondern ebenso aus Polen, Litauen und Weißrussland stammten und über die Weichsel und ihre Nebenflüsse herangeführt wurden. Die Danziger Getreideausfuhr wuchs schnell. Betrug sie im Jahre 1492 nicht mehr als 25 000 Tonnen, stieg sie über 120 000 Tonnen im Jahre 1583 auf 232 000 Tonnen im Jahre 1618. Sie hatte sich also in 125 Jahren mehr als verzehnfacht. Für den Weitertransport der Waren übers Meer kooperierten die Danziger mit Holländern, die zu günstigen Preisen den notwendigen Schiffsraum für den Massentransport bereitstellen konnten. Der Danziger Handel lief nicht mehr über Lübeck. Die Schiffe der Holländer fuhren um Jütlands Nordspitze herum. Deshalb veränderte sich die Struktur des Danziger Hafenverkehrs dramatisch. Im Jahre 1476 entfiel jeweils ein Viertel der Schiffsbewegungen auf Fahrzeuge aus Holland und Lübeck. Im Jahre 1583 aber hatten sich die Anteile auf 46 Prozent gegenüber 3 Prozent verschoben.

Ähnlich verstanden es Hamburg und Bremen, die Produkte eines weiten Hinterlandes auf sich zu ziehen und nach Westeuropa weiterzuschleusen. Elbe und Weser erschlossen rohstoffreiche Regionen und in der Fläche auch eine kopfstarke Konsumentenschaft. Ein florierender Getreide-, Kupfer- und Leinwandhandel lief über Elbe und Weser sowie deren Nebenflüsse. Der Erfolg aller drei Städte beruhte auch auf Zwangsmitteln. Denn zur Sicherung ihrer Stellung bedienten sich Danzig, Hamburg und Bremen der Durchsetzung des Stapelzwangs. Diese Maßnahme sollte den gesamten Warenstrom, der den Fluss hinab kam, in die Hände der örtlichen Kaufmannschaft gelangen lassen. Die flussaufwärts gelegenen Städte wurden dadurch am Direkthandel gehindert. Ihnen wurde der Zugang zur offenen See verlegt.

Die hohe Attraktivität der drei Städte Bremen, Hamburg und Danzig zeigt sich besonders daran, dass Zuwanderer von außerhalb des niederdeutschen Raumes zuzogen. Nach Hamburg beispielsweise kamen Engländer, Flamen, Portugiesen jüdischen Glaubens, Italiener und Oberdeutsche. Solche Zuwanderer befruchteten mit ihrem Wissen, ihren Kontakten und ihren Finanzmitteln die wirtschaftliche Leistungskraft ihrer neuen Heimatstädte ungemein. Ihre Impulse trugen dazu bei, dass in Hamburg seit 1558 eine Börse bestand und im Jahre 1619 eine Girobank etabliert wurde, die neben Amsterdam die bedeutendste öffentliche Bank Nordwesteuropas war. Überdies beteiligten sich Hamburger und Bremer Händler aktiv an der Schifffahrt im atlantischen Wirtschaftsraum. Sie dehnten dabei den Aktionsradius im Vergleich zu ihren hansischen Großvätern deutlich aus. Hamburger und Bremer Schiffe fuhren in Richtung Iberische Halbinsel, ins Mittelmeer und in späterer Zeit auch hinüber in die amerikanischen Kolonien.

Die Lübecker Kaufmannschaft beteiligte sich ebenfalls an diesen neuen Entwicklungen. Getreide aus dem Lübecker Hinterland wurde in die atlantische Wirtschaft eingespeist. Zeugnisse für eine Süd- und Westfahrt Lübecker Kaufleute sind vorhanden. Der Lübecker Rotspon, an der Trave nachgereifter französischer Wein, zeugt noch heute davon. Doch quantitativ blieb der Lübecker Handel hauptsächlich Ostseehandel. Verkehrsgeografische Gegebenheiten begründeten dies. Lübeck lag zum Atlantik und den über ihn zu erreichenden Weltmeeren eben unvorteilhaft. Die Lübecker Handelsstellung beruhte auf dem Transit zwischen Nord- und Ostsee. Sie war im Zeichen einer Direktfahrt zwischen den Meeren und einer atlantischen Wirtschaftskonjunktur nicht in dem Maße ausbaufähig wie im benachbarten Hamburg. Die Trave erschloss kein so großes Hinterland wie Weichsel, Weser und Elbe. Mehr als ein Quentchen Wahrheit liegt daher in der Feststellung von Fritz Rörig, Lübeck und Venedig seien in der Frühen Neuzeit „von Meistern zu Gefangenen ihrer Meere" geworden. So lassen sich für die Lübecker Wirtschaft im Verlaufe des 16. Jahrhunderts durchaus Zuwächse erkennen, aber keineswegs gibt es Anzeichen für einen solchen Wirtschaftsboom, wie ihn Hamburg, Bremen und Danzig erlebten. Kaufkraftbereinigt dürften sich die Umsätze im Lübecker Hafen zwar 1680/82 gegenüber 1492/96 fasst verdoppelt haben, aber sie lagen damit immer noch (wenn auch nur knapp) unter dem Wert, der schon im Jahre 1368 erreicht worden war.

2. Reaktionen der hansischen Organisation

a) Wirtschaftliche Pfadabhängigkeiten

Die angedeuteten politischen und ökonomischen Veränderungen zwangen die hansische Gemeinschaft zu Reaktionen. Sollte sie auf dem im Mittelalter so erfolgreichen Pfad weitergehen oder neue Wege beschreiten? Und was bedeutete das eine wie das andere in einer Umbruchzeit? Wir mögen uns heute klüger fühlen, weil wir die weiteren Entwicklungsverläufe schon kennen. Doch beide Fragen ließen sich aus der Sicht der Zeitgenossen wohl nur anlassbezogen, kaum aber generalisierend beantworten. Zwei Beispiele dafür seien exemplarisch herausgegriffen: Die Islandfahrt und der Niedergang des Brügger Kontors.

Islandfahrt   Als hansische Schiffe begannen, die Überfahrt nach Island zu wagen, suchten deren Auftraggeber den begehrten Stockfisch möglichst direkt an der Quelle zu reduzierten Preisen zu kaufen. Das war für jeden Händler ein naheliegender Ansatz. Allerdings widersprach die Geschäftsidee den hansischen und norwegischen Regelungen. Danach sollte das Hansekontor in Bergen der ausschließliche Stapelplatz im hansisch-norwegischen Stockfischhandel sein. Alle Fischer, auch solche aus Island und von den Atlantikinseln, sollten ihren Fang dorthin bringen. Umgekehrt war es den Hansekaufleuten nicht gestattet, nördlich von Bergen unterwegs zu sein.

Die ersten hansischen Händler, die diese Vorschriften ignorierten, waren wohl im Jahre 1432 Danziger Schiffer gewesen, die im Konvoi gemeinsam mit englischen Schiffen fuhren. Die erste (nachweisbare) von Lübeck aus unternommene Islandfahrt datiert auf das Jahr 1442. Aus beiden Unternehmungen wurde kein dauerhafter Handelsverkehr. Das änderte sich erst etwa 30 Jahre später. Erneute Versuche, von hansischen Häfen aus nach Island zu fahren, gingen diesmal von Hamburgern und Bremern aus. Im Jahre 1475/76 unterstützte sogar der Hamburger Rat das unternehmerische Vorhaben, den Direkthandel mit Island zu etablieren. Darüber beschwerte sich das norwegische Hansekontor im Jahre 1481 bei Lübeck. Es folgte die sofortige Untersagung der Islandfahrt auf dem Hansetag von 1482. Diesem ersten folgten noch mehrere weitere Verbote, ohne dass aber Hamburger, Bremer und wiederum auch Danziger Händler sich dadurch diese Verbindung kappen ließen. Zwar suchten sie ihr Verhalten zu verschleiern, doch beendeten sie den Direktverkehr nicht. Ihr Verhalten ist vielleicht nicht ausschließlich als eigennützig zu deuten, denn englische und um 1500 auch holländische Händler lauerten darauf, diese Handelslinie zu übernehmen. Hätten die Hansekaufleute also auf den Islandhandel verzichtet, dann wären die Waren nicht wieder über Bergen dem hansischen Handel zugeflossen und die Gewinne in hansischen Geldkatzen geblieben, sondern die Konkurrenten hätten Marktanteile hinzugewonnen und massiv profitiert. Es liegt nahe, in dieser Überlegung ein Argument zu erkennen, das den Lübecker Rat hinter vorgehaltener Hand den Islandhandel stillschweigend dulden ließ, während die Politiker vor der Hand die Kontorsrechte und die Stapelpflicht aller Hansekaufleute im Interesse der Lübecker Bergenfahrer betonten. Im Jahre 1538 ließen die Lübecker Politiker auch davon ab. Ganz offen beteiligten sich seitdem Lübecker Schiffe an der Islandfahrt, die inzwischen am stärksten vom Hamburger Hafen aus betrieben wurde.

Im Falle der Islandfahrt lässt sich ein pragmatisches, flexibles Vorgehen in der hansischen Wirtschaftspolitik erkennen. Wesentlich rigider gehandhabt wurde demgegenüber die Frage, ob das Brügger Hansekontor dem wirtschaftlichen Schwerpunktwechsel folgen und seinen Sitz nach Antwerpen verlegen sollte. Die Frage war entstanden, weil im Verlauf des 15. Jahrhunderts der Brügger Markt kontinuierlich an Bedeutung verloren hatte. Die flandrische Tuchproduktion hatte sogar schon seit dem 14. Jahrhundert ihren Rang eingebüßt. Brabant und Holland waren als Textilstandorte aufgestiegen. Der englische Tuchhandel, der ungefärbte Stoffe zur Veredelung auf den Kontinent brachte, lief über Antwerpen. Diese und weitere Ursachen hatten sich gebündelt, verstärkend zusammengewirkt, sodass am Ende des Jahrhunderts Brügge seinen Rang als „Welthandelsmarkt des Mittelalters" verloren hatte. Um 1500 war das wirtschaftliche Zentrum Nordwesteuropas unumstritten Antwerpen.

Das Hansekontor war zu diesem Zeitpunkt aber immer noch in Brügge ansässig. Dieses allzulange Festhalten am alten Standort beruhte auf vorausgegangenen Erfolgen. Denn in Brügge besaß die Hanse umfangreiche Privilegien, die sie im 14. Jahrhundert erkämpft und im 15. Jahrhundert erbittert verteidigt hatte. Ihre Stellung war dadurch deutlich besser als die Rechte der übrigen fremden Kaufleutenationen. In Antwerpen waren zwar Privilegierungen, aber keine Sonderposition gegenüber Mitbewerbern zu erreichen. Die Hansetage verschlossen sich daher einer Verlegung des Kontors und des Stapelplatzes von Brügge nach Antwerpen. Doch viele Hansekaufleute sahen das anders. Sie fühlten sich stark genug, um in Antwerpen ohne eine Besserstellung gegenüber der Konkurrenz bestehen zu können. Besonders die Kölner Kaufleute waren früh am Geschäft mit englischen Tuchen beteiligt, die sie über die Brabanter Messen bezogen. Der Einstieg in dieses Geschäft war für sie notwendig, weil diese nachgefragten Stoffe ansonsten von oberdeutschen Konkurrenten über die Frankfurter Messen den Konsumenten zugeführt worden wären. Daraus entstand ein zunächst latenter Streit zwischen Brügger Älterleuten und Kölner Kaufleuten, der sich 1468 an der Frage der Abgabenzahlungen an das Kontor entzündete und sich 1469 mit

Brügge und Antwerpen

der Frage eines Abbruchs des hansischen Handels mit England verband. Denn das Londongeschäft war zwar mittlerweile unbedeutend für die meisten Hansekaufleute geworden, doch für die Kölner Händler von höchster Wichtigkeit. In beiden Punkten verschloss sich die wendische und preußische Gruppe der Hanse der Zwangslage der Kölner und nahm auf deren Interessen keine Rücksichten. Die Kölner kündigten schließlich die Solidarität auf und wurden aus der Hanse ausgeschlossen. Nachdem die Hanse den Konflikt mit England durch günstige Umstände erfolgreich durchgestanden hatte, mussten die Kölner nach dem Utrechter Frieden von 1474 um ihre Wiederaufnahme nachsuchen.

Weil in ökonomischer Sicht das Festhalten an Brügge als Handelsplatz immer unattraktiver wurde, suchten die Hansetage zwangsweise alle Kaufleute auf die Abwicklung ihrer Geschäfte in Brügge festzulegen. Doch diese Zwangsmaßnahmen hielten die Entwicklung nicht auf. Immer mehr Händler wollten hier und jetzt erfolgreich sein und nicht aus Angst vor Nachteilen oder gar aus historischen Reminiszenzen in Brügge bleiben. Bezeichnend etwa war, dass im Jahre 1506, als für den verkleinerten Kaufmannsrat des Kontors zwölf Hansekaufleute in Brügge gesucht wurden, diese Kopfzahl nicht mehr aufzutreiben war. Schließlich gab auch der Lübecker Rat im Jahre 1528 seinen Widerstand gegen die Verlegung von Kontor und Stapel nach Antwerpen auf. Ein geschlossener Umzug der Hansekaufleute von Brügge nach Antwerpen konnte aber gar nicht mehr stattfinden. Selbst die meisten Lübecker Kaufleute, die in Nordwesteuropa ihren Geschäften nachgingen, waren bereits zuvor ins boomende Antwerpen ausgewichen. So kam es nur zum administrativen Nachvollzug faktischer Gegebenheiten. Die Hansekaufleute hatten zuvor mit den Füßen abgestimmt. Dennoch hielten die Hansetage weiterhin an der Rechtsfiktion fest, es handle sich noch immer um das Brügger Kontor, das nur seinen Sitz nach Antwerpen verlegt habe.

Die wirtschaftspolitischen Vorgaben der Hansetage in Sachen Brügger Kontor waren nicht willkürlich. Ihre Logik lag in der Verlängerung vergangener Erfolgsrezepte in die Zukunft. Die altbewährten Prinzipien versagten indes in einer in ihren Grundstrukturen verwandelten Umwelt. Die Orientierung an der althergebrachten Besserstellung in Brügge führte zu einer Verschleppung der nötigen Umstrukturierung. Das Eindringen von oberdeutschen Kaufleuten, die im 16. Jahrhundert in Antwerpen weitaus aktiver als die hansischen Händler waren, wurde dadurch erleichtert. Was dem Historiker aus seiner Schreibtischperspektive als offensichtlich falsch erscheint, war indes aus dem Augenwinkel der Zeitgenossen so deutlich nicht vorherzusehen. Lieber auf altbewährten und bekannten Pfaden fortschreiten zu wollen als auf stets ungewisse Zukunftschancen auf neuen Märkten zu setzen, ist keine Überlegung, die nur die hansische Wirtschaftspolitik des 16. Jahrhunderts bestimmte.

Wie unzeitgemäß es allerdings sein kann, auf einstigen Gewinnpfaden zu verbleiben, und wie zerstörerisch es bisweilen wirkt, Erfolgsprinzipen der Vergangenheit nicht neu zu interpretieren, sondern starr zum Handlungskonzept der Gegenwart zu machen, zeigt sich in den hansischen Versuchen der 1560er Jahre, ein neues Kontorgebäude in Antwerpen zu errichten: Im Jahre 1563 war es zwischen der Hanse und der Stadt Antwerpen zu einem

Vertragsabschluss gekommen. Es ging um die Stellung der Hansekaufleute an der Schelde und um die Errichtung eines repräsentativen Gebäudes, an dessen Bau sich Antwerpen beteiligen wollte. Der Sekretär der Hanse, Heinrich Sudermann, leitete das Bauprojekt, das 1569 abgeschlossen werden konnte. Ein großes und repräsentatives Gebäude war errichtet worden. Doch ging es Sudermann nicht nur um einen Hausbau, sondern um die innere Neustrukturierung der hansischen Gemeinschaft in Antwerpen. Dafür plante er, alle in Antwerpen anwesenden Hansekaufleute in diesem Neubau unterzubringen. Hier sollten sie unter Aufsicht zusammenleben, ihre Waren lagern und Geschäfte abwickeln.

Diese Prinzipien werden manchem Leser nicht als ungewöhnlich erscheinen, und tatsächlich waren sie den mittelalterlichen Praktiken an den Kontoren von Novgorod und Bergen nicht völlig unähnlich. Vielleicht hatte Sudermann sogar seine Ideen aus der Geschichte der Hanse gewonnen. Doch bereits gegenüber den Brügger Praktiken war das Vorhaben recht anachronistisch. So hatte es ein Gebäude des Hansekontors in Brügge nur während einer kurzen Zeit gegeben. 1442 wird ein solches Haus erstmals genannt. Die Hansekaufleute aber lebten davor und danach verstreut in der Stadt bei flämischen Wirten und in gemieteten Häusern. Auch in Antwerpen wohnten Hansekaufleute dauerhaft mit ihren Ehefrauen und Kindern unter der einheimischen Bevölkerung. Gerade ihnen verlangte Sudermann nunmehr ab, dass sie mit ihren Familien in eine Hansestadt übersiedeln müssten. Ihre Geschäfte in Antwerpen sollten zukünftig von Handelsdienern wahrgenommen werden, die im Hansehaus leben und sich der Hausordnung unterwerfen sollten. Als man diese Idee verbindlich machte, verzichteten 13 Hansekaufleute, die in Antwerpen ansässig und besonders wichtig waren, auf ihre Hansemitgliedschaft. Das gesamte Antwerpenprojekt wurde zu „einem grausamen Mißerfolg" (Ernst Pitz).

Moderne Forscher haben gerade an der Haltung der Hansetage zur Frage des Brügger Kontors einen fatalen Hang zum Strukturkonservatismus sehen wollen oder das Vorgehen als Verweigerung gegenüber den unabweisbaren Realitäten gegeißelt. Tatsächlich ist aus der Rückschau gut zu erkennen, dass die allgemeine Entwicklung in eine Richtung verlief, die den Wert der hansischen Kontore und der dortigen Handelsprivilegien absenkte. Der genossenschaftliche Privilegienerwerb war in der Frühzeit der Hanse ein sehr erfolgreiches Instrument gewesen, um in der Fremde durch kollektive Maßnahmen mehr Sicherheit, besseren Rechtsschutz und gewinnträchtige Handelsvorteile zu erlangen. Deshalb war es ja einst zur Bildung der Hansen als Fahrtgenossenschaften, deren zeitweiligen und dann dauerhaften Zusammenschluss zur Hanse der Niederdeutschen sowie zur Ausbildung der kostenintensiven Infrastruktur ihrer Kontore gekommen. Doch mittlerweile bestanden in den frühmodernen Staaten, in denen diese Handelsplätze lagen, ein effektiveres Gewaltmonopol, allgemeingültige Gesetze und unabhängige Gerichte, die auch fremde Händler besser als früher schützten. Niemand wurde in Antwerpen mehr zum Zweikampf gefordert.

Auf Verhältnisse der hansischen Frühzeit zugeschnitten gewesen war auch die fiskalische Besserstellung einer Händlergruppe unter den Fremden. Die frühmodernen Staaten und ihre Juristen, die auf Vereinheitlichung bedacht waren, sahen hierin mittlerweile eine mit ihrer Rechtslogik unverein-

Erfolgreiche Pfade und schwierige Neuorientierungen

bare Regelung. Erste Anzeichen dafür zeigten sich bereits zwischen 1460 und 1480, als der Hanse die zuvor selbstverständliche Privilegienerneuerung in England, Burgund und Dänemark erschwert wurde. Immer häufiger betrachteten Monarchen und Fürsten bei ihrem Regierungsantritt die Inhalte der ihnen von der Hanse vorgelegten Urkunden nicht als gutes altes Herkommen, sondern als Partikularrechte, die es zu homogenisieren galt. Den einzelnen Händler aber interessierte weniger eine langfristige rechtssystematische Verschiebung; ihm kam vielmehr direkt die zunehmende individuelle Rechtssicherheit zugute. Immer mehr Hansekaufleute nahmen mit guten Gründen an, beispielsweise in Antwerpen ganz ohne hansische Rückendeckung gute, nach Verlagerung der Handelsströme sogar bessere Geschäfte zu machen als in Brügge. Das galt auch andernorts: So erklärten etwa im Jahre 1530 Hamburger Kaufleute über ihren Handel in Amsterdam Folgendes: Es handle sich bei diesem Ort um eine „fryge copstadt". Sie machten dort gute Geschäfte, doch seien sie „nicht mer gefriet als andere, brukeden ock orer privilegien nicht".

Überall ging zur selben Zeit die Bedeutung der Kontorsorte zurück. Die Islandfahrt umging Bergen. Das Londoner Kontor war zu einem von Kölner Kaufleuten dominierten Standort geworden. Es wurde 1598 unter Königin Elisabeth I. aufgehoben. Die Schließung des Novgoroder Kontors unter Großfürst Ivan III. im Jahre 1494 war ein politischer Gewaltakt. Zwar wurde der Petershof 1514 wiedereröffnet, doch hatte sich in den 20 Jahren dazwischen gezeigt, dass sehr wohl ohne den Kontorsplatz Novgorod die Pelze auf anderen Routen nach Mittel- und Westeuropa gelangen konnten. In Narwa deckten sich die livländischen Händler mit ihnen ein. Zudem gab es eine Landroute über Leipzig, die von Oberdeutschen aufgebaut worden war. Seit dem Jahre 1553 öffnete zusätzlich die Nordkaproute einen Weg nach Russland, den Engländer und ihnen folgend Holländer befuhren.

Hätte also die Hanse die Kontore liquidieren und den auswärtigen Handel freigeben sollen? Wer diese Frage zu bejahen neigt, sollte bedenken, dass damit die Institution Hanse an ihr Ende gekommen wäre. Die hansische Interessengemeinschaft beruhte ja gerade auf dem Schutz der auswärtigen Privilegien. Deren Bedrohung hatte erstmals und immer wieder zur hansischen Solidarisierung geführt. Deshalb waren die hansischen Strukturen von den Kontoren ausgegangen und von außen nach innen gewachsen. Eine Liquidierung des Kontorshandels hätte die Hanse also ihrer Kernaufgabe beraubt. Schon eine schleichende Entwertung der Kontore zerriss den für das Funktionieren der Hanse maßgeblichen Kommunikationszusammenhang, der von den auswärtigen Gemeinschaften der niederdeutschen Händler zurück in die Räte ihrer Heimatstädte verlief und der die Hanse im Mittelalter hatte weiträumiger agieren lassen, als es ein regionaler Städtebund konnte.

Inwieweit den Hansepolitikern diese Überlegungen bei ihren Maßnahmen im Bewusstsein waren, ist schwer zu entscheiden. Vielleicht ist also die Entwicklung pragmatischer verlaufen. Vielleicht ereignete sich eine Hanseauflösung nur deshalb nicht, weil sich Institutionen selten einmal selbst abgeschafft haben. Die Hanse bestand nun einmal und versuchte die Grundideen ihres im Mittelalter so erfolgreichen Handelns in Zeiten des

Strukturwandels fortzuschreiben. Dies geschah zuweilen pragmatisch wie im Falle des Islandhandels, ein anderes Mal indes mit Zwangsmitteln wie beim versuchten Erhalt des Brügger Kontors. Egal aber, wo sie auf der Skala zwischen diesen beiden Extrempolen zu liegen kamen, allen gleichermaßen konnten hansische Wirtschaftmaßnahmen letztlich nicht gefallen. Diejenigen Händler, die sich stark genug fühlten, ohne hansischen Rückhalt zu agieren, empfanden die hansischen Versuche, eine Geschlossenheit zu erzwingen, als nötigende Fesseln und hemmende Einmischungen. Sie erachteten derartige Eingriffe als kontraproduktiv, weil ihnen mögliche Vorteile aus dem Wettbewerb um neue Märkte genommen wurden. Gerade die besonders beweglichen und erfolgreichen Kaufleute entzogen sich deshalb den hansischen Maßnahmen, die dadurch ungewollt das Ungleichgewicht zwischen dem hansischen und dem Wirtschaftswachstum der Konkurrenten noch verstärkten und die Kontore durch den Abzug von florierenden Firmen zusätzlich schwächten. Diejenigen Händler aber, die sich bei einer härter werdenden Konkurrenz in der Fremde und zunehmend auch auf ihren Heimatmärkten sorgten oder gar ängstigten, empfanden das Vorgehen der Hansetage als zu schwach. Sie wünschten wirksamere protektionistische Maßnahmen und die Bändigung der anderswo erfolgreichen Händler. Welche von beiden Haltungen für sich beanspruchen konnte, das hansische Gemeinwohl gegen den Egoismus der Einzelnen zu befördern, war und ist eine Frage der Sichtweise.

b) Der Umbau zu einem Hansebund

Vergleichbare Entscheidungszwänge machten der Hanse in der Politik zu schaffen. In einer sich staatlich modernisierenden Umwelt geriet die lose Organisationsform der Hanse, die aus anderen Traditionen erwachsen war, von zwei Seiten unter Druck. Im 15. Jahrhundert forderten wie geschildert englische, französische und burgundische Juristen eine präzise Definition der Hanse. Dass solche Notwendigkeiten zuerst im diplomatischen Kontakt mit diesen Höfen entstanden, war kein Zufall, denn die staatliche Modernisierung setzte eher im Westen als in der Mitte des europäischen Kontinents ein. Auch im Reich endete aber die Epoche der Aushilfen, Unschärfen und des Schwebezustandes. Dies geschah, sich dabei beschleunigend, in den sechs Jahrzehnten zwischen 1495 und 1555. War vor 1500 bei hansischen Reichsstädten wie Lübeck, Goslar und Dortmund keine sonderliche Anteilnahme am Verdichtungsprozess des Reiches festzustellen, änderte sich das rasch in den Jahrzehnten der Reformation. Die politische Dynamik der Reformationszeit erwies nämlich die im Norden übliche politische Haltung als falsch, die es in spätmittelalterlicher Tradition bei einem ideellen Reichsbezug beruhen lassen wollte und vom oberdeutschen Reich absehen zu können glaubte. Dieser Lernprozess lief zu auf den Versuch der Hanse, als Konföderation in den Augsburger Religionsfrieden von 1555 aufgenommen zu werden. Dieser Versuch schlug fehl. Doch liegen die entscheidenden Organisationsveränderungen der hansischen Gemeinschaft zeitlich nicht zufällig um dieses Datum herum, sondern sind sachlich darin begründet.

Während zwischen 1535 und 1552 nur drei Hansetage stattgefunden hatten, trafen sich die hansischen Gesandten zwischen 1553 und 1567 14-mal.

Staatliche
Verdichtungen

Eine neue Bündnis-
organisation

117

In den Jahren 1554 bis 1557 organisierten sie eine innere Ausgestaltung der Hanse, wie sie niemals zuvor bestanden hatte. Feste organisatorische und juristische Strukturen wurden etabliert, einklagbare Verpflichtungen festgelegt und eine transparente Lastenverteilung eingeführt. Nicht mehr nur anlassbezogene, sondern regelmäßige Finanzbeiträge, die zudem im Voraus zu leisten waren, wurden 1554 verbindlich gemacht. Im selben Jahre teilte man nicht mehr nur die Kaufleute der Kontorsgemeinschaften, sondern die Hanse selbst in vier Quartiere auf, deren Vororte Lübeck, Köln, Braunschweig und Danzig bildeten. Im Jahre 1556 erhielt die Hanse einen ersten festen Mitarbeiter außerhalb der Kontore. Man schuf das Amt eines hansischen Syndikus, also eines juristisch geschulten Geschäftsführers. Dieser führte die hansische Diplomatie und organisierte die Geschäftsabläufe zwischen den Hansetagen, wurde im Jahre 1576 aber auch mit der Anlage eines Urkundenverzeichnisses und der Abfassung einer Geschichte der Hanse beauftragt. Der erste Amtsinhaber war der Kölner Dr. Heinrich Sudermann (1520–1591). Im Jahre 1557 unterzeichneten Vertreter von 63 Städten eine Konföderationsvereinbarung. Nach diesem Vertrag waren alle Unterzeichner verpflichtet, an den Hansetagen teilzunehmen oder aber die Delegation einer anderen Stadt mit ihrer Interessenvertretung zu bevollmächtigen. An die gefassten Beschlüsse sollten Anwesende wie Abwesende gleichermaßen gebunden sein. Diese „Konförderationsnotel" genannte Abmachung wurde im Jahre 1579 verlängert und blieb bis zum Dreißigjährigen Krieg in Kraft. Bis dahin wurden weitere Institutionen etabliert, über die im Mittelalter die Hanse keineswegs verfügt hatte. So errichtete man im Jahre 1612 eine gemeinsame Bundeskasse, auch die Kodifizierung eines hansischen Schiffs- und Seerechts wurde im Jahre 1614 abgeschlossen.

Damit war in der zweiten Hälfte des 16. Jahrhunderts das geschehen, was manche Erforscher als rückwärtsgewandte Ratgeber schon der mittelalterlichen Hanse dringend anempfohlen hatten: Die Umformung einer Personengemeinschaft, die auf gemeinsamen Interessen beruhte, in ein Städtebündnis. Wie zuvor gezeigt, waren im 15. Jahrhundert solche Versuche in Form der in die hansische Gemeinschaft hineingegründeten Tohopesaten erfolglos geblieben. Daher ist es nicht wirklich treffend, von Reorganisationsbemühungen (Philippe Dollinger) oder gar Wiedergeburt der Hanse zu sprechen. Die Bündnisbildung um die Mitte des 16. Jahrhunderts war eher eine Neugeburt unter frühneuzeitlichen Vorzeichen und damit das Ende der mittelalterlichen Hanse.

Verluste durch organisatorische Straffung

Eine solche Bündnisbildung war zeitgemäß. Sie ordnete sich ein in grundsätzliche Entwicklungen, die einer zunehmenden Verrechtlichung und Institutionalisierung zudrängten. Während die Hanse im Mittelalter eine lose Organisation gewesen war, die Inkonsequenzen und Widersprüche ausgehalten hatte, wurde sie nunmehr immer restriktiver geknüpft. Stets ist es dann aber wohl so, dass ein elastisches Gefüge mit wenigen Pflichten einen größeren Kreis von ihm zugewandten Mitgliedern besitzen wird als eines mit erhöhten Anforderungen und starker Bindungswirkung. Tatsächlich hatte sich schon im 15. Jahrhundert gezeigt, dass ein Schwebezustand, der grundsätzliche Loyalität bei weitgehender Kostenfreiheit ermöglichte, vielen Städten mit hansischer Kaufmannschaft der willkommenste Charakter hansischer Zugehörigkeit war. Über solche „Trittbrettfahrer", die an den

Vorteilen der Hanse partizipierten, die Lasten aber auf die größeren Partner abzuwälzen gedachten, war schon die Rede. Sie mussten die Ersten sein, die in einer kostspieligeren und verpflichtenderen Hanse nicht weiter verharren wollten. Blieben sie doch, richtete sich umgekehrt ihr Unmut in einer sich verdichtenden Hanse immer heftiger gegen notorische Lastenverweigerer. Sie zu akzeptieren, waren die Gesandten der Hansetage immer weniger bereit. Konsequenterweise wurde daher auf dem Hansetag von 1518 über die Zulassung von Kaufleuten aus 31 Städten zu den hansischen Rechten und die Einladung ihrer Räte zum Hansetag debattiert. Das Ergebnis war eindeutig: Ausgeschlossen wurden beispielsweise die Kaufleute aus Berlin, Salzwedel und Stendal.

Die Namen dieser drei Städte fielen bereits, als gezeigt wurde, dass sich um 1500 die fürstliche Durchgriffskraft gegenüber zuvor weitgehend autonomen Kommunen erhöht hatte. Diese und weitere Städte gerieten mithin in eine Zangenbewegung. Ihre Stadtherren akzeptierten die Mitgliedschaft in einem politischen Bündnis nicht, das auch gegen ihre Macht hätte gerichtet sein können. Mittelalterliche Hansezugehörigkeit besaß diese Funktion eigentlich nicht, konnte aber so missverstanden oder dorthin fortentwickelt werden. Die Hansetage andererseits verlangten eine immer spürbarere Lastenübernahme durch Beschickung ihrer Treffen und umfassendere Kostenbeteiligung an ihren Maßnahmen. Die Ratsherren jeder einzelnen Stadt mussten mithin Kosten und Nutzen einer hansischen Aktivität genau (und zuweilen vielleicht erstmals) abwägen. Dabei werden sie oftmals festgestellt haben, dass die fürstliche Territorienbildung ihre Städte zu Mittelpunkten territorialer Wirtschaftsräume gemacht hatte. In ihnen wurde die Sicherheit der städtischen Kaufleute und ihrer Waren vom Fürsten garantiert. Als Vorort einer lokalen Wirtschaft fuhren viele von ihnen gesamtwirtschaftlich gar nicht schlecht, obwohl ihre Kaufmannschaft jetzt am überregionalen Fernhandel weitaus weniger beteiligt war als früher. Der Rückgang der Fernhandelsaktivitäten vieler binnenländischer Städte war außerdem durch die verschärfte Stapelpolitik der Hafenorte mitverantwortet worden.

Passender, als das Ausscheiden von Städten aus dem hansischen Verband einseitig auf fürstlichen Zwang zurückzuführen, ist daher wohl eine andere Beschreibung. Sie muss davon ausgehen, dass immer mehr Kaufleute spürten und mit ihnen ihre Heimatorte bemerkten, dass ihre Vorteile aus den Privilegien der Hanse erheblich gesunken waren und dass lokale politische Einheiten bessere und wirksamere politische und wirtschaftliche Bezugspunkte boten. Sie wurden nicht so sehr von mächtigen Fürsten aus der Hanse herausgezwungen, sondern gingen gewollt diesen Weg. Nicht untypische Kriterien einer solchen innerstädtischen Abwägung lassen sich an einem Schreiben der Stadt Königsberg-Löbenicht veranschaulichen. Der Löbenicht war die ärmste der drei Königsberger Teilstädte. Als dessen Ratsherren von den Nachbarstädten Kneiphof und Altstadt um Lastenteilhabe für hansische Angelegenheiten angegangen wurden, schrieben sie im Jahre 1559 an ihren Stadtherrn, den Herzog von Preußen, dass sie von der Hanse durch die Erlegung „viler beschwerlicher unkosten nur schaden und keinen frommen hetten". Aus ihrer Stadt betriebe überhaupt kein Kaufmann einen großen Fernhandel. Und das Argument, dass für zukünftige Generationen die hansische Teilhabe als Option erhalten werden müsse, erschiene ihnen nicht als stichhaltig. Denn das Beispiel der in Preußen aktiven Holländer zeige ja, dass dergleichen auch ohne die Hanse vorzüglich möglich sei.

Stottern des
Lübecker
Konsensmotors

Die Straffung der hansischen Organisation hatte zwangläufig die Verringerung der Mitglieder zur Folge. Tatsächlich kam es so: Hatten im Jahre 1557 noch 63 Hansestädte die Konföderationsurkunde gesiegelt, so waren 1604 nur noch 14 Städte dazu bereit. Wirkten diese Verluste aber vielleicht klärend? War es unter Umständen so, dass die politische Straffung die Organisation schlagkräftiger machte? Gerade diesen Eindruck gewinnt man nicht. Zum Abbröckeln der in hansischen Fragen engagierten Städte kam hinzu, dass der Verband durch das Abschmelzen der Mitgliederzahl kaum handlungsfähiger wurde. Die lockeren Organisationsformen der mittelalterlichen Hanse gewannen in der Frühen Neuzeit an Präzision und Bestimmtheit, aber ihre Wirkungen wurden immer schwächer. Trotz strenger Strafandrohungen gingen pünktliche Zahlungen im vollen Umfang nach 1554 nur von Lübeck, Hamburg und zwei oder drei anderen Städten ein.

Man muss sich daher fragen, warum trotz exakterer Regeln die Institution an Bedeutung verlor. Offenbar trug entscheidend dazu bei, dass durch die skizzierten wirtschaftlichen Entwicklungen der Wert hansischer Zugehörigkeit rapide abnahm. Wo neue profitable Geschäftsideen im niederdeutschen Fernhandel des 16. Jahrhunderts entstanden, fügten sie sich gerade nicht mehr in die hansischen Kontorstrukturen ein. Überhaupt erweiterte sich die Spannweite ökonomischer Aktivitäten und spezialisierter Interessen ungemein. Einerseits war eine straffere Organisation sicherlich der Schlüssel für den politischen Krafterhalt. Doch andererseits passte er denkbar schlecht in das wirtschaftliche Türschloss, hinter dem sich eine immer größere Komplexität auftat. Die mittelalterlichen Hanseprinzipien ließen in einem System von Aushilfen und Unschärfen eine politische Beweglichkeit zu, die es stets erlaubte, geminderte Kooperationsbereitschaft auszuhalten. Um die hansische Koalition nicht zu sprengen, war beispielsweise während der Handelssperre gegen Flandern der Jahre 1388 bis 1392 der Handelsorganisation des Deutschen Ordens die Sondererlaubnis erteilt worden, weiße Laken aus Mechelen, die für die Kleidung der Ordensritter benötigt wurden, aus Brügge zu beziehen und dort den baltischen Bernstein abzusetzen. Für die Maßnahmen der Jahre 1451 bis 1457 war den Kölner Weinhändlern und -verkäufern in Brügge zugestanden worden, ihre dort eingelagerten Vorräte an Freunde oder Knechte zu übertragen, die damit in der Zeit der Handelssperre den Betrieb fortsetzen durften. Das Verständnis für solche Sonderwünsche nahm seitdem ab. Schon im kompromisslosen Verhalten der Hansetage gegenüber Köln in den Jahren 1469 bis 1476 deutet sich ein Zug an, der sich im 16. Jahrhundert ausprägte: eine deutliche Gereiztheit gegenüber anders gelagerten Interessen und der Wunsch, Kooperationsverweigerer zu disziplinieren.

Zunehmender Unmut regte sich vor allem in der Lübecker Politik. Wie erwähnt war der alte Schwebezustand, der hansische Teilhabe bei wenigen Lasten zuließ, gerade auch eine Folge der Lübecker Bereitschaft gewesen, hansischer Motor wie hansischer Hauptzahler zu ein. Allein schon aus finanziellen Gründen musste sich die Lübecker Koordinationsbereitschaft im Verlaufe des 16. Jahrhunderts abschwächen. Dahingehend wirkten alle wirtschaftlichen Rahmenveränderungen. Zwar galt Lübeck weiterhin als

„Haupt" der Hanse, doch hinsichtlich Einwohnerzahl und Wirtschaftskraft lag Lübeck nicht mehr nur hinter Köln, sondern sah sich im Laufe der Zeit von Hamburg und Danzig überflügelt. Finanzielle Gewinne aus dem Hansehandel sprudelten nunmehr andernorts reicher. Die nachlassende Lübecker Bereitschaft zur Lastenübernahme resultierte zudem daraus, dass Lübeck in seinem militärisch-diplomatischen Verhältnis zu Dänemark, das im Zentrum der städtischen Politik stand, immer seltener hansisch agieren konnte. Im 14. und 15. Jahrhundert waren die Lübecker Maßnahmen gegen Dänemark regelhaft als hansische Aktionen deklariert worden und Ressourcen anderer Städte unterstützend hinzukommen. Doch als Lübeck 1509 bis 1512 gegen Dänemark kämpfte, hielten sich Danzig wie Hamburg abseits. In einem weiteren 1534 ausgelösten lübisch-dänischen Krieg, der sogenannten Grafenfehde, stand Lübeck völlig allein. Den Frieden vermittelten im Jahre 1536 Hamburg und Lüneburg.

Während im Mittelalter die Lübecker Politik die Kooperationsabstinenz anderer Städte auch deshalb auffangen wollte und konnte, weil die Kaufmannschaft der Stadt gute Profite machte, begannen sich die objektive Lage und die Meinung darüber zu verändern. Diese veränderte Sichtweise hat die Forschung einzufangen gesucht, indem sie nicht nur auf außenpolitische Ereignisse, sondern auf einen Rückgang des Unternehmergeistes und einer Zunahme der Rentnergesinnung innerhalb der Lübecker Kaufmannschaft verwiesen hat. Oder sie hat das gebremste politische Engagement der Lübecker für die Hanse damit begründet, dass die Interessen- und Personenidentität zwischen Fernhändlern und Politikern zurückgegangen sei. Beides ist vielleicht zu generalisierend geurteilt. Doch sicher ist, dass der Lübecker Rat seit der ersten Hälfte des 16. Jahrhunderts dem Schutz von mittelgroßen wie kleinen Händlern und Gewerbetreibenden einen höheren Rang beimaß. Dies war zumal eine Folge der Reformation. Das religiöse Anliegen verquickte sich nicht nur in Lübeck mit sozialen und politischen Problemen und sorgte für starke innerstädtische Spannungen. Von dieser Welle hinaufgetragen wurde in Lübeck der Politiker Jürgen Wullenwever (um 1493–1537). Er war aus Hamburg gebürtig, übersiedelte nach Lübeck und gehörte zu den Novgorodfahrern. Sein wirtschaftspolitisches Ziel in der Grafenfehde war es, die Holländer aus der Ostsee zu vertreiben, indem er ihnen die Sunddurchfahrt sperren ließ. Damit wäre die Rolle Lübecks als Drehscheibe zwischen Ost- und Nordsee restituiert worden. Noch nicht als Lübecker Bürgermeister, aber als Gesandter hatte er 1532 deutlich erklärt: Es ginge nicht an, dass mit lübischem Kapital ausgestattete Kaufgesellen direkt durch den Sund zwischen Danzig oder anderen Ostseehäfen und Westeuropa unterwegs seien und Lübeck davon nicht profitiere. Doch war das ein irreales Programm. Wirtschaftspolitisch zwang es innovative Unternehmer zur Abwanderung in andere Städte. Hansepolitisch war es gegen preußische Interessen gerichtet. Die Isolation von Lübeck in der Grafenfehde folgte auch daraus.

Offenbar waren die Lübecker Politiker nach diesen Erfahrungen im ersten Drittels des 16. Jahrhunderts, die Finanzen und Vertrauenskapital aufgezehrt hatten, nicht mehr bereit, die Praxis der mittelalterlichen Hanse fortzusetzen, in der alle vom hansischen Schirm profitierten, den vorrangig Lübecker Mittel und Koordinierungsbemühungen aufspannten. Hätte aber

nicht eine andere Stadt die Lübecker Rolle als hansischer Taktgeber übernehmen können? Versuche dazu sind nicht zu erkennen. Weder Hamburg
noch Danzig oder eine andere Stadt unternahmen sichtbare Anstrengungen,
in die Rolle Lübecks hineinzuschlüpfen.

3. 1400 bis 1600: Ein politischer Zeitsprung

Am Brügger Stapelplatz der Hanse lebte um 1400 der Fernhändler Hildebrand Veckinchusen (um 1365–1426). Anders als um 1200 bedeutete für
ihn, Kaufmann zu sein, viel zu schreiben. Von keinem hansischen Händler
des Mittelalters sind so viele Geschäftsunterlagen erhalten wie von Hildebrand Veckinchusen. Wir kennen seinen Geschäftsbetrieb, seine Familie
und seine privaten und geschäftlichen Probleme aus den erhaltenen Hand-
lungsbüchern und den an ihn gerichteten Briefen recht genau. Wie der Wi-
kingerkaufmann Ottar im Zeitsprung von 200 Jahren, wäre auch Hildebrand
Veckinchusen im Jahre 1600 in eine veränderte Welt versetzt worden. Anstatt in einer romchristlichen Kirche lebten etwa in Lübeck und Danzig nunmehr Lutheraner, in Bremen Calvinisten. Die konfessionelle Grenze lag
nicht mehr weit im Osten, sondern verlief mitten durch Europa.

Von Brügge aus hatte Hildebrand Veckinchusen um 1400 die europäischen Handelsströme überschaut. Er selbst unternahm sogar einen Versuch
im Venedighandel und wusste daher, dass in der Lagunenstadt die Waren
Asiens umgeschlagen wurden. Pfeffer und andere Gewürze kamen um
1600 weiterhin aus denselben Anbaugebieten, aber sie gelangten nunmehr
über eine andere Route nach Europa. Schiffe liefen aus, die um Afrika
herum nach Indien segelten. Von ihren Landeplätzen, den Häfen auf der
Iberischen Halbinsel, wurden die Waren nach Nordwesteuropa gebracht.
Völlig neu war der Amerikahandel. Von dort kamen neue Produkte: Kakao
zum Beispiel, den man um 1600 schon kannte. Brasilholz war schon zu Hil-
debrands Zeiten ein über Venedig nach Europa importiertes Färbemittel gewesen. Es kam nunmehr aus einem südamerikanischen Gebiet, das nach
ihm heute Brasilien heißt.

Veckinchusen ist zu seiner Zeit ein aufmerksamer Beobachter gewesen.
Und so hätte ihm auf einer Zeitreise auffallen müssen, dass der Puls der europäischen Wirtschaft nicht mehr am Mittelmeer, sondern am Atlantik
schlug. Sogar die bedeutendsten Hauptkaufleute im Asienhandel sprachen
um 1600 holländisch oder portugiesisch und nicht mehr italienisch. Diese
Schwerpunktverlagerung hätte Veckinchusen wohl überrascht, denn den
führenden Kaufleuten Europas seiner Zeit war er in Brügge häufig begegnet:
den italienischen Händlern und Bankiers aus Genua, Lucca, Florenz oder
Venedig. Sie und mit ihnen die italienischen Handels- und Finanzzentren
waren nunmehr in den Schatten der atlantischen Wirtschaft geraten. Antwerpen und Amsterdam sind Veckinchusen ein Begriff gewesen. Aber dass
die beiden Städte einander ablösend zum führenden europäischen Wirt-
schafts- und Finanzzentrum werden sollten und dabei den italienischen
Städten den Rang abliefen, konnte er nicht ahnen. Wäre er um 1600 vorbei

an diesen beiden Städten in den Ostseeraum gesegelt, hätte ihm das Antlitz der Küsten dort nicht unbekannt erscheinen müssen. Anders als Ottar es auf einem Zeitsprung zwischen 1100 und 1300 erlebt hätte, waren kaum neue Städte, Dörfer und Verkehrswege entstanden. Manche Städte hatten sich zwischen 1400 und 1600 immens vergrößert, aber sie alle waren wie etwa Danzig durchaus wiederzuerkennen. Andere waren wirtschaftlich wichtiger geworden, und so hätte die Familie Veckinchusen um 1600 ihren Firmensitz wohl nicht mehr nach Lübeck, sondern nach Hamburg gelegt. Auch die sozialen Zustände in den Städten waren ge-, aber nicht verwandelt. Anders stand es mit der politischen Landkarte. Im beginnenden 17. Jahrhundert deutlich spürbar wird eine militärisch-politische Dynamik im Ostseeraum, die von den neuen regionalen Großmächten Schweden und Russland ausging. Diese beide Staaten, aber auch Dänemark und Polen-Litauen, verfügten über weitaus größere Machtressourcen als Lübeck. Verwundert hätte Veckinchusen um 1600 davon hören können, dass im Nordischen Siebenjährigen Krieg (1563–1570) die militärische Macht Lübecks zwar noch bemerkbar, aber nicht mehr entscheidend gewesen sei. Überraschend anders gegenüber dem beginnenden 15. Jahrhundert war an der Ostsee zudem, dass die Probleme des Reiches nähergerückt waren und die Wellen der europäischen Weltpolitik bis in den Norden vordrangen.

Wie schon für Ottar wäre im 200-jährigen Sprung auch Hildebrand Veckinchusen solchen Konkurrenten begegnet, die auf andersartigen Schiffen neue Produkte mit anderen Handelsmethoden umschlugen. Sie hätten ihm davon berichtet, dass sie nach einer langen Aufschwungperiode in schwierigeres konjunkturelles Fahrwasser geraten seien. Ganz so hatte Veckinchusen es ja selbst erlebt. Die ihm das hätten erzählen können, waren nicht mehr nur Hansekaufleute, sondern gerade auch Holländer und Engländer. Die Italiener aus der Bekanntschaft von Veckinchusen hatten niemals den Versuch gemacht, sich über Brügge hinaus um das Getreide des baltischen Raumes zu bemühen. Das aber hatten holländische Händler getan, denen es gelungen war, auf dieser Route den Hansekaufleuten den Rang abzulaufen. Durchaus bekannt wären Veckinchusen die Hauptprodukte vorgekommen, die zwischen Nord- und Ostsee verschifft wurden. Allerdings hatten sich die Quantitäten drastisch verändert und die Hauptwaren deutlich verschoben. Der Westen wollte Holz und Getreide aus dem Ostseeraum erhalten. Damit war das größte Geschäft zu machen und nicht mehr mit Pelzen und Wachs, die Veckinchusen vorrangig nach Brügge hatte heranführen lassen. Auch Salz und Fisch hatten als Handelsgut an Bedeutung verloren, während Textilprodukte und Buntmetalle weiterhin Gewinne abwarfen. Transportiert wurde auf neuen Schiffen, die mit Kanonen ausgerüstet sein konnten. Sie dienten als das entscheidende Instrument für eine aggressive europäische Politik in Asien, Afrika und Amerika. Nicht nur im Schiffbau, sondern genauso in anderen Sektoren hatten sich bis 1600 technische und intellektuelle Innovationen akkumuliert. Eine Aufzählung geriete lang. Bezogen auf die Handelstätigkeit war die Etablierung von neuen Kreditinstrumenten wohl die folgenreichste Neuerung. Einige Generationen vor Hildebrand Veckinchusen hatten die Hansekaufleute für das Problem der Trennung von Leitung und Ausführung eines Geschäfts eine günstige Lösung gefunden. Für die Trennung von Finanzierung und Ausführung gab es dergleichen für Veckinchusen und die übrigen Hansen noch nicht. Daher entbehrte um 1400 der hansische Handel der notwendigen Finanzmittel. Um 1600 bestanden Börsen, seit 1558 auch in Hamburg. Die führenden Handelsgesellschaften der Zeit kombinierten Finanzgeschäfte mit Warenhandel, Bergbau und Textilproduktion.

Diese gewandelten Praktiken hätten Hildebrand Veckinchusen zweifellos verdutzt, während ihn der Umstand nicht befremdet hätte, dass sich Fernhändler vorrangig als Hamburger, Bremer oder Danziger und nicht als Hansen fühlten. Auch er hatte sich einst in größter Not auf sein Lübecker Bürgerrecht und nicht auf seine Hansezugehörigkeit gestützt. So wäre ihm wohl die Neuintegration in andere familiäre, politische und wirtschaftliche Systeme, wie sie von zahlreichen Kaufleuten und ihren Heimatstädten vorgenommen worden war, nicht als Verrat an der Hanse erschienen. Doch brauchte man nicht diese Hanse oder eine andere Gilde zwingend immer dann, wenn es um Rechtssicherheit in der Fremde ging? Dies entsprach den typischen Erfahrungen um 1400 durchaus. Und so wäre es für Hildebrand Veckinchusen verstörend gewesen, hätte man ihm erklärt, dass um 1600 solche Probleme, die individuell nicht zu lösen waren, nicht mehr genossenschaftlich, sondern obrigkeitlich durch eine kalkulierbare Handels-, Rechts- und Wirtschaftsordnung reduziert wurden. Die Umgestaltung der Hanse zu einem Städtebündnis, die sich seit 1554 vollzogen hatte, hätte Veckinchusen vielleicht verstanden. Immerhin hatte er die Auswirkungen eines anderen Verdichtungsschubs hansischer Organisation, der sich seit 1358 vollzogen hatte, als Brügger Ältermann der Jahre 1393 und 1398 kennengelernt. Warum aber der hansische Zusammenhalt in den Jahren der wirtschaftlichen Krise des 15. Jahrhunderts nicht verloren ging, aber in der konjunkturellen Aufschwungphase des 16. Jahrhunderts zerbrochen war, hätte ihn sicherlich ins Grübeln gebracht. Vielleicht vermag dieser Umstand auch uns nachdenklich zu stimmen.

Epilog

Um 1600 war der Niedergang der hansischen Organisation unübersehbar. Für die einzelnen hansischen Händler galt das so pauschal nicht. Doch als Gruppe war es ihnen anders als im 12. und 13. Jahrhundert nicht gelungen, aus der wirtschaftlichen Dynamik Gesamteuropas einen besonders hohen Gewinn zu ziehen. Die wirtschaftliche und politische Landkarte hatte sich gewandelt. Doch nicht einfach stärkere äußere Kräfte zerstörten die Hanse, sondern zögerliche, falsche und uneinheitliche Reaktionen auf strukturelle Veränderungen haben den Niedergang herbeigeführt. Zukunftsfähige Entscheidungen zu treffen, fiel den handelnden Politikern der Hansetage schwer, weil es niemals leicht ist, einen erfolgreichen Pfad zu verlassen, der einen in der Vergangenheit zu Erfolg und Prosperität geführt hat. Die mittelalterlichen Strukturprinzipien der Hanse waren letztlich mit dem Umbau von 1554/1557 aufgegeben worden. Die damals neu etablierte Organisation blieb ungeliebt und wenig erfolgreich. Dennoch bestand die Hanse als Bezugspunkt fort; und es ist nicht ohne Bedeutung, dass in der vormodernen Welt gealterte Institutionen noch lange fortbestehen konnten, ohne recht funktionstüchtig zu sein.

Nachdem 14 Jahre lang nach dem Tode Heinrich Sudermanns sein Amt vakant geblieben war, setzte der Hansetag im Jahre 1605 wiederum einen Syndikus ein. Als in der ersten Phase des Dreißigjährigen Kriegs die Kommunikation zwischen den einzelnen Städten immer schwieriger wurde, übertrug der Hansetag von 1629 die hansische Interessenwahrnehmung auf die Stadträte von Lübeck, Hamburg und Bremen. Man hat gesagt, dass dies der Liquidierung der hansischen Gemeinschaft gleichgekommen sei. Am Ende des Kriegs gelang 1648 überraschenderweise das, was der Hanse im Jahre 1555 misslungen war. Sie wurde in den Artikel XVII des Osnabrücker Friedensvertrages eingeschlossen. Das war ein Erfolg, aber der Zeitpunkt lag zu spät. Was 100 Jahre zuvor noch denkbar gewesen wäre, dass nämlich wie Reichsstädte oder Reichsritter auch die Hanse als Kooperation zum Glied des Reiches hätte werden können, war nunmehr durch die weitgehende Integration aller norddeutschen Städte in die fürstlichen Territorien unmöglich geworden. Auf dem letzten Hansetag des Jahres 1669 trafen sich noch einmal Gesandte aus Lübeck, Danzig, Hamburg, Bremen, Braunschweig, Köln, Rostock, Osnabrück und Hildesheim. In der Folge wirksame Beschlüsse kamen nicht mehr zustande. Als 1684 Kaiser Leopold I., um Türkenhilfe zu erlangen, Lübeck um die Einberufung eines Hansetages bat, geschah nichts. Die Hanse lebte rechtlich, aber nicht praktisch in einem Dreibund zwischen Lübeck, Hamburg und Bremen fort. Die drei Städte waren zwar verbündet, koordinierten ihre Politik aber nicht wirklich und bildeten keineswegs eine kohärente Gemeinschaft. Sie sorgten sich vorrangig um ihre eigene Stellung und brachten die Hanse nur zuweilen ins diplomatische Spiel, wenn es für ihre städtischen Interessen nützlich erschien. Sachwalter hansischer Interessen waren sie nicht, aber der Rechtsnachfolger. Das betraf vor allem den Immobilienbesitz an den Kontorsplätzen: Im Jahre

1774 wurde das Gelände in Bergen verkauft. 1853 und 1862 liquidierten die drei Städte die Kontorreste in London und Antwerpen.

Seit dem 17. Jahrhundert schon hatte die Hanse nicht mehr aus sich selbst heraus geleuchtet, sondern nur einen Widerschein zurückgeworfen, wenn andere eine Lichtquelle auf sie gerichtet hatten. Kurz nachdem der letzte Besitz der Hanse liquidiert worden war, richteten sich neue, sehr starke Scheinwerfer auf sie. Es begann die Beleuchtung der Hanse für zeitgenössische Wünsche nationaler, militärischer, sozialer, völkischer, europäischer und anderer Art. Das starke Nachleuchten der Hanse war unerwartet, hält aber im öffentlichen Bewusstsein Deutschlands seitdem ununterbrochen an. Die Hanse reflektiert die starken Lichtquellen, die auf sie gerichtet sind, und wirft dabei stets die Zeitbindungen der sie Beleuchtenden zurück. Das gilt gewiss auch für dieses Buch, dessen Verfasser dennoch hofft, in die Geschichte der mittelalterlichen Hanse solche Facetten eingeschliffen zu haben, die besonders arge Vereinfachungen und Indienstnahmen unserer und zukünftiger Gegenwarten zu brechen helfen.

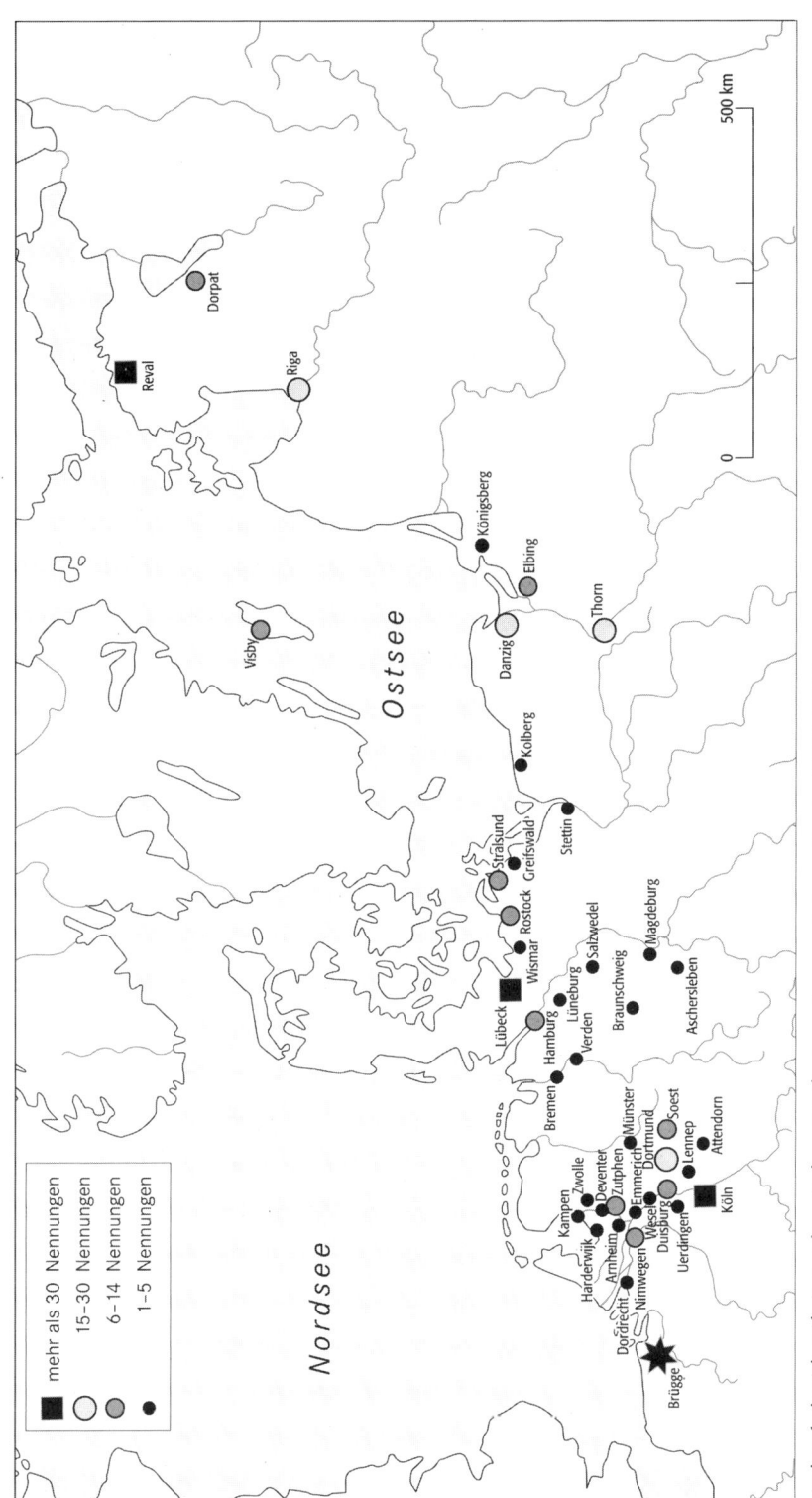

Herkunft der identifizierten hansischen Privilegiennutzer am Brügger Kontor 1360–1390

Auswahlbibliographie

Zeitschriften/Reihen/Internet

Hansische Geschichtsblätter, 1–127 ff. (1874–2009 ff.).
Hansische Geschichtsquellen / Quellen und Darstellungen zur Hansischen Geschichte AF, 12 Bände, Halle usw. 1875–1922.
Pfingstblätter des Hansischen Geschichtsvereins, Bd. 1–27, Leipzig usw. 1905–1952.
Hansische Studien, Bd. 1–18 ff., Berlin usw. 1961–2009 ff.
Quellen und Darstellungen zur Hansischen Geschichte, Neue Folge, Bd. 1–60 ff., Köln usw. 1928–2009 ff.

http://www.hansischergeschichtsverein.de/

Quelleneditionen

Digitale Quellen zur hansischen Geschichte, Bd. 1 ff., Lübeck 2006 ff.
Hanserezesse, 26 Bände in vier Abteilungen, Leipzig usw. 1870–1970.
Hansisches Urkundenbuch (975–1500), 11 Bände, Halle usw. 1876–1939.
Inventare Hansischer Archive des sechzehnten Jahrhunderts, 3 Bände, München 1896–1913.
Quellen zur Hansegeschichte, hg. von Rolf Sprandel (Ausgewählte Quellen zur deutschen Geschichte des Mittelalters 36), Darmstadt 1982: *ausgewogene Quellenauswahl in Übersetzung.*

Gesamtdarstellungen

D'Haenens, Albert: Die Welt der Hanse, Antwerpen 1984: *sehr gutes Bildmaterial, internationaler Autorenkreis.*
Dollinger, Philippe: Die Hanse, [frz. 1964] 5. erweiterte Aufl., Stuttgart 1998: *weiterhin die zuverlässigste und umfassendste Darstellung.*
Friedland, Klaus: Die Hanse, Stuttgart usw. 1991: *wichtige Aspekte zur hansischen Geschichte, aber keine wirkliche Gesamtdarstellung.*
Hammel-Kiesow, Rolf: Die Hanse, 4. Auflage München 2008: *das unausgesprochene Vorbild für diese Übersicht.*
Hammel-Kiesow, Rolf/Puhle, Matthias/Wittenburg, Siegfried: Die Hanse, Darmstadt 2009: *bemerkenswerte Fotografien. Präziser und sachkundiger Text.*

Pagel, Karl / Naab, Friedrich: Die Hanse, Braunschweig 1983: *sehr gute Bildauswahl. Der Text veraltet. Besser nur schauen, nicht lesen.*
Schildhauer, Johannes: Die Hanse. Geschichte und Kultur, Stuttgart 1984: *sehr schönes Buch der DDR-Hanseforschung.*
Schildhauer, Johannes/Fritze, Konrad/Stark, Walter: Die Hanse, Berlin 6. Auflage 1985: *das Handbuch der DDR-Hanseforschung. Mittlerweile eher von historiographischem Wert.*
Stoob, Heinz: Die Hanse, Graz u.a. 1995: *wie das vorliegende Buch aus einer Vorlesung entstanden. Konnte vom Verfasser vor seinem Tod nicht mehr überarbeitet werden.*
Zimmerling, Dieter: Die Hanse. Handelsmacht im Zeichen der Kogge, Düsseldorf – Wien 1976: *ständig im preiswerten Angebot auf Büchertischen. Dennoch kein guter Kauf.*

in Form von Ausstellungskatalogen sind wichtige Arbeiten erschienen

Albrecht, Günther (Hg.): Hanse in Europa. Brücke zwischen den Märkten 12.–17. Jahrhundert. Katalog zur Ausstellung im Kölner Stadtmuseum 1973, Köln 1973.
Arand, Werner u.a. (Hg.): „zu Allen theilen Inß mittel gelegen". Wesel und die Hanse am Rhein, Ijssel und Lippe. Katalog der Ausstellung, Wesel 1991.
Bracker, Jörgen (Hg.): Die Hanse. Lebenswirklichkeit und Mythos. Katalog der Ausstellung im Museum für Hamburgische Geschichte 1989, 2 Bände, Lübeck 1989 (der Textband in 3. überarbeiteter Auflage Lübeck 1999).
Gerkens, Gerhard (Hg.): Der Lübecker Kaufmann. Aspekte seiner Lebens- und Arbeitswelt vom Mittelalter bis zum 19. Jahrhundert. Begleitpublikation zur Ausstellung vom 27. Juni bis zum 31. Oktober 1993 im Burgkloster zu Lübeck, Lübeck 1993.
Puhle, Matthias (Hg.): Hanse – Städte – Bünde. Die sächsischen Städte zwischen Elbe und Weser um 1500, Bd. 1: Aufsätze, Bd. 2: Ausstellungskatalog, Kulturhistorisches Museum Magdeburg und Braunschweigsches Landesmuseum, Magdeburg 1996.

Aufsatzsammlungen von Historikern mit hansischen Forschungsschwerpunkten

Ehbrecht, Wilfried: Konsens und Konflikt. Skizzen und Überlegungen zur älteren Verfassungsgeschichte deutscher Städte, hg. von Peter Johanek, Köln usw. 2001.

Friedland, Klaus: Mensch und Seefahrt zur Hansezeit, hg. von Antjekathrin Graßmann u.a., Köln usw. 1995.

Henn, Volker: Aus rheinischer, westfälischer und hansischer Geschichte, hg. von Franz Irsigler u.a., Trier 2009.

Jeannin, Pierre: Marchands d'Europe. Pratiques et savoirs à l'époque moderne, hg. von Jacques Bottin u.a., Paris 2002.

Lübeck, Hanse, Nordeuropa. Gedächtnisschrift für Ahasver von Brandt, hg. von Klaus Friedland u.a., Köln usw. 1979.

Miscellanea Franz Irsigler. Festgabe zum 65. Geburtstag, hg. von Volker Henn u.a., Trier 2006.

Paravicini, Werner: Edelleute und Kaufleute im Norden Europas, hg. von Jan Hirschbiegel u.a., Ostfildern 2007.

Rörig, Fritz: Wirtschaftskräfte im Mittelalter, hg. von Paul Kaegbein, Wien usw. [2]1971: *für den Anfänger lehrreicher als viele Spezialstudien.*

Wirtschaftsgeschichtliche Werke

Hybel, Nils/Poulsen, Bjørn: Danish Resources c. 1000–1550. Growth and Recession, Leiden 2007: *moderne und umfangreiche Wirtschaftsgeschichte des mittelalterlichen Dänemarks.*

Irsigler, Franz: Die wirtschaftliche Stellung der Stadt Köln im 14. und 15. Jahrhundert. Strukturanalyse einer spätmittelalterlichen Exportgewerbe- und Fernhandelsstadt (Vierteljahrschrift für Sozial- und Wirtschaftsgeschichte BH 65) Wiesbaden 1979. *Ähnliches existiert für andere Hansestädte nicht. Vor allem eine Lübecker Wirtschaftsgeschichte, die Fritz Rörig schreiben wollte, entbehrt man schmerzlich.*

Literatur zu den einzelnen Kapiteln

I. Selbstbild – Fremdbild – Forschungsbild

Hammel-Kiesow, Rolf/Holbach, Rudolf (Hg.): Geschichtsbewusstsein in der Gesellschaft. Konstrukte der Hanse in den Medien und in der Öffentlichkeit, Trier 2010.

Hill, Thomas: Vom öffentlichen Gebrauch der Hansegeschichte und Hanseforschung im 19. und 20. Jahrhundert, in: Graßmann, Antjekathrin (Hg.): Ausklang und Nachklang der Hanse, Trier 2001, S. 67–88.

Von Brandt, Ahasver: Hundert Jahre Hansischer Geschichtsverein. Ein Stück Sozial- und Wirtschaftsgeschichte, in: Hansische Geschichtsblätter 88 (1970), S. 3–67.

zur Zukunft der Hanseforschung

Hammel-Kiesow, Rolf (Hg.): Vergleichende Ansätze in der hansischen Geschichtsforschung, Trier 2002.

Johansen, Paul: Umrisse und Aufgaben der hansischen Siedlungsgeschichte und Kartographie, in: Hansische Geschichtsblätter 73 (1955), S. 1–105.

Selzer, Stephan/Ewert, Ulf Christian: Die Neue Institutionenökonomik als Herausforderung an die Hanseforschung, in: Hansische Geschichtsblätter 123 (2005), S. 7–29.

Müller-Mertens, Eckhard u.a. (Hg.): Konzeptionelle Ansätze der Hanse-Historiographie, Trier 2003: *beide Sammelbände zeigen Vielfalt und Stärken der Hanseforschung.*

II.1 a) Religion, Herrschaft, Städtewesen

Benninghoven, Friedrich: Rigas Entstehung und der frühhansische Kaufmann, Hamburg 1961.

Ebel, Wilhelm: Der Rechtszug nach Lübeck, in: Hansische Geschichtsblätter 85 (1967), S. 1–37: *meisterhafte Beschreibung eines von Historikern oft missverstandenen Phänomens durch den bedeutenden Rechtshistoriker.*

Graßmann, Antjekathrin (Hg.): Lübeckische Geschichte, 4. Auflage Lübeck 2008: *fundierte Gesamtdarstellung.*

Lübke, Christian: Das östliche Europa (Die Deutschen und das europäische Mittelalter 2), Berlin 2004.

Moraw, Peter: Über Entwicklungsunterschiede und Entwicklungsausgleich im deutschen und europäischen Mittelalter. Ein Versuch, in: Bestmann, Uwe u.a. (Hg.): Hochfinanz, Wirtschaftsräume, Innovationen. Festschrift für Wolfgang von Stromer, Bd. 2, Trier 1987, S. 583–622: *zur Perspektive der Angleichung gesamteuropäischer Grundstrukturen.*

II.1 b) Strukturen des Fernhandels niederdeutscher Kaufleute

Greif, Avner: Institutions and International Trade: Lessons from the Commercial Revolution, in: American Economic Review 82 (1992), S. 128–133: *wichtig für alle Aussagen zum Fernhandel.*

Jahnke, Carsten: Handelsstrukturen im Ostseeraum im 12. und beginnenden 13. Jahrhundert. Ansätze einer Neubewertung, in: Hansische Geschichtsblätter 126 (2008), S. 145–185: *wichtige Neutarierung der Gewichte zwischen niederdeutschem und skandinavischem Handel.*

Jankuhn, Herbert (Hg.): Untersuchungen zu Handel und Verkehr der vor- und frühgeschichtlichen Zeit in Mittel- und Nordeuropa, 6 Bände und Register, Göttingen 1985–1997.

Jörn, Nils (Hg.): Genossenschaftliche Strukturen in der Hanse, Köln usw. 1999.

Jordan, Karl: Zu den Gotlandurkunden Heinrichs des Löwen, in: Hansische Geschichtsblätter 91 (1973), S. 24–33: *detaillierte und methodisch lehrreiche diplomatische Analyse des Privilegs.*

Kattinger, Detlef: Die gotländische Genossenschaft. Der frühhansisch-gotländische Handel in Nord- und Westeuropa, Köln usw. 1999: *alle wichtigen Quellen in zumeist kritischer Deutung.*

Oexle, Otto-Gerhard*: Artikel „Gilde"*, in: Hoops Reallexikon der germanischen Altertumskunde, hg. von Heinrich Beck u.a., Band 12, Berlin 1998, S. 102–105.

II.2 Eine europäische Handelsrevolution im 13. Jahrhundert

Boockmann, Hartmut: Das „Reichsfreiheitsprivileg" von 1226 in der Geschichte Lübecks, in: Ahlers, Olaf (Hg.): Lübeck 1226. Reichsfreiheit und frühe Stadt, Lübeck 1976, S. 97–113: *inhaltliches und sprachliches Meisterstück.*

Fryde, Natalie: Arnold Fitz Thedmar und die Entstehung der Großen Deutschen Hanse, in: Hansische Geschichtsblätter 107 (1989), S. 27–42: *zusammen mit der gleich genannten Monographie grundlegend zur frühhansischen Entwicklung in London.*

Fryde, Natalie: Ein mittelalterlicher deutscher Großunternehmer. Terricus Teutonicus de Colonia in England 1217–1247 (Vierteljahrschrift für Sozial- und Wirtschaftsgeschichte BH 125), Stuttgart 1997.

Jenks, Stuart: Werkzeug des spätmittelalterlichen Kaufmanns. Hansen und Engländer im Wandel von memoria zur Akte, in: Jahrbuch für fränkische Landesforschung 52 (1992), S. 283–319.

Jenks, Stuart: Die Welfen, Lübeck und die werdende Hanse, in: Schneidmüller, Bernd (Hg.): Die Welfen und ihr Braunschweiger Hof im hohen Mittelalter, Wiesbaden 1995, S. 483–522: *zu wenig beachtete Arbeit.*

Lopez, Robert S.: The Commercial Revolution of the Middle Ages, 950–1350, Englewood Cliffs 1971: *Klassiker der Wirtschaftsgeschichte.*

Murray, James M.: Bruges. Cradle of Capitalism, 1280–1390, Cambridge 2005: *moderne Sicht auf die Veränderungen in Nordwesteuropa.*

Ranft, Andreas: Lübeck um 1250 – eine Stadt im ‚take off', in: Hartmann, Winfried (Hg.): Europas Städte zwischen Zwang und Freiheit. Die europäische Stadt um die Mitte des 13. Jahrhunderts. Regensburg 1995, S. 169–188: *hilft dem Anfänger mehr*

als viele historische und archäologische Detailstudien.

Spufford, Peter: Handel, Macht und Reichtum. Kaufleute im Mittelalter [engl.: Power and Profit, 2002] Darmstadt 2004: *beste Darstellung der Veränderungen des kaufmännischen Betriebes, leider unwürdig schlecht aus dem Englischen übersetzt.*

Streb, Jochen: Die politische Glaubwürdigkeit von Regierungen im institutionellen Wandel. Warum ausländische Fürsten das Eigentum der Fernhandelskaufleute der Hanse schützten, in: Jahrbuch für Wirtschaftsgeschichte 1 (2004), S. 141–156: *Anwendung spieltheoretischer Methodik auf Gilden.*

II.3 1100 bis 1300: Ein kaufmännischer Zeitsprung

Berggren, Lars u.a. (Hg.): Cogs, Cargoes and Commerce. Maritime Bulk Trade in Northern Europe 1150–1400, Toronto 2002.

Ellmers, Detlev: Die Seehäfen der Hanse als Dienstleistungszentren eines weitgespannten Transportnetzes, in: Hansische Geschichtsblätter 123 (2005), S. 109–128.

III.1 Krise und Solidarisierung

Behrmann, Thomas: „Hansekaufmann", „Hansestadt", „Deutsche Hanse"? Über hansische Terminologie und hansisches Selbstverständnis im späten Mittelalter, in: Ders./Scharff, Thomas (Hg.): Bene vivere in communitate. Beiträge zum italienischen und deutschen Mittelalter. Hagen Keller zum 60. Geburtstag, Münster 1997, S. 155–176: *zusammen mit dem folgenden Aufsatz grundlegend.*

Behrmann, Thomas: Der lange Weg zum Rezeß. Das erste Jahrhundert hansischer Verwaltungsschriftlichkeit, in: Frühmittelalterliche Studien 36 (2002), S. 433–467.

Ellmers, Detlev: Die Entstehung der Hanse, in: Hansische Geschichtsblätter 103 (1985), S. 2–40.

Henn, Volker: Über die Anfänge des Brügger Hansekontors, in: Hansische Geschichtsblätter 107 (1989), S. 43–66.

Poeck, Dietrich W.: Kontorverlegung als Mittel hansischer Diplomatie, in: Jörn, Nils/Paravicini, Werner u.a. (Hg.): Hansekaufleute in Brügge, Teil 4: Beiträge der Internationalen Tagung in Brügge April 1996, Frankfurt/M. 2000, S. 33–53: *weniger detailliert, aber ausgewogener als Werner Friccius über den „Wirtschaftskrieg als Mittel hansischer Politik" in den Hansischen Geschichtsblättern von 1932/33.*

Stützel, Peter: Die Privilegien des Deutschen Kaufmanns in Brügge im 13. und 14. Jahrhundert, in: Hansische Geschichtsblätter 116 (1998), S. 23–64.

III.2 a) Institutionen der Hanse

zu den Kontoren

Angermann, Norbert/Friedland, Klaus (Hg.): Novgorod. Markt und Kontor der Hanse, Köln 2002.

Graßmann, Antjekathrin (Hg.): Das Hansische Kontor zu Bergen und die Lübecker Bergenfahrer. Internationaler Workshop Lübeck 2003, Lübeck 2005.

Henn, Volker: Die Hansekontore und ihre Ordnungen, in: Cordes, Albrecht (Hg.): Hansisches und hansestädtisches Recht, Trier 2008, S. 15–39.

Jörn, Nils/Paravicini, Werner/Wernicke, Horst, (Hg.): Hansekaufleute in Brügge, Teil 1–5, Frankfurt/M. 1992–2001.

Jörn, Nils: „With Money and bloode". Der Londoner Stahlhof im Spannungsfeld der englisch-hansischen Beziehungen im 15. und 16. Jahrhundert, Köln 2000.

Schubert, Ernst: Novgorod, Brügge, Bergen und London: Die Kontore der Hanse, in: Concilium medii aevi 5 (2002), S. 1–50.

zum rechtlichen Aufbau, den Hansetagen und den Bündnisbestrebungen

Behrmann, Thomas: Über die Willensbildung in der „Megalopolis". Die Hanse in der Deutung von Ernst Pitz, in: Hansische Geschichtsblätter 120 (2002), S. 205–212.

Bode, Wilhelm: Hansische Bundesbestrebungen in der ersten Hälfte des 15. Jahrhunderts, in: Hansische Geschichtsblätter 45 (1919), S. 173–246, 46 (1920/1), S. 174–193, und 51 (1926), S. 28–70.

Friedland, Klaus: Kaufleute und Städte als Glieder der Hanse, in: Hansische Geschichtsblätter 76 (1958), S. 21–41: entwickelt die Problematik für den Anfänger am anschaulichsten.

Henn, Volker: Die Hanse: Interessengemeinschaft oder Städtebund? Anmerkungen zu einem neuen Buch, in: Hansische Geschichtsblätter 102 (1984), S. 119–126.

Henn, Volker (Hg.): Die hansischen Tagfahrten zwischen Anspruch und Wirklichkeit, Trier 2001.

Pichierri, Angelo: Die Hanse – Staat der Städte, Opladen 2000: hier genannt, weil es das Städtebundmissverständnis fortschreibt.

Pitz, Ernst: Bürgereinung und Städteeinung. Studien zur Verfassungsgeschichte der Hansestädte und der deutschen Hanse, Köln usw. 2001: grundlegende Arbeit zum Verständnis des rechtlichen Aufbaus.

Puhle, Matthias: Die Politik der Stadt Braunschweig innerhalb des Sächsischen Städtebundes und der Hanse im späten Mittelalter, Braunschweig 1985.

Von Brandt, Ahasver: Die Hanse als mittelalterliche Wirtschaftsorganisation. Entstehen, Daseinsformen, Aufgaben, in: Ders. u.a. (Hg.): Die Deutsche Hanse als Mittler zwischen Ost und West, Köln 1963, S. 9–38.

Wernicke, Horst: Die Städtehanse 1280–1418. Genesis, Strukturen, Funktionen, Weimar 1983: vertritt das Deutungsmuster einer Städtehanse. Siehe zu Einwänden die Rezension von Volker Henn (1984).

III.2 b) Maßnahmen der Hanse

Behrmann, Thomas: Herrscher und Hansestädte. Studien zum diplomatischen Verkehr im Spätmittelalter, Hamburg 2004.

Daenell, Ernst: Die Blütezeit der deutschen Hanse. Hansische Geschichte von der zweiten Hälfte des 14. bis zum letzten Viertel des 15. Jahrhunderts, [1905/1906] ND Berlin 2001: durch Detailreichtum als Nachschlagewerk unersetzte Darstellung der politisch-militärischen Verhältnisse.

Ehbrecht, Wilfried (Hg.): Störtebeker – 600 Jahre nach seinem Tod, Trier 2005.

Jenks, Stuart: Friedensvorstellungen der Hanse (1356–1474), in: Fried, Johannes (Hg.): Träger und Instrumentarien des Friedens im Hohen und Späten Mittelalter, Sigmaringen 1996, S. 405–439.

Jenks, Stuart: England, die Hanse und Preußen: Handel und Diplomatie 1377–1474, 3 Bände, Köln usw. 1982.

Moraw, Peter: Hansestädte, König und Reich im späteren Mittelalter, in: Hammel-Kiesow, Vergleichende Ansätze [wie oben], S. 53–76: hierin der UNO-Vergleich.

Seifert, Dieter: Der Streit um den Dordrechter Stapel. Wesel, der Niederrhein und Holland in der Mitte des 15. Jahrhundert, in: Katalog Wesel (1991) [wie oben], S. 116–134.

Von Brandt, Ahasver: Die Hanse und die nordischen Mächte im Mittelalter, Opladen 1962.

III.2 c) Städte und ihre hansischen Interessen

Engel, Evamaria: Goslar und die Hanse, in: Engelke, Hansgeorg (Hg.): Goslar im Mittelalter. Vorträge beim Geschichtsverein, Bielefeld 2003, S. 215–228.

Friedland, Klaus, Göttingens Kaufmannschaft im hansischen Wirtschaftsnetz, in: Göttinger Jahrbuch 11 (1963), S. 111–129, auch in: ders.: Mensch und Seefahrt (1995) [wie oben], S. 165–189.

Hill, Thomas: Die Stadt und ihr Markt. Bremens Umlands- und Außenbeziehungen im Mittelalter (12.–15. Jahrhundert) (Vierteljahrschrift für Sozial- und Wirtschaftsgeschichte BH 172), Stuttgart 2004.

Jenks, Stuart: A Capital without a State: Lübeck „caput

tocius hanze" (to 1474), in: Historical Research 65 (1992), S. 134–149.

Stein, Walther: Die Hansestädte, in: Hansische Geschichtsblätter 19 (1913), S. 233–294 und 519–560, 20 (1914), S. 257–289, und 21 (1915), S. 119–178.

III.3 Die Kultur der Hanse

Asche, Matthias: Die Ostseeraum als Universitäts- und Bildungslandschaft im Spätmittelalter und in der Frühen Neuzeit – Baustein für eine hansische Kulturgeschichte, in: Blätter für deutsche Landesgeschichte 135 (1999), S. 1–20.

Fahlbusch, Friedrich Bernward: Zwischen öffentlichem Mandat und informeller Macht: Die hansische Führungsgruppe, in: Hansische Geschichtsblätter 123 (2005), S. 43–60.

Graßmann, Antjekathrin (Hg.): Der Kaufmann und der liebe Gott. Zu Kommerz und Kirche in Mittelalter und Früher Neuzeit, Trier 2009.

Krüger, Klaus: Flämische Grabplatten im Ostseeraum. Kunstdenkmäler als historische Quellen, in: Menke, Hubertus (Hg.): Die Niederlande und der europäische Nordosten. Ein Jahrtausend weiträumiger Beziehungen: 700–1700, Neumünster 1992, S. 167–208: *faszinierende Arbeit zwischen Kunst-, Wirtschafts- und Hansegeschichte.*

Mohrmann, Ruth-E. (Hg.): Nahrung und Tischkultur im Hanseraum, Münster/New York 1996: *Ernährungsgewohnheiten als kulturelle Grenzerfahrungen: Bier/Wein, Öl/Butter usw.*

Poeck, Dietrich W.: Hansische Ratssendeboten, in: Hammel-Kiesow, Vergleichende Ansätze [wie oben], S. 97–142: *eine umfassende Monographie desselben Verfassers, die unser Bild über die politische Bedeutung sozialer Netze zukünftig bestimmen wird, befindet sich in Vorbereitung.*

Rößner, Renée: Hansische Memoria in Flandern. Alltagsleben und Totengedenken der Osterlinge in Brügge und Antwerpen: 13. bis 16. Jahrhundert, Frankfurt/M. 2001: *prüft erstmals die Frage nach hansischem Totengedenken.*

Thalheim, Gerlinde (Hg.): Wege zur Backsteingotik. Gebrannte Größe, 5 Bände, Bonn 2002.

Von Bonsdorff, Jan: Kunstproduktion und Kunstverbreitung im Ostseeraum des Spätmittelalters, Helsinki 1993.

Wriedt, Klaus: Schule und Universität. Bildungsverhältnisse in norddeutschen Städten des Spätmittelalters. Gesammelte Aufsätze, Leiden 2005: *grundlegende Arbeiten zur Bildungsgeschichte des Nordens.*

Zaske, Nikolaus und Rosemarie: Kunst in Hansestädten, Köln usw. 1986.

III.4 Hansischer Handel

zu den Handelstechniken

Afflerbach, Thorsten: Der berufliche Alltag eines spätmittelalterlichen Hansekaufmanns. Betrachtungen zur Abwicklung von Handelsgeschäften, Frankfurt/M. usw. 1993: *guter erster Überblick.*

Burkhardt, Mike: Der hansische Bergenhandel im Spätmittelalter. Handel, Kaufleute, Netzwerke, Köln usw. 2009.

Cordes, Albrecht: Spätmittelalterlicher Gesellschaftshandel im Hanseraum, Köln usw. 1998.

Hammel-Kiesow, Rolf: Wer kaufte die Waren des hansischen Handels? Eine Annäherung an den Endverbraucher, in: Jörn, Nils u.a. (Hg.): „kopet uns werk by tyden". Beiträge zur hansischen und preußischen Geschichte. Festschrift für Walter Stark zum 75. Geburtstag, Schwerin 1999, S. 73–80.

Irsigler, Franz: Leben und Werk eines spätmittelalterlichen Kaufmanns am Beispiel des Johann von Nuyss aus Köln, in: Jahrbuch des Kölnischen Geschichtsvereins 42 (1968), S. 103–136, auch in: Miscellanea Franz Irsigler (2006) [wie oben], S. 1–29.

Jahnke, Carsten: Geld, Geschäfte, Informationen. Der Aufbau hansischer Handelsgesellschaften und ihre Verdienstmöglichkeiten, Lübeck 2007: *die Habilitationsschrift des Verfassers zum Thema ist leider bisher ungedruckt geblieben.*

Peters, Inge-Maren: Hansekaufleute als Gläubiger der englischen Krone: 1294–1350, Köln usw. 1978.

Sarnowsky, Jürgen: Die Wirtschaftsführung des Deutschen Ordens in Preußen 1382–1454, Köln usw. 1993.

Selzer, Stephan / Ewert, Ulf Christian: Verhandeln und Verkaufen, Vernetzen und Vertrauen. Über die Netzwerkstruktur des hansischen Handels. In: Hansische Geschichtsblätter 119 (2001), S. 135–161.

Stark, Walter: Untersuchungen zum Profit beim hansischen Handelskapital in der ersten Hälfte des 15. Jahrhunderts, Weimar 1985: *diese und weitere Arbeiten von Walter Stark bieten dem Anfänger mehr als die Passagen der Gesamtdarstellungen.*

zu einigen Produkten

Ammann, Hektor: Deutschland und die Tuchindustrie Nordwesteuropas im Mittelalter, in: Hansische Geschichtsblätter 72 (1954), S. 1–61.

Blanckenburg, Christine von: Die Hanse und ihr Bier. Brauwesen und Bierhandel im hansischen Verkehrsgebiet, Köln usw. 2001.

Delort, Robert: Le commerce des fourrures en occident à la fin du moyen age: vers 1300 – 1450, Rom 1978: *sollte das Vorbild für derartige Arbeiten sein.*

Holbach, Rudolf: Frühformen von Verlag und Großbetrieb in der gewerblichen Produktion: 13.–16. Jahrhundert, Stuttgart 1994.

Jahnke, Carsten: Das Silber des Meeres. Fang und Vertrieb von Ostseehering zwischen Norwegen und Italien: 12.–16. Jahrhundert, Köln usw. 2000.

IV.1 Veränderungen der Rahmenbedingungen

Ewert, Ulf Christian/Selzer, Stephan: Netzwerkorganisation im Fernhandel des Mittelalters: Wettbewerbsvorteil oder Wachstumshemmnis?, in: Berghoff, Hartmut u. a. (Hg.): Unternehmerische Netzwerke. Eine historische Organisationsform mit Zukunft?, Stuttgart 2007, S. 45–70: *zum Begriff der Pfadabhängigkeit.*

Fritze, Konrad: Am Wendepunkt der Hanse. Untersuchungen zur Wirtschafts- und Sozialgeschichte wendischer Hansestädte in der ersten Hälfte des 15. Jahrhunderts, Berlin 1967: *der im Text genannte modifizierte Periodisierungsansatz zu 1370.*

Gelderblom, Oscar: The Decline of Fairs and Merchant Guilds in the Low Countries 1250–1640, in: Jaarboek voor Middeleeuwse Geschiedenis 7 (2004), S. 99–238: *neuer Ansatz zur Erklärung der wirtschaftlichen Verschiebungen.*

Graßmann, Antjekathrin (Hg.): Niedergang oder Übergang? Zur Spätzeit der Hanse im 16. und 17. Jahrhundert, Köln usw. 1998.

Jenks, Stuart: Transaktionskostentheorie und die mittelalterliche Hanse, in: Hansische Geschichtsblätter 123 (2005), S. 31–42.

Jenks, Stuart: War die Hanse kreditfeindlich?, in: Vierteljahrschrift für Sozial- und Wirtschaftsgeschichte 69 (1982), S. 305–338.

Jenks, Stuart: Zum Hansischen Gästerecht, in: Hansische Geschichtsblätter 114 (1996), S. 3–60.

North, Michael: Geldumlauf und Wirtschaftskonjunktur im südlichen Ostseeraum an der Wende zur Neuzeit (1440–1570), Sigmaringen 1990.

Pitz, Ernst: Steigende und fallende Tendenzen in Politik und Wirtschaftsleben der Hanse im 16. Jahrhundert, in: Hansische Geschichtsblätter 102 (1984), 39–77: *enthält mehr und präzisere Informationen als der Titel andeutet.*

Postel, Rainer: Die Reformation in Hamburg 1517–1528, Gütersloh 1986: *vorbildliche Arbeit zur reformatorischen Bewegung in einer Hansestadt.*

Sprandel, Rolf: Die Konkurrenzfähigkeit der Hanse im Spätmittelalter, in: Hansische Geschichtsblätter 102 (1984), S. 21–38.

Stark, Walter: Lübeck und Danzig in der zweiten Hälfte des 15. Jahrhunderts, Weimar 1973: *wirtschaftliche Konkurrenz und Entfremdung.*

Tiberg, Erik: Moscow, Livonia and the Hanseatic League 1487–1550, Stockholm 1995.

Van Tielhof, Milja: The Mother of all Trades. The Baltic Grain Trade in Amsterdam from the Late 16th to the Early 19th Century, Leiden 2002.

Von Stromer, Wolfgang: Der innovatorische Rückstand der hansischen Wirtschaft, in: Schulz, Knut (Hg.): Beiträge zur Wirtschafts- und Sozialgeschichte des Mittelalters. Festschrift für Herbert Helbig zum 65. Geburtstag, Köln 1976, S. 204–217.

IV.2 Reaktionen der hansischen Organisation

Friedland, Klaus: Der Plan des Dr. Heinrich Sudermann zur Wiederherstellung der Hanse, in: Jahrbuch des Kölnischen Geschichtsvereins 31/32 (1956/57), S. 184–244, auch in: ders., Mensch und Seefahrt (1995) [wie oben], S. 37–102.

Friedland, Klaus: Die „Verlegung" des Brüggeschen Kontors nach Antwerpen, in: Hansische Geschichtsblätter 81 (1963), S. 1–19.

Richefort, Isabelle/Schmidt, Burghart (Hg.): Die Beziehungen zwischen Frankreich und den Hansestädten Hamburg, Bremen und Lübeck vom Mittelalter bis zum 19. Jahrhundert, Brüssel 2006: *interessant durch die noch ungewöhnliche zeitliche Perspektive.*

Schipmann, Johannes Ludwig: Politische Kommunikation in der Hanse (1550–1621). Hansetage und westfälische Städte, Köln usw. 2004.

Schmidt, Georg: Städtetag, Städtehanse und frühneuzeitliche Reichsverfassung, in: Stolleis, Michael (Hg.): Recht, Verfassung und Verwaltung in der frühneuzeitlichen Stadt, Köln usw. 1991, S. 41–61: *dieser und weitere Aufsätze des Verfassers sind grundlegend für die Einordnung der Hanse in die Reichsverfassung.*

IV.3 1400 bis 1600: Ein politischer Zeitsprung

Graßmann, Antjekathrin (Hg.): Ausklang und Nachklang der Hanse im 19. und 20. Jahrhundert, Trier 2001.

Irsigler, Franz: Der Alltag einer hansischen Kaufmannsfamilie im Spiegel der Veckinchusen-Briefe, in: Hansische Geschichtsblätter 103 (1985), S. 75–99.

Kellenbenz, Hermann: Spanien, die nördlichen Niederlande und der skandinavisch-baltische Raum in der Weltwirtschaft um 1600, in: Vierteljahrschrift für Sozial- und Wirtschaftsgeschichte 41 (1954), S. 289–332.

Postel, Rainer: Zur „erhaltung dern commercien und darüber habende privilegia". Hansische Politik auf dem Westfälischen Friedenskongreß, in: Duchhardt, Heinz (Hg.): Der Westfälische Friede. Diplomatie, politische Zäsur, kulturelles Umfeld, Rezeptionsgeschichte (Historische Zeitschrift BH NF 26), München 1998, S. 523–540.

Queckenstedt, Hermann: Johannes Domann (1564–1618) und der Niedergang der Hanse. Diplomatie und Krisenmanagement im frühen 17. Jahrhundert, in: Hansische Geschichtsblätter 111 (1993), S. 43–95.

Von Brandt, Ahasver, Das Ende der hanseatischen Gemeinschaft, in: Hansische Geschichtsblätter 73 (1955), S. 65–96.

Wegner, Matthias: Hanseaten. Von stolzen Bürgern und schönen Legenden, Berlin ²1999 [danach weitere Auflagen].

Register

135